마음을 여는 열쇠

교류분석을 통한 정서활용

Claude Steiner 저 | **이영호 · 박미현** 공역

역자 서문

날마다 기쁜 날일 필요는 없지만 지금의 사회 현실은 안타깝고 씁쓸한 날의 연속이다. 모든 책임을 개인에게 떠맡기는 것 같아서다. 실패의 원인이 개인의 노력 부족이라고 보기에 지금 사회의 경쟁구조는 지나치게 승자독식적이다.

이러한 세상에서 아침에 눈을 뜨고 처음 살아 보는 오늘을 만난다. 살아 내야 하는 오늘의 마음에 많은 생각과 정서가 함께 초대된다. 마음은 온몸과 맞닿고, 내면에 유유히 흐르는 정서는 마음의 원천이다.

이 책은 독자들에게 아무것도 강요하지 않는다. 그저 마음이 가는 대로 느끼고 그 마음을 나누라고 이야기할 뿐이다.

현대의 헨리 소로(Henry Thoreau)라 불리는 게리 스나이더(Gary Snyder)는 이렇게 말하고 있다.

> "마음이 뇌의 기능이라는 것과 마음이 생각하고 몸은 생각하지 않는다는 것은 서양의 사고이고 부분적인 과학이다. '나는 생각한다, 고로 존재한다.' 라고 한 데카르트(Descartes)의 관점에는 마음이 담기지 않았다. 만약에 생각하지 않는다면 존재하지 않는 걸까? 아니다. 생각하는 것은 일종의 뇌의 작용이다. 그것이 전부는 아니다."

마음은 단지 생각만 하는 것이 아니라 온몸과 많은 방식으로 움직인다. 마음은 뇌의 기능 그 이상이다. 뇌로 생각하지 않는다고 존재하지 않는 것은 아니다.

역자들은 탁월한 심리치유 이론인 교류분석(TA)연구에 천착하며 온몸으로 말하는 마음의 고통과 관련된 생각, 정서, 행동에 대한 연결성을 명료하게 이해하고 치유도구로 활용할 수 있는 방법에 대해 고민해 왔다. 클라우드 스타이너(Claude Steiner)는 이러한 고민에 대한 해결의 실마리와 영감을 준, 역자들이 가장 좋아하는 국제적인 교류분석이론가이자 임상가다. 스타이너는 사람들이 교류하는 마음의 실체에 대해 다양한 연구를 바탕으로 독특한 관점을 발달시켰고 그 결과 인간의 마음에서 가장 중요한 것은 '사랑이라는 정서' 라고 단언하고 있다. 그간 역자들은 교육과 상담현장에서 스타이너의 정서활용이론과 방법에 대해 연구하며 이를 실제 집단에 적용해 왔고 그 대단한 효과성을 확인할 수 있었다.

이 책은 '어떻게 해서 사람들은 사랑이라는 따뜻한 정서를 나누지 못하는가?' 에 대한 근원적인 답을 자아상태 기능, 스트로크 경제 등 TA의 다양한 각도에서 탐색, 연구, 제시하고 있다. 동시에 정서를 나눌 수 있는 방법은 무엇인가에 대한 명확한 답을 제시하고 구체적인 방법을 제공하고 있다. 스타이너는 그동안 자신이 생각하며 경험한 아이디어들을 세 개의 부로 나누고 이를 전체 13장으로 구성하여, TA를 조망하며 인간 마음속의 정서가 얼마나 중요한지를 풀어내고 있다.

제1부는 'TA는 어디로 갈 것인가? 마음의 정치'라는 새로운 시각으로 문을 연다. 제1장은 21세기의 TA를 정치적 측면에서 특히 번의 정치관, 민주주의, 해방심리학을 생각하며 TA를 조명하고 있다. 제2장은 인간 마음의 발명 측면에서 문화전달 요소와 두뇌, 즉 사랑을 해부학적 차원에서 삼위일체의 뇌(파충류 뇌, 대뇌변연계의 뇌, 신피질의 뇌)의 활동과 관련지어 TA를 설명하며 그러한 관점을 통해 자아상태와 사랑과 관계, 사랑의 전쟁터 사춘기, 사랑의 진화, 마음의 적을 보는 시야를 넓혀 주고 있다. 제3장은 사랑, 스트로크 경제, 그리고 비판하는 부모자아와의 관련성을 다루며 「사랑주머니 이야기(warm fuzzy tale)」, 스트로크 경제의 역사와 배경, 스트로크 도시에서 대뇌변연계의 공명, 다시 OK목장으로 돌아가기 위한 마음 열기 이론과 훈련을 소개하고 있다. 제4장은 '사랑과 힘' 이라는 두 요소에 대해 힘의 정치, 사용, 힘과 사랑, 결핍, 권위적 통제와 카리스마와의 관계를 조망하고 있다.

제2부는 '스트로크 중심 이론' 을 집중해서 다루며 스트로크가 갖는 은유, 방법, 과학적 측면을 조망하며 문을 연다. 제5장은 게임과 각본을 사랑과 관련지어 사랑을 얻기 위한 게임과 자신의 삶을 타당하게 하기 위한 각본을 설명하고 있다. 제6장은 인간의 정서에 대해 이해와 정서 나눔의 중요성을 강조하며 정서활용훈련과 워크숍에 대해 소개하고 있다. 제7장은 '스트로크 중심 TA' 실천의 근거와 관련 개념들에

대해 이해를 제공하고 있다. 제8장은 '마음-중심 힘의 일곱 가지 원천'의 요소를 설명하고 있다.

제3부는 '사랑과 정보: 실천'에 대한 중요성을 강조하며 문을 연다. 제9장은 정서활용훈련에서 가장 중요한 '계약'의 구성요소에 대한 자세한 설명과 실례를 제공하고 있다. 제10장은 '3P인 허가, 보호, 역량' 그리고 비판적 부모자아와의 관련성에 대한 이해를 제공하고 있다. 제11장은 스타이너의 독특하면서 매우 드라마틱한 효과를 내며 집단작업 방법으로 개인의 생활에 영향을 미치고 비판적 부모자아를 해체시키는 일명 'CP 몰아내기' 집단작업에 대한 안내를 제공하고 있다. 제12장은 정서활용훈련과 연결하여 TA를 정서에 적용하는 내용으로 정서활용이론, 감정자각척도를 소개하며 현실에서의 정서활용적인 면을 소개하고 있다. 제13장은 21세기 정보화 시대와 TA는 어떻게 연결되는지, 향후 조망과 방향을 제시하고 있다.

부록은 심리치료자들을 위해 스타이너가 평소 조언하고자 했던 것을 기록한 노트 내용으로, 태도(비판적 부모자아에서 자유로운 태도, 양육적인 태도, 어른자아의 태도), 기술(계약, 질문, 치료적 교류), 정보(몸-마음, 힘의 남용, 초월성, 왜 교류분석인가)라는 세 가지 차원으로 이루어져 있다.

이 책은 인제대학교 대학원 사회복지학과 박사과정 박순조, 김혜숙, 김상옥 선생이 제2부 부분 초고를 번역하였고, 박순조 선생이 꼼꼼히 교정 · 정리에 수고를 해 주었다. 이를 다시 역자들이 전체적으로 문장 하나하나를 원문과 대조하면서 재번역하고 재검토함으로써 이루어진 결과물이다. 이 과정 동안 번역한 자료를 토대로 실제 상담현장에서 적용하였고, 학회에서 '정서활용능력 훈련' 이라는 이름하에 집단 워크숍 과정으로 소개도 하였으며 한국교류분석상담학회 상담전문가 자격과정 교육과목인 'TA집단상담' 에서 참여자들과 함께 시연하기도 하였다. 이러한 이론과 실천의 연결 과정을 통해 책의 내용을 더욱 실제적으로 풀어서 번역하여, 이해도를 높일 수 있었다.

무엇보다도 평소 좋아하는 스타이너의 가장 최근 책을 번역하면서 힘들기도 하였지만 행복하였다. 이론을 새롭게 아는 것도 희열이었지만 적용해 보았을 때 이론의 생생한 실체를 경험할 수 있었기 때문이다. 몇 년 전 ITAA 연차대회에서 스타이너 집단에 참여해 보았고 실제 따뜻하고 배려 깊은 그를 만나 본 경험이 생생히 맞물리며 번연계의 공명이 실제 일어나는 체험을 할 수 있었다.

이 책이 아무쪼록 상담현장에서뿐만 아니라 교육과 조직현장에서도 관련 전문가나 교류분석 집단상담을 공부하는 많은 사람이 TA이론 특유의 강점을 살리는 집단치유 작업(work)을 할 때 조그만 길잡이가 되길 바란다. 나아가 한국교류분석상담학회가 운영하는 교류분석상담전문가, 슈퍼바이저 과정에서 집단을 통한 성장과 변화를 체험할 수 있는 방법이자 안내서로서 작게나마 기여하기를 진심으로 기원한다.

결국 마음의 열쇠는 '본래 마음은 문젯거리가 없으나, 고통스럽게 여기니 고통인 것이고 내가 만드는 것이다.' 라는 것을 자각하는 것이다. 어떤 사람들은 그리 고통스러워 할 필요가 없는데도 괴로워하고, 어떤 사람들은 고통을 수용하며 '정서는 손님이다. 여인숙에서 손님을 맞듯 정서를 맞아라.' 라고 한 루미의 시를 떠올리기도 한다.

우리는 온몸이 말하는 나의 정서를 자각하고 타인과 나누며 타인의 정서도 그대로 인정해 주어야 한다.

늘 신뢰와 따뜻한 지지를 보내 주시며 이 책의 출간을 흔쾌히 수락해 주신 학지사 김진환 사장님과 빠듯한 일정에 맞춰 편집을 꼼꼼히 하여 완성도를 높여 주신 이상경 선생님에게도 마음속 깊은 감사를 드린다. 마지막으로 이 책을 통해 서서히 기지개를 펴는 우리의 TA실천 현장에서 더 풍성한 치유적 노력이 이루어지고 더 나아가 긍정적인 스트로크와 따뜻한 정서가 넘쳐흐르는 '스트로크 시티' 속에 함께 살기를 간절히 바란다.

2015년 5월

이영호 · 박미현

당신은 당신이고 나는 나입니다.

그리고 함께입니다.

-클라우드 스타이너-

(Eric Berne의 아들) Terry Berne의 추천 글

나는 늘 교류분석의 목적으로 개인의 안녕을 위한 제도나 탐색을 넘어선 비전을 암시하는 것이 필요하다고 생각해 왔다. 교류의 개념에 대한 가장 기본적인 형태는 두 사람의 접촉이고 드러나거나 내포된 이면의 동기에 의해 영향을 받는 여러 가지 복잡한 대화를 통해 드러나는 것과 관련이 있다. 그러나 실제로는 이런 기본 양식은 개인이 활발하게 접촉하는 전체, 즉 가족, 친구, 지인들, 직장 동료로 확대된다. 이와 같이 개인을 둘러싼 가장 친밀한 사회구성원을 넘어서 불가피하게 확장되는 것이다. 사실 사회란 이러한 매일의 상호 관계, 즉 가족, 친구, 지인들, 직장 동료 등의 집단 전체를 정의하는 것이고 뚜렷한 문화 신념과 관습, 그리고 전통에 따라 차이가 난다.

나는 개인적인 것과 사회적인 것은 필연적으로 교차점이 있다고 믿는 사람 중 한 사람이고, 교류분석의 가장 기본은 그 사실의 인정이다. 비록 핵심적인 초점이 그 사람의 가장 당면한 사회적 접촉을 인정하는 개인의 태도와 행동이라 하여도 말이다. 만약 어떤 방식의 정신건강이 건강한 사회적 통합을 목표로 하거나 이끌게 된다면 무엇이 건강한 사회를 구성하는가 하는 더 큰 문제의 인식은 더 이상 중요하지 않다.

다른 치료적인 방법과 마찬가지로 교류분석도 결과와 영향이 연결되어 가는 것을 적극적으로 검토할 개념의 발달이 반드시 필요하며 정보가 넘쳐나는 현대 집단심리학에서 의심할 바 없이 증가할 것이라는 것을 확신하고 있다.

심리학은 옛날로부터 경험적으로 증명할 수 있는 현대에 이르기까지 인간의 비극, 부조리, 그리고 세상에서 특히 사람들 사이의 가슴 아프고 심지어는 자극적인 관계를 설명하고 얽힌 것을 푸는 데 최근 놀라운 시도를 하고 있다. 심리학은 폭력, 기아, 인종갈등, 그리고 증가하는 전쟁과 가차 없이 묘사되는 새로운 세상 현실에 불가피하게 적응하기보다는 정지하라는 신호일까, 단지 역설일 뿐일까? 아니면 내가 의심한 대로 뿌리 깊은 거짓과 치명적인 인간의 무능력의 증상들인가?

클라우드 스타이너(Claude Steiner)가 이 책에서 가리키는 바와 같이 우리들 사랑의 가장 분명하고도 가능한 해결책은 가장 간과되고 멸종위기에 처해 있는 듯 인정받지 못한 정서다.

그리고 그는 "냉소와 고독의 문화적 패턴이 우리의 사랑하는 능력과 기술을 회복하는 데 걸림돌로 확산되고 고착화되고 있다."고 지적하고 있다.

사랑은 우리들의 가장 가치 있는 능력의 많은 것의 발달을 암시하고 있다. 왜냐하면 사랑은 이해, 지식, 공감, 그리고 정직을 넘어선 것을 요구하기 때문이다.

더 나아가 스타이너가 확언했듯 사랑은 사람들의 힘과 자유를 대신하는 집단행동을 하게 하는 힘이고 모든 비용을 지불해서라도 반드시 지지되고 격려되어야 한다. 이것은 죽느냐 사느냐의 문제인 것이다.

테리 번(Terry Berne, 2009년 5월)

테리 번은 작가이자 문화 비평가로 스페인 마드리드에 살고 있다. 그는 에릭 번의 막내아들이다.

감사의 글

이 책은 원래 ITAA의 지적 소유물인 나의 연구물들의 모음집이다. 나는 모호하며 잘 읽혀지지 않고, 재미없고 반복적인 글들을 하나로 모을 수도 있다는 것을 생각했다. 그래서 그중 의미가 있고 같이 묶을 수 있을 것이라고 생각되는 것을 뽑았다. 그런 다음 다시 정리를 하고 마음 가는 대로 편집과 확장을 했다. 이 책의 몇 개의 장은 나의 다른 글에서도 볼 수 있다. 하지만 그간 나의 생각들을 따라오고 있었던 독자들이라면 누구라도 이 책 한 권에서 나의 모든 생각을 볼 수 있을 것이다. 나는 나의 생각들을 읽을 만한 자료로 가능한 한 명확히 하고자 하였기 때문이다.

나의 스승이자 친구이며, 교류분석을 발명하고 타계하기 전 짧은 기간이지만 십 년간 이론과 임상연구를 감사하게도 나와 함께해 준 에릭 번에게 모든 감사를 표한다. 호기 위코프(Hogie Wyckoff)는 나의 생각에 영향을 준 사람으로 특별히 감사한다. 급진적 정신의학자인 나의 동료들(Joy Marcus, Becky Jenkins, Beth Roy, Robert Schwebel, Carmen Kerr, Darca Nicholson)은 오늘의 내가 있기까지 아이디어를 주고 도와주었다. 또, 나는 Danton Robert, Steven Karpman, Jack Dusay, Keith Tudor, Carlo Moiso, Ted Novey 등 나의 많은 아이디어를 함께 숙고해 준 나의 교류분석 동료들에게 감사하고 정서활용훈련의 나의 동료들(Harmut Oberdieck, Marc Devos, Lilly Roussel, Elizabeth Edema, Micheal Epple, Silvia Cavalie, Anne Kohlhaas-Reith, Richard Reith, Heinz Urban, Petra Rieder-Seeger, Norbert Nagel, Manfred Kiewald, Mariell Coeytaux, Becky Jenkins)이자 정서를 위한 안전한 세상을 만드는 일을 하는 정서의 전사들에게도 감사한다.

또한 책의 서문에서 영감을 준 에릭 번의 아들 테리 번에게도 감사한다.

마지막으로 나의 아내이자 15년간 충실한 동반자인 쥬드 스타이너-홀(Jude Steiner-Hall)에게 감사한다. 그녀는 '해방주의 심리학'이란 말과 함께 이 책의 제목을 제안해 주었다. 그녀는 우리 둘 다 만족스럽고 그 의미가 잘 전달될 때까지 문장을 다듬고 편집을 하였다. 나의 부족한 영어를 해결하기 위한 그녀의 고생과 간혹 엇나간 이론적 생각들에 대한 그녀의 날카로운 시각은 나의 일을 특별한 불꽃처럼 살아나게 하였다. 내 옆에 이렇게 의지와 재능이 있는 여신이 함께 있음은 정말 운이 좋고 감사한 일이다.

차 례

도 입

논쟁적이고 다채로웠던 오랜 전문가의 삶에서 나의 목적은 TA라는 도구들을 사용하여 사람들이 개인적인 힘을 발달시키고 실현하는 것을 돕는 것이었다. 외부와 단절된 상태에서 한 사람의 완전한 잠재력을 발달시키는 것은 불가능하다. 번성하기 위해서는 우리와 함께 번성할 다른 사람도 필요하기 때문이다. 그러므로 모든 사람이 그들의 가능성을 성취하도록 힘을 주는 협조적 사회 네트워크 같은 것을 만들기 위한 시스템의 개발 과정에 힘썼다.

나의 신념은 천년 동안 인류는 억압적인 사회명령의 지속적 지배 아래서 살아 왔다는 것이다. 이런 체계는 원숭이 사회구조 후손의 '문명화'이며 영장류집단이 그들이 순서를 정해서 계층적으로 먹이를 먹는 순서이고 사회조직의 뿌리 깊은 영토와 층상 형태를 구성하는 것이다.

이렇게 오래전부터 내려온 힘의 구조는 사람들이 단지 생존하기 위해 투쟁하는 동안 선택된 소수, 즉 힘이 있는 남자가 그들이 선택한 후손의 이득을 위해 대다수의 사람들을 착취하였다.

나는 교류분석을 발달시키고 연구에 전념한 교류분석가다. 교류분석은 1950년에 의사인 에릭 번에 의해 만들어졌고 1970년에 미국 전역에서 알려지고 유행하였다. 교류분석이 알려지고 나서 여러 해가 지나면서 미국에서 교류분석은 시들해졌지만 국제적인 움직임으로 성장하였고 많은 사람들에게 도움이 되었다. 세계 교류분석의 특성은 공통분모를 가지고 있는데, 모든 사람은 OK로 태어난다는 믿음과 우리를 억압하는 사회체계에 맞서기 위해 필요한 도구로써 그리고 사람들의 성장과 안녕, 자기표현을 실행하기 위해서 제공된다는 것이다.

세계의 10억의 사람들이 자유를 갈망하고 백만 명의 사람들이 여러 가지 방법으로 자유를 얻기 위해 적극적으로 투쟁하고 있다. 나의 공헌으로 사람들이 본성을 분명하게 하고 민주적, 개인적 관계의 발달을 촉진시키기를 희망해 본다. 나의 바람은 작은 집단과 개인 대 개인의 교류수준에서 협력적이고, 자유에 필요한 실질적이고 사랑중심의 도구를 제공함으로써 이 탐구에 기여하는 것이다. 이 과업에서 나는 교류분석의 도구를 사용할 것을 제안하고 정보화 시대에 발달되는 능력을 확장하였다.

나의 작업은 번의 생각으로부터 나온 아이디어들 중 특정하게 선택한 아이디어들을 기본으로 하였다. 그가 간혹 글에서 사용한 엉뚱한 단어들은 나와 그의 동료들에게 말로 광범위하게 전해졌는데 이탤릭체도 거기에 포함되었다.

1. 사람들은 마음대로 사용할 수 있는 부모자아, 어른자아, 어린이자아로 나뉜 세 가지 자아상태를 가지고 있는데, 각각은 구체적이고 귀중한 기능을 한다. "*모든 사람은 세 사람이다.*"
2. 모든 사람은 객관적이고, 정보를 사용하고, 문제를 해결하는 자아상태인 어른자아상태를 개발하고 증진시키는 능력을 가지고 있다. "*어른자아상태는 인간컴퓨터다. 문제가 있으면 생각하라!*"
3. 모든 사람은 어린이자아상태에 내재된 자율, 자각과 친밀의 능력을 가지고 태어난다. '*I am OK/You are OK*'*는 보편적인 위치다.*" "*어린이자아상태는 성격의 가장 최고의 부분이다.*"
4. 부모자아상태는 미리 판단을 내리는 관습의 저장소이며 양육적인 부모자아와 비판하는 부모자아 두 가지 가능한 모습이 있다.
5. 사람은 어린 시절 지장을 받은 외부 영향력을 기본으로 어린 시절에 결정한 제한된 각본에 따라 인생을 살아간다.
6. 사회적 인정의 단위인 스트로크는 생존에 필수적이다. "*만약 스트로크를 받지 못하면 당신의 척수는 쪼그라든다!*"
7. 사람들은 부분적으로는 스트로크를 구하기 위해 심리적 게임을 하는데, 이것은 각본에 의해 강행된다. "*게임은 친밀감을 대체한다.*"
8. 사람들의 초기 각본 결정은 바뀔 수도 있다. "*당신의 쇼는 막을 내릴 수 있고 더 나은 것을 상영할 수 있다. 즉, 각본은 재결단할 수 있다.*"
9. 교류분석은 어른자아를 사용하여 원하는 변화를 가져올 수 있는 방법이다. "*계약을 맺어라.*" "*어른자아의 통제를 성취하라.*" "*치료하라!*"

10. 변화를 가져오기 위해서 교류분석가들은 일반사람들의 수준에서 이해할 수 있는 언어로 이야기하고 글을 쓴다. "*우리는 16세가 이해할 수 있는 명확한 언어로 말한다. 어려운 말이나 길고 모호한 단어로부터 자유롭다.*"

이 책은 스트로크가 중심이기 때문에 번의 대표적인 저서 『인생게임』에 소개한 스트로크의 정의를 가지고 왔다(1964, p. 15).

"*스트로크는 사회적 행동의 기본적인 단위이고 다른 사람의 존재로부터 인정을 함축하는 행동이다.*"

나는 50년간 주요 관심사였던 교류분석을 더 진보된 시각에서 발달시켰고, 이를 요약하면 다음과 같다.

1. 사랑은 인간관계에서 핵심적인 힘이다. 기본적인 사랑의 교류는 긍정적인 스트로크다.
2. 생각보다 많은 사람들이 긍정적 스트로크가 불충분한 기아상태에서 생존한다.
3. 사랑의 결핍은 비판적인 부모자아로부터 강요된 "스트로크 경제"의 결과이고, 이것은 사람들이 지속적으로 무기력, 우울, 두려움, 무망감을 느끼도록 한다.
4. 스트로크에 배가 고픈 사람들은 그들이 긍정적인 스트로크를 얻을 수 없을 때는 정서적으로 쇠약해지는 부정적 스트로크라도 구하고 받아들인다.
5. 부정적 스트로크는 게임을 할 때 발생하는데, 게임의 기본적인 세

가지 역할은 구원자, 박해자, 그리고 희생자 역할이다.

6. 각본을 지속하기 위해 각본을 지원하는 게임을 반드시 하게 된다. 스트로크 경제를 타파하는 것은 긍정적인 스트로크를 자유롭게 주고받는 것을 배워서 스트로크의 원천으로서의 게임이 필요 없게 만드는 것이다. 이것이 각본의 기초를 약화시키고 뒤집는 것을 가능하게 한다.
7. 스트로크 경제를 타파하기 위해 CP(비판적 부모자아)의 영향을 고립시키고 제거해서 개인이 가지고 있는 선천적인 사랑의 힘을 발달시킨다.
8. 협력적이고 민주적 사회환경인 사랑은 개인적 힘, 희망, 안전함의 강력한 협력자다. 반대로 힘을 남용하고 힘을 사용하는 것은 무력감, 불안감, 미움, 그리고 두려움을 일으킨다.

번과 나의 이러한 아이디어는 내가 1971년에 『사람들이 살아가는 각본』을 저술한 이후 발달시켜 온 관점들이 쌓인 것이다. 나의 이런 관점을 '스트로크 중심 교류분석'이라 부른다.

나의 이론은 짧지만 희망적이고 의미 있는 문장으로 축약된다.

사랑, 기쁨, 그리고 생산적인 생각들에 대한 인간의 잠재성은 개인의 CP(비판적 부모자아)와 공동으로 활동하고 있는 권위주의자의 사회체계의 남용에 의해 수백 년간 선택적으로 억압되어 왔다. 이렇게 억압되었던 가능성은 마음이 중심이 되고 정보가 기본이 되며 민주주의적 협력과 힘의 행사로부터 자유롭게 됨으로써 풀려나게 되는데, 이러한 것들은 교류분석에 의해 가능하다.

제1부

TA는 어디로 갈 것인가
- 마음의 정치 -

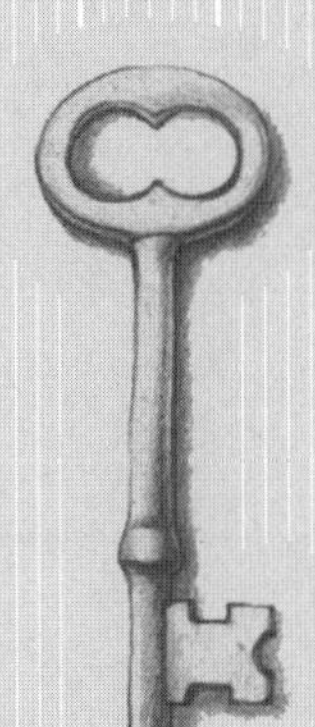

제1장

21세기의 TA

1950년대 샌프란시스코의 차이나타운에 있었던 에릭 번(Eric Berne)의 아파트에 12명의 전문가들이 격주로 모임을 시작한 이래, TA는 지속적으로 성장해 왔으며 세계적으로 퍼져 나갔고 나이와 상관없이 다양한 직업의 다양한 사람들 사이에서 발전되어 왔다.

에릭 번의 TA의 무엇이 사람들에게 그토록 매력적이었을까? 개념의 명료함? 익살스럽고 자극적인 성향의 에릭 번의 단어들? 해리스(Harris)나 제임스(James), 스타이너(Steiner), 듀제이(Dusay), 카프만(Karpman), 잉글리쉬(English), 그리고 굴딩(Goulding) 같은 2세대의 글들? 많은 선생들의 열정과 방법 혹은 수련가들의 대단한 열정? 관계가 정교화되고, 정신분석적이며 통합적인 교류분석이 되었기 때문에? 치료자들에게 돈을 벌 수 있도록 기회를 제공해 주었기 때문일까? 아니면, TA를 통해 서로 도움이 되고 친밀해지며 열린 태도를 가질 수 있게 되기 때문일까? 이런 모든 것은 아마도 사람에게서 사람으로, 직업에서 직업으로, 그리고 장소에서 장소로 다양하게 모두 연관되어 있을 것이다.

지난 수십 년간 TA를 가르치고 5대륙 25개 나라에서 워크숍을 열면서 TA의 매력적인 특징이 세계적이라는 인상을 강하게 받았다. 수년 동안 어디를 가던 격식 없는 인터뷰를 통해 많은 사람들에게 "TA의 무엇이 당신에게 그토록 매력적인가요?"라는 질문을 해 왔다. 그리고 심리학자들, 교육가들, 상담가, 그리고 컨설턴트들에게서 받은 가장 많은 대답은 일반적인 사람들과 마찬가지로 "TA는 나 자신을 이해하는 데 도움이 됩니다. 그리고 다른 사람을 돕는 데도 도움이 됩니다."라는 대답이었다.

OK/OK

좀 더 나아가 TA의 무엇이 그렇게 도움이 되었냐고 물으면 대답은 보다 다양해진다. 자아상태와 "I'm OK, you're OK" 개념이 처음으로 나오는 대답이고, 그다음으로는 스트로크, 각본, 게임, 그리고 계약과 수련자들의 특정한 흥미에 영향을 끼친 개념들이 열거된다.

나는 자아상태는 주요한 매력 중 하나일 것이라고 기대를 했으나 놀랍게도 OK 개념도 사람들의 생각 속에 똑같이 주목을 끄는 개념이 되었다. 초창기에 OK/OK가 TA와 동일하게 취급되는 되는 것에 반대가 있었고 지나치게 단순한 정의로 인식되는 것에 대한 두려움도 있었다. 토마스 해리스(Tomas Harris, 1969)가 저술한 『I'm OK, You're OK』는 TA를 아는 사람들 사이에서 『Games People Play』보다 더 유명한 베스트셀러가 되었다. 나는 『Scripts People Live』에서 OK/OK 개념을 흉내 내며 놀렸었다(imok-youreok-chachacha). 한 천문학자가 나라를 가로지르는 비행기 안에서 나에게 묻기를 "TA는 'I'm OK You're OK?'에 관한 것 아닌가요?"라고 물었다. 나는 장난기 있는 미소를 지으며 창문 밖 밤하늘을 가리키며 "맞아요. 그러면 천문학이란 반짝 반짝 작은 별 아닌가요?"라고 대답했다.

사실은 그게 다는 아니다. OK/OK 개념을 뒷받침하는 것은 정교한 이론을 증명하는 것이다. 번은 "I'm OK, You' re OK"의 상태는 모든 사람들이 세상에 태어났을 때와 같이 "우주적인 태도"라고 가정했다. 우리가 자신이나 타인에 대해 not OK 태도가 발달되면 타고난 관점으로부터 벗어나게 된다. 예를 들어, 교류분석가의 도움으로 개구리가 키스를 받을 수 있다면 우리가 태어났을 때와 같이 OK 상태로 돌아가게 된다. 이것은 TA의 방법을 알려 주는 근본적이고 중요한 이론적 주장이다.

번은 OK 개념에서 사람들이 자신이나 타인에 대해 굳건하게 갖는 긍정적이거나 부정적 태도, 즉 우울증, 편집, 분노, 비관주의 등 특정 병리를 명확하게 하려 했다. 오늘날 그 OK 개념은 번이 상상했던 것보다 훨씬 더 진보했다. 그것은 TA 조직들 차원에서 수용의 태도, 협력, 그리고 열린 마음으로 발달되어 왔기 때문이다. 이러한 태도는 TA 문화의 하나의 특징이 되었다. TA 이론가 레온하트 쉬겔(Leonhardt

Schlegel, 1998)은 이것을 TA 발전의 독특한 내적 좌표라고 묘사했다 (Personal communication, 2001). 나는 OK/OK 태도가 TA의 핵심적인 부분이고 그것이 중요한 정치적인 측면을 가지고 있다는 것에 대해 논의할 것이다.

정치에 대한 번의 혐오

오랫동안 나는 번이 지독하게 정치에 무관심하다는 것에 대해 논쟁해 왔다. 어떤 사람들은 나와 다른 생각을 하기도 한다. 그들은 그가 샌프란시스코 미팅을 "샌프란시스코 사회정신의학 세미나"라고 명칭한 것이 정치적으로 의미가 있고 어떤 방식으로든 사회를 치료하려는 것을 가리킨다고 해석했다. 그러나 번은 사람들이 말하는 '우리 사회'라는 것을 조롱하며 정서적인 '정신의학'[1] 게임을 하는 사람들과 같이 취급하였다. 사회정신학에 따르면 번에게 있어서 정신의학 공부란 "특정한 개인, 둘, 혹은 좀 더 많은 사람들이 주어진 시간, 주어진 장소에서 특정한 교류를 하는 것일 뿐(1961, p. 12)" 사회 안에서 하는 것이 아니기 때문이었다.

게다가 1960년대 사회주의에 동조하는 새로운 좌익 정치태도나 베트남 전쟁을 격렬하게 반대하는 태도에 대해 그는 둘 다 비슷한 정도로

1) 정신의학 게임의 변형. 전문용어를 쓰면서 동료들끼리 분석을 하는 게임으로 대개는 무해하고 잡담으로 흘러가지만 심리치료집단에서는 생산적인 행동이 아니다.

혐오스럽다는 반응을 보였다. 정치적인 대화에 열을 올리는 것에 대해 그는 "지독하군."이라고 반응했으며, 게임이나 잡담[2)]이라고 취급했다. 그 시절 그의 가장 정치적인 행동은 이 전 해에 썼던 글을 편집한 것이었는데 다음과 같은 구절들이었다(지금은 TA다). "한두 사람의 운동가에게 맡겨져 충분히 잘 정립되어 있다." "정신의학자들 사이에서 도덕적 판단을 업신여기는 것이 유행이다…. 뭔가를 위해서 싸우는 것은 가치가 있는 일이어야 한다." 그런 다음 그는 영아 사망률 옹호로 나아갔는데 그것을 "기본적인 가치 기준"이라 여겼다. 왜냐하면 그 당시 영아 사망률이 올라가고(1969) 베트남 전쟁이 최고조로 달하고 진정성 없는 전쟁 반대 성명들이 발표되고 있던 때였기 때문이다. 결론은 '전쟁' '악성전염병' '기근'과 '죽음'이라는 네 기사에 반대하는 운동을 벌여야 한다는 것이었다.

그리고 여전히 나는 번에 대한 나의 생각을 수정해 오고 있다. 최근에 번에 대해 두 가지 중요한 사실을 알게 됐는데 (그는 스스로 '위대한 피라미드'라는 수수께끼 같은 별명을 붙였다.) 그는 샌프란시스코 세미나의 우리들로부터 불가사의할 만큼 차단되어 숨어 있었다는 것이다.

첫째, 그의 아들 테리 번(Terry Berne, 2004)이 밝히기를 번은 미국의 반공산주의 시대인 1940년 말에서 1950년 초에 심한 박해를 받았다는 것이다. 그는 조사를 받고 심문을 당했으며 정부에서의 일자리와 여권도 박탈당했는데 그 이유는 1952년 정부에서 좌익으로 기운 경향이 있

2) 이것은 모임에서 자주 행해지는데 잡담이나 게임으로 벌이게 된다. 잡담으로는 사회적인 관계에서 불평이나 투덜거리는 것으로 결말을 맺는다. 게임으로 행할 때는 자신을 이해하는 의사를 찾지 못한 사람 등이 한다.

다고 의심되는 특정한 과학자들을 대우해 주는 것에 대해 비난하는 서명인 '미국의 자유를 지키는 시민위원회'의 청원서에 서명을 했기 때문이었다. 나는 맥커시(McCarthy) 시대의 박해가 그의 공적인 표현을 잠재우는 데 성공했다는 결론을 내렸다.

두 번째는 최근에 메리 굴딩으로부터(personal communication, 2008) 알게 된 것이다. 그녀는 1960년대 말 번과 그의 새 부인인 토레(Torre)가 살고 있던 카멜에 있는 링스 식당에서 다 같이 점심을 함께 한 적이 많았는데 그 당시 번은 절대로 샌프란시스코에서는 하지 않았던 자유롭고 진보적인 정치적 시각에 대해 자유롭게 이야기를 나누었다고 했다. 지금 나의 생각으로는 토레가 그의 묻혀 있던 정치적 본능을 회복시켰고 그의 인생의 마지막 즈음 그의 태도가 부드러워진 것 같다. 1970년 7월에 나는 샌프란시스코 세미나에서 스트로크 경제에 대한 발표를 제안받았다. 그날 나는 스트로크에 대한 나의 정치적 아이디어를 솔직하게 이야기할 생각이었으나 그는 두 번의 심장마비로 고통을 받고 있어서 나의 시각을 그와 나눌 기회는 영원히 없었다.

우리는 그가 어떻게 반응하였는지 모를 것이다. 그러나 나는 이러한 주제들을 가지고 그와 같은 시각에서 깊은 정치적 신념들을 마음과 마음으로 나누기를 희망한다.

번의 개인적 정치관-정치와 TA

번은 가장 논란이 많았던 시절에 침묵하고 있었는지 모르지만 그의 이론과 임상에서의 그의 정치적 성향은 엘리트주의에 반대하는 자유주의자, 평등주의자였으며 대중주의자로 깊이 남아 있다. 1960년대 말 내가 관찰했던 샌프란시스코의 성 마리 병원의 폐쇄병동에서 매주 열렸던 그의 치료집단에서 이런 명백함이 잘 드러났다. 한 시간 동안 번은 입원 환자들을 위한 집단을 이끌었는데 관찰을 위해 스태프들이 둘러앉아 있었다. 그러고 나서 의자 위치를 바꾼 후 원의 안쪽에 앉은 스태프들이 자신들이 밖에서 관찰했던 것들에 대해 토의하게 하였다.

이렇게 환자의 치료를 넘어서 스태프들이 토의하기 위한 자리를 갖는다는 것은 일반적인 경계를 거꾸로 뒤집을 만큼 드라마틱하고 급진적인 것이었다. 그것은 스태프와 환자들에게 분명히 번의 반-엘리트주의 시각을 보여 주는 것으로 그들을 동등한 인간으로 보았던 것이다. 그는 스태프나 환자들 둘 다 중요하게 생각할 것을 강조했을 뿐 아니라 그들이 서로에게 이해할 수 있는 언어로 말하기를 기대했다. 이것은 그에게는 매우 중요했다. 그는 그들이 고등학교를 졸업한 일반인 수준에서 담론하기를 원하였고 정신의학적인 혹은 정신분석적인 '재즈'[3]를 허용하지 않았다.

번은 치료자와 환자 사이에 같이 할 수 있는 수준의 장을 만들 수 있다고 믿었는데, 이것은 그들 사이의 계약이라는 것이 요구되면서 시작된다. 계약은 둘 사이의 평등한 협의로, 한 사람은 전문가의 도움을 요청하고 다른 사람은 그의 전문적인 지식을 제공하는 것이다. 둘 다 어른자아 기능을 가진 능력 있는 인간으로 가정하며 목적을 가진 관계에

3) 전문가들만이 서로 알 수 있는 전문용어의 사용을 에릭 번은 이렇게 불렀다.

서 성숙한 합의를 찾는다. 계약의 요구조건은 두 사람이 그것의 용어를 이해하며 같은 언어를 사용하는 것이었다. 덧붙여 대화는 단순한 언어로 진행되어야 하고 누구라도 알 수 있을 만큼 관찰 가능한 것을 다루기를 원했다. 그는 가상적인 예를 사용하는 것을 금지했고 이해할 수 있는 언어를 사용하는 실제로 관찰 가능한 사람들 사이에서 볼 수 있는 교류에 대해 이야기할 것을 요구했다. 이렇게 하기 위해 그는 자아상태, 게임, 각본과 같은 정말 단순하고 유용하며 인기 있는 개념을 제공했다.

번은 모든 사람이 OK의 상태로 태어난다는 가정을 함으로써 인간은 기본적으로 평등하고 인간으로 능력이 있다고 주장했다. "모든 인간은 왕자와 공주로 태어난다. 하지만 어린 시절의 경험이 그들을 개구리로 만들어 버린다"(1966, p. 290). 그럼에도 불구하고 우리는 모두 완전해질 수 있는 평등한 기회라는 '인류의 자격'(1966, p. 290)을 가지고 있다. 인생각본의 한 부분이거나 꾸러미인 not OK 태도는 압력에 순응하는 것이기도 하고 재결정되거나 변화되어질 수도 있다.

누가 심리치료를 할 수 있는가라는 논쟁에 대한 그의 태도는 놀랍도록 평등한 것이었다. 당시 20세기 중반 심리치료는 오직 의료분야 의사 중 특별히 정신분석적으로 훈련된 의사들과 훈련한 경우만 가능했다. 하지만 심리학자, 사회사업가, 성직자, 혹은 영혼을 치유하기 위한 훈련을 원하는 일반 사람들로부터 압력이 거세졌다. 그 당시에 급진적이게도 번은 "학위와 자격을 떠나서 진짜 의사는 자기 환자를 치료하는 사람이다."라고 했는데, 이 선언으로 나와 수십 명의 심리학자들은 우리들의 전문적인 훈련에 상관없이 '진짜' 의사로 허가를 받은 것이었다.

번의 가장 큰 장점 중 하나는 자신과 의견이 상충되는 것은 물론 상대의 반박 또한 잘 받아들인다는 것이었는데 특히 그 반박이 사실에 기초할 때 그러하였다. 예를 들면, 매주 그의 세미나에서 사람들이 전부 모이기 전에 그는 엄마와 섹스를 하는 꿈은 정신분열의 증세라는 이야기를 하였다. 그 둘은 연관 있는 것처럼 보이지만 나도 정확하게 그런 꿈을 꾸곤 했다는 사실이 떠올랐다. 그래서 내 차례가 되었을 때 "참 흥미롭군요. 나도 간혹 엄마와 섹스를 하는 꿈을 꾸곤 하는데요. 그게 무슨 뜻일까요?" 하고 말했다. 번은 나를 보더니 몇 번 그의 파이프를 빨아들인 후 아이러니한 미소를 띠며 "글쎄…… 이론은 그런데……." 라고 말을 시작하였다.

TA와 민주주의의 진전

번의 OK/OK 실존적 태도와 건강하게 살기 위한 스트로크의 중요성의 도입은 나를 긍정적 스트로크, 스트로크 경제, 그리고 정서활용으로 이끌었다. 시간이 흐르면서 TA 조직 안에서 사회적인 시각을 가진 많은 사람들의 도움으로 이러한 개념들이 TA를 정직성, 교류, 관계에서뿐 아니라 긍정적이고 관대하고 영양가 있으며 정서적으로 유익한 모양의 자동차로 빚어냈다.

개방적이고 협력적인 토론, 논쟁과 다른 시각의 수용, 새로운 정보를 기초로 변화하거나 의견을 고수하는 것, 기꺼이 다른 시각을 통합하려 하는 것들은 열린 민주사회의 특징이다. TA의 매력은 이러한 가치를 나눈다는 사실에 있다. (TA 조직은) 작지만 민주주의를 향한 세계적인 발전과 중요하게 연결이 되어 있는 민주적인 기관인 것이다.

BC 500년에 그리스 아테네에서 시작되었던 민주주의의 진전은 소수에 의해 통치되고 위계적이었던 고대 정권의 압제에 대한 반발이었다. 첫 출현 후 2500년간 민주주의는 우리들의 유인원 같은 조상들이 사회적 명령에 대항하여 끊임없이 일으켰던 엄청난 투쟁과 간간히 관련되어 왔다. 예를 들어, 남성 우월주의와 영토권, 가부장제 등은 전쟁, 거대기업, 집단학살, 종교재판, 이슬람법, 마녀사냥 등과 같은 끝없는 다양한 재난을 초래하였다.

오늘날 이런 사회체계는 조상들의 생존패턴으로부터 진화하여 폭넓게 도전받고 있다. 민주주의는 자유와 평등에 기초하며 지배계층에 반대하는 것이 기본이다. 자유와 평등, 이 두 가지 원칙에 나는 '정보'라는 것을 더하고 싶다. 그 정보는 정확하며 신뢰할 수 있으며, 민주적인 결정은 의미가 있고 가능하다는 지식을 가지고 있는 것이다. 자유, 평등, 정보, 이 세 가지 원칙이 민주주의로 확실히 진보하여 이 지점까지 발달하는 데 이천 년이 걸렸다.

세계 민주주의적 발전을 저해한 주요 사건 중 하나는 표면적으로는 미국 입장에서 중동으로 '민주주의의 전파'가 목적이라 했던 조지 부시(George Bush's)의 이라크 전쟁이다. 그 전쟁은 민주주의 전파라는 매우 단순한 목적을 달성하지 못했을 뿐 아니라 민주주의가 좋지 않은 이름으로 불리게 되었다. 또한 미국에서 민주주의는 위험에 처하게 되었고 지역에서 10년은 후퇴하게 되었다(희망하건대 현재 버락 오바마

(Barack Obama)의 새로운 시대가 그 영향을 뒤집고 민주주의를 미국으로 되돌아오게 하고 있는 중이기를 바란다).

일반적으로 정치는 정부와 관련된 활동이라고 생각한다. 하지만 나는 힘의 관계와 관련된 활동이라면 어떤 것이든 정치적이라는 시각으로 나아갔으면 한다. 사람들이 누가 먹고 누가 시중을 들고 접시를 닦고, 누가 말하고 누가 듣고 혹은 언제 그리고 어떻게 섹스를 하든 상관없이 개인적인 수준의 힘과 관련된 것에 적용하기를 바란다. 우리가 세상의 힘이라 하면 정부의 정치를 생각하기 쉬운데 우리는 개인적인 정치도 반드시 같이 생각해야 한다. 민주주의 원칙은 시민만큼 개인적으로도 중요하다. 개인적 정치 영역에서, 민주주의의 오래된 적대자는 아버지의 독단적인 규칙과 선택이 모든 것을 대표하는 가부장제다.

대중적이고 단순하고 실용적인 언어와 함께 TA는 위력이 있고 정치적인 이론인 동시에 임상실천이다. TA에서는 어른자아의 관찰과 말을 중요하게 강조하고 열려 있는 대인관계 행동, 비폭력, 협력과 평등을 강조한다. 그것은 평등을 추구하고 모든 개인적 수준에서 대화와 중재 활동인 민주주의를 기본으로 하고 있다.

사람들의 자유와 사회정의를 위한 갈망은 교류분석의 방법들과 훈련, 아이디어 속에서 위안을 찾을 수 있다. 이것이 내 시각에서 본 왜 TA가 급속하게 파급되는가 하는 것의 이유다(에릭 번이 아마 자랑스러워할 것이라고 믿는다).

해방심리학

지난 45년간 나 자신과 일을 특징지으려고 시도하면서 몇 가지 이름표를 붙이려 노력했다. 나는 분명히 사람들의 삶에서 그들의 관계를 증진시키는 것을 돕기를 희망하는 교류분석가다. 나는 학술적, 과학적 배경을 가진 임상심리학자로 언제라도 가능하다면 연구를 통해 지식의 타당화를 기본으로 작업하기를 고집한다. 나는 또한 진보적 정신의학자이기도 한데 이 말을 나와 나의 보헤미안 친구들은—오직 우리 중 한 사람만 의학박사이지만—1960년대 우리의 영혼을 치료하는 활동을 묘사할 수 있는 것으로 채택하였다. 진보적 정신의학자로서 우리들의 역할은 사람들 사이의 힘의 관계를 분석하고 어떻게 사람들이 억압하고, 협력하고, 병이 생기고, 서로를 치료하는지 분석하는 것이었다.

진보적 정신의학자로서 나는 어린이, 나이 든 사람들, 여자, 남자, 유색인종, 게이, 가난한 사람 등 모든 사람이 어떻게 그들의 힘이나 가능성으로부터 소외되는지에 대해 관심이 있다. 나는 일생을 어떻게 이러한 소외가 세상과의 교류나 대인관계에서 해결되는지 탐색하는 데 바쳤다. 또한 나는 내 자신을 포함해서 사람들의 정서 그 자체로부터 자유롭기 위해 투쟁하는 정서활용훈련 방법의 전사이기도 하다. 결론적으로, 내 삶의 본질과 동기는 정서를 묶는 족쇄로부터 벗어나려고 노력하는 동시에 내 방식대로 자유롭게 인간의 영혼을—본능적으로, 개인적으로 혹은 제도적으로—해방시키는 것이다. 이것이 내가 왜 내 자신을 해방심리학자로 부르는가 하는 것의 이유다.

해방심리학의 전제는 무엇인가

우리는 수많은 가능성을 가지고 태어난다. 만약 적절한 시기와 지지받는 환경에서 성장한다면 개인의 유전적 자질과 더불어 우리는 열 개 혹은 더 많은 언어를 배울 수 있고 뛰어난 체조선수, 피아니스트, 컴퓨터 천재로, 혹은 긴 수명을 누리는 사람으로 행복하게 살 것이다. 반면, 지지받지 못하고 치명적이고 외상적인 경험에 노출되었다면 우리들 중 누구라도 신의 은총 없이는 절망적인 실패를 접하게 되고 희망 없는 중독, 무감각한 범죄자, 그리고 짧고 비참한 존재로 인생을 마감할 것이다.

심리학적 그리고 진화론적 과학은 그동안 사람들의 삶의 내력을 예상하거나 정확하게 설명할 만큼 진보되지 못했다. 대부분의 설명과 처방은 직관적으로 고안되었고 연구에 의해 타당화된 작은 부분 외에는 저자의 신념과 철학을 기본으로 하였다. 여기 나의 관찰, 직관, 과학적 연구를 기본으로 한 중심 신념이 있다.

1. 사람은 태어날 때 OK다. 인정하건대 모든 사람은 아니다. 매우 적은 수의 사람은 태어나면서 끔찍한 심리적 핸디캡을 가지고 태어나는데 공감능력이 부족하거나 심한 인지적 정신질환을 가지고 태어난다. 그러나 경이롭게도 대부분의 사람들은 건강하려는 경향을 가지고 있고 아프면 스스로 치료하고 사랑받고 사랑하며 정서를 전부 표현하고 정확한 정보가 주어지면 제대로 생각하고 완전한 환경이 주어지면 자연과 어울려서 함께 조화를 이루며 살아간다.

2. 사람들의 개인적 OK 본성에 혼란이 생기는 것은 외부의 압력으로 인한 결과다. 즉, 각 개인이 내면화하고, 다음 세대로 전달하는 사회적 영향력을 제한하고, 사람이 완전히 꽃피울 수 있는 잠재력을 차단시킨다.
3. 자연치유는 인간이 가지고 태어나는 자가치유 메커니즘인데 만약 허락되기만 하면 우리들의 OK-ness를 방해하는 것을 고치려는 경향이 있다.
4. 인간이 마주한 어려움의 큰 부분은 인간관계의 붕괴에 기인한다. 인간 상호 간 교류를 분석하는 교류분석은 인간관계를 이해하기 위한, 바로잡기 위한, 그리고 만약 필요하다면 인간관계의 역기능을 끊게 만들기 위한 이상적인 도구다.

예 증

오랫동안 인간의 가장 보편적인 고통 중 하나였던 우울에 나의 생각을 어떻게 적용하였는지 그 예를 들어 보겠다.

45세인 도나는 나의 도움을 구하러 왔는데 그녀는 오랜 기간 불행감을 느꼈고 식욕과 욕구가 생기지 않고 불면증에다 자주 울고 간혹 화를 터뜨려 왔다. 그녀는 만성우울이라는 진단을 싫어했지만 몇 년간 항우울제와 정신안정제를 처방받았고 심리치료사들을 만나 왔음에도 치료 결과는 그리 만족스럽지 않았다.

진보적 정신의학자로서 나는 그녀에게 그리고 나 스스로에게 그렇게 긴 시간 동안 그녀를 행복하지 못하게 한 것이 무엇이었는지 물었다. 그녀의 우울함에 비밀이 있다는 가정보다는 생화학이나 유전적인 면에서 그녀의 정서적 불편의 원인이 되는 억압적 환경의 가능성을 살펴보았다. 그녀의 끊임없는 슬픔에 대해 그녀 스스로의 관점에서 생각해 볼 때 남편이나 가족들로부터 사랑을 받지 못하고 그들이나 누구도 사랑하지 못한다는 희망이 없는 느낌을 보고하였다.

교류분석가로서 나는 그녀의 우울을 치료하는 계약을 제안하였다. 그녀는 동의하였고 그때부터 일주일에 한 번 우리는 그녀의 우울과 치료를 위해 어떻게 할 수 있을지에 집중하였다. 우리는 함께 그녀의 관계를 탐색하였고 남편, 아이들과 친구들과의 스트로크 패턴을 자세하게 살펴볼 수 있도록 그녀를 도와주었으며 그녀의 슬픔을 촉진하는 분명한 반복되는 게임을 분석하였다. 우리는 그녀 내면의 강한 비판과 희생자의 역할을 하려는 경향, 그리고 때때로 가족 안에서 습관적으로 박해자가 되는 몇 가지 게임을 발견하였다. 그녀는 남편에게서 성적인 스트로크를 포함하여 원하는 스트로크를 받는 것을 포기하고 있었고 사람들에게 어떤 스트로크도 줄 수 없었다.

정서활용 지도자로서 나는 분노와 무망감과 관련된 슬픔을 특히 강조하는 혼란스러운 정서를 탐색하고 표현하게 하였다. 단순하게 정서나 정신적인 질병의 결과로 혼란스러운 정서를 경험하고 있다고 가정하는 대신 우리는 논리적인 이유를 찾으려 했고 처방을 구했다.

해방심리학자로서 나는 사랑하고 사랑받으려는 그녀의 욕망을 끊임없이 방해하는 그녀 내면의 비난을 쫓아내고 그것과 맞서도록 격려했다. 그녀는 사랑이 없는 악순환에서 무력하다는 가정보다는 그것을 깨고 자유로울 수 있는 도구를 제안했고 그녀 내면에 존재하는 건강한 본성을 믿고 성공하도록 그녀의 투쟁을 지지하고 격려했다.

과학적 심리학자로 나는 우울증에 대한 타당한 연구를 사용하여 약의 제한된 효과와 사회적 지지의 가치, 그리고 여러 가지 인지 행동적 방법을 사용했다. 일 년 안에 도나는 그녀의 우울이 나아졌다고 보고했고 우리는 그녀의 직업을 찾는 새로운 계약을 시작했다.

이와 같이 앞의 사례는 TA, 진보적 정신의학, 정서활용, 과학적 심리학, 그리고 해방심리학이 함께 엮인 것이다. 문제의 핵심이자 가장 중요한 스트로크와 정보 중심 TA는 이러한 시각이 합성된 것이다.

제2장

인간 마음의 발명*

우리는 세계 인구가 변화를 겪고 있는 진화의 순간을 맞고 있다. 위계적, 영토권적, 본질적 폭력과 경쟁의 종에서 새로운 동기들(혹은 새롭게 진화된 사람들)이 이끄는 새로운 정체성으로 우리는 변화를 경험하고 있는 것이다. 이러한 새로운 동기들은 영역의 보호가 아니라 우리의 자식들과 심지어는 우리와 연관이 없는 사람들에 대한 보호다. 그러므로 궁극적인 동기는 우리들의 경쟁자들을 제거하는 것이 아니라 그들과 협력하며 함께 살아가는 것이다.

이 진화적 변화는 비록 그것이 미묘한 유전적 부작용을 가지고 있을

* 이 장은 2000년 10월 런던의 로얄 의과 대학에서 열린 제3회 청소년 건강학회 기조연설인 "사랑의 전달방식: 인간 마음의 발명"을 편집한 것이다. 전체 내용은 다음에서 볼 수 있다. www.claudesteiner.com/meming.htm

수 있긴 하지만 유전적 변화는 아니다. 그것은 나중에 이 장에서 이야기하려 한다. 지금은 이 변화가 '문화전달 요소적(memetic)' 진화이고 우리들 마음 내용의 진화물이며 세대를 거쳐 전달된 유전적 특성이라고만 말해 두자. 유전과 마찬가지로 문화전달 요소는 정보의 전달자지만 유전과는 다르며 우리 몸의 모든 세포의 구조를 담고 있으며 사랑, 전쟁, 결혼, 신, 과학, 경주, 예술 등과 같은 우리들 마음의 생각이다.

유전자는 몸에서 몸으로 도약하면서 세대들로 전달되고 정자와 난자를 통해 유전자 공급원에서 그들 스스로 전파한다. 문화전달 요소는 두뇌에서 두뇌로 전달되고 세대 안에서는 수평적으로 그리고 세대로 내려가면서는 수직적으로 우리가 '문화전달 공급원'이라 부를 수 있는 곳에서 그들 스스로 전파된다. 그것들은 글과 담론을 이야기하는 방식으로 전달된다(Dawkins, 1998). 문화전달 요소가 아래로 전달되는 수없이 많은 방법들이 있고 그것들은 우리의 삶에 엄청난 영향을 끼친다. 어떤 것들은 신, 전쟁, 악마와 같이 극도로 집요하며 우리들에게 수천년간 영향을 끼쳐 오고 있다. 다른 것들은 여전히 강력하지만 짧게 지속되는데 사라지기 전에 집단의 사고방식에 그들의 자취를 남겨 놓는다. 예를 들면, 잔 다르크, 비틀스, 무성영화들, 튤립들, G.W.B[1]다. 다른 문화전달 요소는 지속적이지도 않고 강력하지도 않은 모니카, 케이-페드. 아킨, 혹은 아르굴라[2] 같은 것이다.

1) 조지 W 부시 - 역자 주

2) Monica: 미국 연속극 프렌드의 여 주인공, K-Fed: 미국 연예인, Atkins, or arugula: 다이어트 이름. 모두 한때는 유명했지만 오래가지 않았던 문화적 요소라는 뜻

유전적 정보는 전달되고 확고한 방식 안에서 진화한다. 다음 세대로 전달되는 것으로부터 그 정보의 특정한 부분을 멈추려면 종의 모든 일원을 불임이 되게 하거나 죽여야 할 필요가 있을 것이다. 문화전달 요소적 정보는 좀 더 손상되기 쉽다. 문화가 꺼져 버리거나 통제를 통한 압제에 의해 지워져 버릴 때 방해를 받는다. 예를 들어, 소비에트 시대 크레믈린(Kremlin)은 신에 대한 생각을 뿌리 뽑는 시도를 했고 그 결과로 지금도 많은 러시아 사람들은 무신론자다. 그러나 다른 한편으로는 그럼에도 불구하고 러시아에서 많은 사람들이 열렬하게 종교적인 것은 소비에트의 노력 때문일 것이다. 그것은 신, 자유, 민주주의, 그리고 평등 같은 특정한 문화전달 요소는 그것을 없애려는 강력한 노력과는 상관없이 지속적이고 되돌아오기 때문이다.

사랑은 그러한 원시적이고 강한 지속적인 문화전달 요소 중 하나다. 그러나 인간 진화의 역사에서 사랑이라는 문화전달 요소(혹은 개념)는 꽤 최근에 나타난 것이라는 것도 아마 사실일 것이다. 사람들이 사랑에 대해서 말하기 전에 그들은 이미 음식, 주거지, 나의 것과 너의 것, 해, 달, 춥다, 덥다 등의 문화전달 요소들을 말했던 것이 틀림없다. 언제부터 사람들은 사랑에 의해 동기가 부여되고 사랑이 느껴진다는 것을 알아차리기 시작했을까? 어떻게 사랑은 의식적으로 이야기되어지는 개념으로 유래되었으며 왜 그렇게 지속적인가? 나는 사랑을 인체의 해부학적인 관점에서 본다면, 사랑은 두뇌 부분에서 유전되었다고 본다. 한편 사랑은 하나의 개념으로 글로 쓰였고 노래로 불렸고 이야기되었고 문화전달 요소 공급원 안에서 현실로 그것 스스로 자리 잡았다고 말하고 싶다. 그것은 아마도 유전적 변화를 일으켰을 것이고 이러한 변화는 지금 우리가 볼 수 있는 증거가 되었다.

문화전달 요소와 두뇌

문화, 언어, 생각들, 그리고 열망의 끈질긴 문화전달 요소적 진화는 생리학적 변화와 평행되는 결과와 개연성이 있다. 문화전달 요소적 변화는 세대를 넘어 유전적 변화를 촉진시켰고 모든 삶의 선택적 생존 메커니즘을 경유하여 영향을 미쳤다. 사랑에 대하여 사람들이 제휴하려는 유전적 경향성은 협력적이고 친밀한 사회에서는 생존하고 출산하는 것과 더욱 관련이 있다. 그러므로 민주주의, 평화, 협력, 그리고 사랑 같은 문화전달 요소의 진화는 해부학적 연관성과 더불어 세대적인 변화를 만들어 낸다. 이러한 해부학적이고 유전적인 발달은 사랑과 친밀감을 위한 뛰어난 능력과 더불어 높은 적응적 생존능력을 허락한다.

예를 들면, 문화 전달요소인 시민의 권리의 지속적 진화와 시민의 권리의 꾸준한 사회적 발전에 대해 생각해 보자. 이 진화는 그 문화속의 사람들이 세대를 통해 전하고 힘들게 배운 문화적 패턴의 결과다. 그러나 그것은 또한 선천적으로 뇌의 한 부분에서 전달된 행동의 통제(지배에 대한 책임감)가 다른 부분(연계를 위한 책임감)으로 바뀐 진화적이고 해부학적인 변화의 결과이기도 하다. 대부분은 이 두 가지 과정이 다 일어난다. 우리는 평등하려는 경향의 뇌를 증가시키며 발달하고 있을 가능성이 있다. 역사의 원은 느리지만 확실하게 지배로부터 제휴를 향하여 나아가는 것으로 바뀌고 있다. 사랑 혹은 사랑함은 그러한 문화전달 요소이고 잠재적으로 유사한 유전적 변화들의 또 다른 예다. 나는 다음 부분에 뇌가 지배와 폭력의 경향이 있고, 계층적이고, 영토권을 추구하는 부분이 있으면서도 분리되어 있고 제휴하고 보호하고 협력하는 경향이 있는 부분이 있다는 가설을 설명할 것이며, 우성이 전자로부터 후자로 바뀌는 것을 설명할 것이다.

사랑의 해부: 삼위일체의 뇌

1973년 정신의학 국제협회 연구의 노장 과학자인 폴 매클린(Paul MacLean)은 우리들의 뇌는 세 개의 연속적인 진화의 시대에 대응하는 세 개의 뚜렷한 구역이 나누어져 있다고 발표했다. 즉, 파충류의 뇌, 대뇌변연계, 그리고 신피질이다.

그는 이 세 부분의 뇌를 '삼위일체'의 뇌라고 불렀다. 그는 사람의 신피질과 파충류의 뇌는 하나의 구조에 의해 나누어져 있는데, 대뇌변연계 구조는 신피질이나 파충류의 뇌와는 다른 특성이라고 지적했다. 이것은 1879년 폴 브로카(Paul Broca)에 의해 발견된 대뇌변연계라고 부르는 경계가 분명한 두뇌의 부분이다.

이러한 발견들은 몇 년간 유행이었는데 최근에는 몇몇 신경과학자들이 뇌가 나누어진 기능의 단위가 모여서 작동하는 것이 아니고 그것보다는 서로 친밀한 연결을 발달시키는 신경망 세트로 기능한다고 의문을 제기하였다.

이런 반대에도 불구하고 두 진화적 단계인 파충류의 뇌와 대뇌변연계는 어떤 신경해부학적 자료에도 제한받지 않고 해부학적으로 인간 두 뇌에서 서로 구별된다고 말할 수 있다. 파충류의 뇌와 대뇌변연계는 비슷하게 인간 진화의 최근 단계에서 발달한 신피질의 뇌와는 구별된다. 정확하게 그들이 어떻게 상호작용하는지는 아직 명확하지 않지만 이 질문에 대한 막대한 연구가 최근의 MRI(Magnetic Resonance Imaging) 기술에 의해 나오고 있다.

파충류의 뇌

파충류의 뇌는 진화의 역사에서 처음으로 나타난 굉장히 복잡한 신경 꾸러미로 순환, 호흡, 소화, 배설, 짝짓기 등 기본적인 생리적 기능들을 지원한다. 그것은 또한 방어, 공격, 정서적 분노와 두려움과도 관련이 있다. 사람에게서 그것은 척수의 맨 꼭대기에 자리 잡고 있어 척수가 골프채의 막대기 부분이라면 그것은 헤드와 비슷하다. 그것의 원래 형태는 도마뱀과 뱀으로부터 진화해서 사람에게도 비슷한 기능을 보이고, 후에 진화된 뇌의 대뇌변연계와 신피질 부분에 정보 등을 전달한다(Lewis et al., 2000).

대뇌변연계의 뇌

파충류는 그들의 새끼에게 눈에 띄게 관심을 보이거나 보호하려는 행동 레퍼토리가 없다. 그래서 암컷과 문제가 생기면 새끼를 버리거나 심지어 자신의 알을 먹는 것이다. 진화가 이루어지고 새끼에 대한 보호가 효과적인 생존전략이 됨에 따라 대뇌변연계의 뇌는 그 기능이 완벽하게 발달하였다. 보통 힘이 센 수컷들의 영역다툼에서 어린것들을 보호하는 것은 대뇌변연계의 주요역할이다(Lewis et al., 2000). 그러한 보호는 친화욕구를 요구하는데(짧게 말하면, 사랑) 그것은 접촉과 성숙한 인정의 기아를 기본으로 하고 있다. 접촉의 기아(교류분석적 용어로 스트로크)는 서로의 짝, 엄마와 새끼, 그리고 좀 작기는 해도 아버지와 새끼의 유대를 유지한다. 그래서 어린것들의 생존을 극대화하는 사회적인 공동체를 형성하고 이를 굳게 단결하도록 만들어 낸다. 사랑, 슬픔, 질투, 그리고 희망의 감정은 대뇌변연계에 근원을 가지고 있고, 우리가 지능이 높다고 부르는 종인 고양이, 개, 말, 원숭이, 그리고 다른 포유류, 온혈동물들도 그러한 감정을 가지고 있다.

신피질의 뇌

해부학적으로 대뇌변연계의 뇌는 파충류의 뇌를 둘러싸고 있고, 피질과 신피질의 뇌에 의해 둘러싸여 있다. 피질과 신피질은 모든 사람들에게 친숙한 뇌의 둘둘 말린 부분이다. 신피질은 모방과 같은 높은 기능과 연관이 있다. 즉, 말하기, 쓰기, 계획세우기, 상징적 이유, 개념화 등이다. 신피질이 점점 더 크게 진화하는 것은, 즉 머리가 큰 것은 출생 시 엄마 산도의 크기를 넘게 되므로 완전한 뇌의 크기가 만들어지기 전에 출생해야 하기 때문이다. 이것이 출생 후 신생아가 뇌의 크기와 기능이 완성되는 동안 보호되어야 하는 이유다. 대뇌변연계의 뇌로 인해서 보호적인 사회환경을 만드는 것이 가능해지는 것이다.

한번 피질 뇌의 발달과 보호에 필요한 사회적 네트워크를 만들면, 뇌는 현재의 크기로 자라고 모방적 진화가 가능해진다. 이 진화는 생각, 언어, 특별히 모성애, 엄마와 아빠 사이의 사랑, 그리고 사회적 집단 간의 사랑과 같은 형태를 가진다. 다이앤 애크먼(Diane Ackerman, 1994)은 『사랑의 자연스러운 역사』에서—초기 이집트에서 로미오와 줄리엣에 이르기까지—사람들이 사랑의 감정을 표현하는 많은 방법들을 이야기했다.

다른 한편으로 친화적 사고와 평행하는 것은 적대적 사고와 영토적, 계층적, 공격적, 그리고 방어적 정서에 따르는 언어다. 언어, 시, 그리고 두려움의 음악, 질투, 분노, 공격, 그리고 전쟁은 적대적 사고의 열렬한 지지자다. 친화적인 사고의 표현은 열정적인 사랑, 가족 이야기, 사랑 소설과 노래들, 낭만적 영화, 그리고 연극, 사랑을 나누는 것과 부모의 역할 등 무수히 많다. 적대적 사고는 군대전략이나 무기와 마찬가지로 영토 침범과 공격, 군사학교, 적대적 행동을 초래하는 개념(애국심, 민족주의)의 면밀한 방법들과 동등하게 발달한다. 만약 친밀감과 비교하자면 적대적인 사랑의 구성요소는 미움의 구성요소이고 그것은 사랑의 기회는 없는 것이라 믿는 것이다. 그렇기는 하지만 끊임없이 지연됨에도 불구하고 사랑은 흔들림이 없는 것처럼 보인다. 그것은 아마도 대뇌변연계와 피질의 뇌가 파충류 뇌 활동의 영향력을 넘어서 있기 때문이며, 레오나드 코헨(Leonard Cohen)의 말대로 역사의 호(號) 안에서는 사랑은 생존의 유일한 엔진이기 때문이다.

신피질의 기능은 조절을 하는 것이고 심지어 대뇌변연계와 파충류의 뇌 기능도 조절한다. 출산을 조절하는 합리성, 공격성, 보호, 그리고 친화적인 욕구는 인간의 부산물 중 하나로 신피질의 진화다. 그러나 조셉 레독스(Joseph LeDoux)는 그의 책 『정서적 뇌』(1996)에서 교육을 받지 못한 사람들에게는 뇌의 이 두 부분이 서로에게 방해가 되는 뚜렷한 비대칭이 있다고 지적했다. 특히 파충류의 뇌와 대뇌변연계는 신피질의 뇌에 큰 영향을 미치는데, 생각을 지배하고 통제하는 정서를 불러일으키는 것을 가능하게 한다. 비록 생각들은 쉽게 정서를 촉발하지만 우리는 정서를 효과적으로 통제하지 못한다. 정서의 조절은 신피질의 가장 어려운 과제이고 정서활용훈련의 최선의 목표이며 이것은 번이 말한 어른자아의 통제다.

자아상태

이러한 두뇌이론의 발달과 TA 발달의 평행선 사이에는 서로 대응이 되는 것이 있다. 매클린(MacLean)이 삼위일체 뇌를 이야기하기 4반세기(25년 전)에 번은 세 가지 자아상태를 소개하였다. 번은 사람의 행동[정신분석의 용어에서 에고(ego)]을 두 가지 부분으로 나누었다. 그가 어린이 자아라고 부르는 원시적인 마음과 그가 어른자아(1961)라고 부르는 신 마음(neopsyche)이 그것이다. 어린이자아는 자연스러운 정서와 관계가 있고 어른자아는 정서에 방해받지 않고 합리적이다.

번은 두 가지 자아상태를 가정하였고 나중에 그가 부모자아라고 부른 세 번째 자아상태는 뇌의 특정 해부학적 표현이었다. 어른 자아상태는 신피질에 위치하고 어린이자아상태는 좀 더 뇌의 원시적인 부분에 위치한다. 단기간에 그가 주장한 자아상태는 유명해졌고 일반사람들도 쉽게 인식할 수 있었다.

번의 생각은 두 가지 주요 과학적 경향(유행)에 깊은 영향을 미쳤는

데 바로 진화와 신경과학이었다. 자아상태 이론과 삼위일체 뇌 이론 사이에는 상당히 다른 부분도 많았지만 제안할 만한 유사성도 있었다. 최근, 진화심리학의 입장에서는 마음의 적응적 기능 때문에 마음을 진화된 '모듈'의 구성이라고 제안하고 있다. 이 모듈은 노암 촘스키(Noam Chomsky)에 의해 처음 제안되었는데 그는 모든 인간에게는 그들의 언어를 만들어 내는 타고난 유전적 언어능력이 존재한다고 하였다(Chomsky, 1998). 언어모듈은 신경과학과 진화이론에서의 후속적인 발전으로 분명해져 오고 있다. 더 진보된 연구에서는 어떻게 우리가 시각적인 정보과정을 거치는지, 혹은 어떻게 생물학적 자손을 다루는지와 같은 많은 뚜렷한 특성들에 관한 유사한 모듈이 있다는 것을 보여 주었다. 스티브 핑커(Steve Pinker)는 그의 책 『빈 석판』(2002, pp. 39-41)에서 진화심리학의 정신적 모듈에 대해 뛰어난 해설을 보여 주고 있다. 내가 믿기에 자아상태는 사람의 적응능력 도구상자의 부분으로 인정되는 세 가지 뚜렷한 모듈이다.

삼위일체의 뇌의 활동

내가 관찰했던 사례 중 세 가지 뇌가 어떻게 작동하고 상호작용하는지 추측해 볼 수 있는 예를 들어 보겠다.

해롤드는 사랑이 많고 자상한 아버지다. 조금 쌀쌀한 어느 날 11세 된 아들 페드로는 학교에 가려는 중이다. 해롤드는 따뜻한 코트를 입으라고 했지만 페드로는 별로 내키지 않아서 공손하게 거절했다.

"괜찮아요."

아버지는 계속 우겼다. "너 감기 걸릴지도 몰라. 코트를 입으면 훨씬 따뜻하잖아."

"고맙지만 싫어요." 페드로가 대답했다.

페드로의 거절에 해롤드는 계속해서 코트를 입히려고 노력을 했다. 그러다 갑자기 해롤드의 얼굴이 빨개졌다. 그는 태도가 완전히 변해서 갑자기 화를 내면서 페드로의 어깨를 잡고 그의 팔에 코트를 끼우려고 하였다. 페드로가 저항하자 이제 해롤드는 몹시 화가 났다.

"내가 입으라고 했잖아. 어서 입어!"

이제 페드로도 화가 났다. "나 좀 내버려 두라고요." 그는 코트를 움켜쥐고 화가 난 얼굴로 학교에 갔다. 곧 해롤드는 화는 가라 앉았지만 슬프고 처량했다.

나는 여기서 사랑이 많고 양육적이던 사람인 해롤드가 비난적이고 박해하는 사람으로, 대뇌변연계에서 파충류의 통제행동으로 해롤드가 갑자기 바뀌는 상호작용을 관찰하였다.

나는 해롤드에게 상호작용에 관해서 어떻게 느껴졌냐고 물었다. 그는 눈에 보이게 떨면서 대답하기를 "걔는 자신을 돌볼 수가 없어요. 입을 게 없으면 감기 걸릴 거예요. 지금은 그래도 가지고는 갔으니까요."라고 했다.

나는 "당신이 한 일에 대해 느낌이 별로 좋지 않나요?" 하고 물었다.

해롤드는 몇 분 정도 생각하다가 설득력 없는 목소리로 "소리는 지르지 말았어야 했는데……. 하지만 그게 옷을 입힐 수 있는 유일한 방법이었어요." 하고 말했다. 조금 더 생각하다가 "물론, 확신은 없네요.

걔는 아마 코트를 입기보다는 잃어버릴 것 같으니까요."

그는 졸린 듯 나를 쳐다보며 "사실, 내가 한 행동에 대해 뭔가 잘못되었다는 것은 확실한 것 같아요. 우리는 게임을 정말 많이 하거든요. 나는 그를 보호하려고 하다가 심술 맞게 마무리를 짓게 돼요."

나는 "아마 페드로는 이런 결정을 할 수 있을 만큼 충분히 컸을 수 있지요. 당신은 결국에는 박해자가 될 수밖에 없으면서 그를 구원하려 하는지도 몰라요." 해롤드는 고심해서 대답했다. "네, 아마 당신이 맞을 거예요. 내가 그렇게 하는 거겠지요."

"당신은 오늘 아침에 화가 났던 것에 대해 사과를 함으로써 변화를 위한 것을 생각해 봐야 할지도 모르겠네요."

"좋은 생각이에요." 그는 동의했다.

이 사례에서 해롤드의 대뇌변연계에서 비롯된, 보호적인 행동은 페드로에 의해 거절되었다. 그리고 이것이 해롤드의 파충류처럼, 자신의 영역을 주장하고, 통치적인 행동을 촉발하였다. 해롤드의 지배에 대한 명령은 페드로의 화, 파충류적 행동을 촉발했다. 마침내, 나의 대뇌신피질적인 질문은 해롤드의 파충류적 뇌의 행동을 억제하고 대뇌신피질이 이끄는 합리적 반응과 대뇌변연계에서 기능하는 협력적이고 사과하는 행동을 끌어냈다.

교류분석적 시각

TA의 관점에서 우리는 다음과 같은 것들을 볼 수 있다.

- **자아상태**. 해롤드의 자아상태는 페드로가 자신의 돌봐 줌을 거절했을 때 NP(양육적 부모자아)로부터 CP(비판적 부모자아)로 바뀌었고, 페드로가 결국 반항하며 거부하고 상황이 끝났을 때 CP에서 C(어린이자아)로, 그리고 나의 질문에 대한 응답을 할 때는 C에서 A(어른자아)로 바뀌었다.
- **드라마 삼각형 역할**. 해롤드는 아들의 건강을 걱정하는 상황에서 할 수 있는 것보다 더 하려고 하면서 구원자로 시작하였다. 카프만의 삼각형의 실례로 예상해 보면, 그는 구원자에서 박해자로 바뀌었고 그러고 나서는 아들이 그에게 반항하며 나가 버리자 희생자의 역할을 하였다. 내가 그에게 어른자아에서의 말을 하도록 하자 그는 드라마 삼각형에서 빠져나왔다.
- **게임**. 이것은 "나는 너를 도우려고 할 뿐이야."라고 하면서 처음에는 도움이 되려는 스트로크를 시도하지만 마지막에는 부정적인 스트로크를 교환하는 것으로 끝이 나는 교류가 반복되는 게임이다. 이 경우처럼 모든 게임은 실존적인 결말을 가지고 있다. 이 게임의 실존적 결말은 해롤드의 각본(그의 가족전통)의 강화로 인해 아들과 아버지 간의 사이가 멀어지는 것이었다. 나의 개입은 어른자아의 통제를 세워서 미래 행동의 대안적 선택을 하는 것이었다.

교류분석가는 뇌의 기능적 사실과 이론을 통합할 수 있을 것인가?

이를 증명하려는 시도는 무리하게 뭔가를 지나치게 획일화하는 것일 수 있다. 번은 신피질과 어른 자아상태를 규명하였는데, 그것이 신

정신(neopsyche)이다. 그는 어린이자아를 파충류의 뇌와 모호하게 연결된 원시 마음이라 불렀고(신경과학 실패와 대응) 부모자아상태는 태어날 때 가지고 있는 것이라기보다 습득되어진 기능이라 바깥 마음이라 했다. 세 가지 뇌의 관점에서 부모자아(적어도 양육적 부모자아)는 습득되고 체득되어 점진적으로 발달된 기능이다. 다른 한편으로 비판적 부모자아도 습득된 자아상태이긴 하지만 파충류적인 어린이자아에 근원을 두고 있는지도 모른다.

세 가지 자아상태가 다른 역사들의 결과라고 간주함으로써 번은 그것들 사이의 특정하고 직관적이고 흥미로운 관계를 만들었다. 그것은 원시적으로 가지고 태어나는 정서적인 어린이자아상태, 공평하게 가지고 태어나지만 더욱 최근에 합리적이고 현실을 시험하는 강한 정서에서는 자유로운 어른 자아상태, 타고난 것이 아니라 습득되어진 부모자아상태다.

현재 나의 생각에는 대뇌변연계 시스템과 보호하는 기능이 있는 NP(양육적 부모자아)가 가장 잘 어울리고 계층적이고 영역적인 CP(비판적 부모자아)에 의해서는 파충류적 시스템이 잘 대변된다. 이러한 시각은 어느 정도 진화의 역사와 조화를 이루지만 대뇌변연계와 대뇌피질 뇌의 발달이 평행인 점을 고려해 보면 경쟁과 가부장제에서 협력과 민주주의 방향으로 바뀌는 것이다.

왜 세 개의 자아상태인가

각각 적절하게 완전히 기능하는 자아상태 세 가지는 우리 이론의 개념이기도 하지만 이론을 대표하는 상징이기도 하다. 연구의 타당화를 반박하기도 전에 사람들은 자아상태를 공격하고 무용지물이 되도록 하는 데 열심이었다. 왜 두 가지 자아상태가 아닌가? 왜 네 가지 자아상태는 아닌가? 혹 다섯 개, 열여섯 개 중 여덟 개, 왜 하나로 통합하지 않는가?

자아상태는 인간행동의 이해를 급격하게 촉진하는 데 굉장히 유용한 개념이다. 결국 세 가지 자아상태는 이론으로 옹호할 수 있는 것이 아닌지도 모른다. 그것은 토론보다는 연구에 의해 결정되어야 한다.

그동안 이야기한 삼위일체의 뇌와 세 가지 자아상태는 즐거운 결혼생활이 쉽지 않은 것처럼 이 이론들의 중복은 쉽지 않은 조합이다.

사랑이 그것과 무슨 상관인가

교류분석가로서 나는 사람들이 일상에서 서로 연결되기 위해서 하는 시도에 관심이 있다. 즉, 식료품 가게나, 은행에서, 전화통화, 이메일들, 트위터, 블로그 등을 통한 소통, 사랑을 나누거나 말다툼하는 것, 식당에서 밥을 먹거나 운전을 하는 것, 선생님으로서 가르치거나 회계사하고 이야기 나누는 것, 그리고 아기들과 말을 하는 것에 흥미가 있다. 이러한 분석의 기본 자료는 사람들 간의 일상적인 교류의 끊임없는 흐름 속에서 발견된다. 나는 친밀감과 신뢰, 지속적인 유대 같은 인정의 긍정적이고 다정한 표현(짧게 말하면, 사랑의 경험)에 대해 연구하였다. 사랑만큼 사람들의 입에서, 노래, TV, 영화, 책 그리고 생각 속에서, 인터넷 등에서 자주 나오는 주제는 없다. 이와 같은 관심들을 생각해 보면 사랑은 탐색하기 쉬운 주제여야 한다. 그러나 문제는 그렇지 않다는 데 있다. 다이앤 애크먼(Diane Ackerman)은 『사랑의 자연스러운 역사』에서 다음과 같이 이야기했다.

> 사회에서 우리는 사랑에 의해 당황하게 된다. 우리는 그것을 마치 외설처럼 취급한다. 우리는 그것을 마지못해 인정한다. 그 단어를 이야기하는 것조차도 발을 헛디딘 것 같고 볼이 붉어진다. 우리는 왜 그처럼 아름답고 자연스러운 감정을 부끄러워해야 하는 것일까? 사랑은 우리 인생에서 가장 중요한 것이고 우리가 사랑을 위해 싸우거나 죽어도 좋을 열정이지만 아직도 우리는 그것의 이름 위에 머무르기를 꺼려한다(1994, p. xix).

애크먼의 이야기는 대부분 남자와 여자 사이의 로맨틱한 사랑에 대해서다. 사실 대부분 사랑과 관련된 글이나 노래는 성인들의 이성 간 사랑의 관계를 다룬 것으로 사랑 왕국의 협소한 부분이다. 그러나 사랑은 지금 여기에 있는 진짜 시간 속에 있다. 느끼거나 느끼지 못하거나, 이성을 좋아하거나, 열려 있거나 혹은 매듭이 꼬여 있거나, 사랑하는 사람들, 친구, 동료, 자신을 향한 분노나 미움이 얽혀 있거나 사랑은 모두 너무 자주 갈등과 회피로 가득 찬다. 사랑의 말이 쉽게 나오는 성적인 열정이 강할 때 또는 아이들에 대한 애정이 넘칠 때조차도 성적인 학대의 두려움 때문에 제대로 표현할 수가 없다. 그래도 아직 우린 아이들에게는 쉽게 마음에서 느껴지는 대로 자유롭게 진심으로 사랑의 감정을 표현한다. 그러나 곧 어린이들이 프로이트가 말한 '잠복기'에 접어들면 사랑이라는 것은 장애물로 치부된다.

얼마나 자주 아버지들이 십대의 딸과 얼굴을 마주하고 눈을 들여다보면서 눈시울이 젖어 들며 마음의 가장 밑바닥으로부터 올라오는 정성을 다해 "사랑한다."라고 말을 할까. 얼마나 자주 다 자란 형제자매가 서로에 대한 사랑을 부끄러움이나 두려움 없이 표현하고 받아들일까. 사랑의 금지는 단순히 말하는 것의 금지가 아니다. 심리학 연구 주제 중 사랑은 원래 그 가치만큼 까다로운 연구주제가 아니다. 예를 들면, 조셉 르둑스(Joseph LeDoux)가 쓴 정서에 관한 고전이 있다. 『정서적 두뇌: 정서적 삶의 신비한 기초』(1996)의 색인에는 단 한 번도 사랑에 대한 언급이 없다. 이 대단한 책의 첫 번째 장은 "사랑은 무엇을 해야 하는가?" 인데 이 질문에 대한 답은 어디에도 없다. 다니엘 골먼(Daniel Goleman)의 『정서적으로 똑똑한』이란 영향력 있는 책은 20가지의 색인이 분노와 관련이 된 것인데 사랑에 관한 것은 오직 세 가지뿐이다. 똑같이 1장에 있을 뿐 책의 그 어디에도 사랑은 없다. 미국심리학협회의 2000년 특별판인 『행복, 탁월하고 최적인 인간의 기능』에서는 인간 경험의 긍정적인 부분의 연구와 이론화를 만들어 낸 비약적인 발전에 대해 보고했다. 즐거움, 최적주의, 자족, 그리고 몰입이 주목을 받았고 연구되었으며, 사랑은 언급되기는 했으나 겨우 겉치레 정도였고 드물게 논의되었으며 그 분야의 전문가들에 의해 홀로 연구되었다.

아직도 사랑은 즉각적인 항우울제이고 질병과 병적인 상태에 반대되는 증명된 보험이다. 이러한 사실에 관한 주요한 연구자들 중 한 사람인 딘 오미쉬(Dean Ormish) 박사는 하버드 대학교에서 교육을 받은 의사로 『라이프 매거진』에서 그는 세대의 영향력 있는 인물 50인 중 한 사람으로 인정받았는데 그의 책 『사랑과 생존』에서 다음과 같이 기술했다.

> 사랑과 친밀감은 우리를 아프게 하고 우리를 건강하게 하는 것의 뿌리다. 만약 새로운 약이 사랑과 친밀감과 같은 효과가 있다면 그것을 처방하지 않는 것은 직무유기다. 나는 약에서는 사랑과 친밀감이 가져다주는 어떤 효과도 발견하지 못했다. 그것은 다이어트, 담배, 스트레스, 유전, 약, 수술도 마찬가지다. 사랑과 친밀감은 우리들 삶의 질, 병의 발생 정도, 조기사망에 엄청난 영향을 미친다(1998, p. 36).

사랑의 사춘기 전쟁터

사춘기의 증거로 사랑과 폭력의 조류 사이에서 허우적거리는 것만큼 확실한 것은 어디에도 없다. 이 두 가지 거대한 인간적 물줄기—사랑 대 미움, 협력 대 경쟁, 개인 대 가족 혹은 부족—사이에서 투쟁했다는 것은 우리 모두가 사춘기를 거쳤다는 사실을 반영한다. 멕시코에서의 나의 십대를 되돌아보면, 사랑이 우리에게 얼마나 고통스러운 주제인지 알 수 있다. 우리는 단순하게 사랑이라는 것을 받아들일 수도 없었고 받아들이지도 않았기 때문이다. 나에게는 친구가 있었는데 우리는 떨어질 수가 없을 만큼 친한 친구였지만 그와의 우정에 대해 친구들에게 심지어 엄마한테도 이야기하지 않았다. 우리가 한 소녀에게 끌리게 되었을 때 우리는 부끄러워서 그 사실을 숨겼다. 그러면서 우리는 미움이나 공격적인 것은 자유롭게 표현했는데 특히, 아이러니하게도 미국이나 멕시코 정치에 대해서는 더욱 그랬다.

근거 있는 자료들에 의하면, 십대 우울증, 자살, 살인은 사랑과 미움의 갈등에서 오는 심각한 사춘기의 문제다. 15세 오리건의 소년인 키플랜드 킨켈(Kipland Kinkel)은 1998년에 자기 부모를 죽이고, 그러고 나서 2명을 더 죽였으며, 그의 학교의 25명에게 부상을 입혔다.

광란에 앞서 쓴 그의 글은 다음과 같다.

> 나는 도움이 필요하다. 한 사람이 나를 도울 수 있지만 그 아이는 그러지 않는다. 다른 사람을 찾을 필요가 있다. 나는 그녀를 사랑하지만 그녀는 나를 사랑할 수가 없다. 오늘 그녀에게 나를 도와줄 수 있는지 물어보았다. 나는 총에 맞아 쓰러진 것처럼 내 심장은 찢어지고 갈라지는 듯 아프다. 나는 그녀에게 나의 모든 것을 주었는데 그녀는 그것을 던져 버렸다. 내가 그녀를 볼 때마다 나는 화살이 내 심장에 꽂힌 것처럼 느낀다. 그녀가 "응."이라고 대답할 줄 알았는데 그녀는 그러지 않았다. "모르겠어."라고 말했다.

첫눈에 반한 사랑이라는 질문의 에세이 응답에서 키플랜드는 다음과 같이 말했다.

> 사랑은 사람들이 술이나 총을 사도록 만드는 악마의 계획이다. 당신들이 누군가를 사랑하면 언제나 뭔가 당신은 빼앗기는 것이 있다. …… 사랑보다는 미움이 쉽다. …… 나는 첫눈에 반한 사랑은 믿지 않는다. 하지만 나는 첫눈에 미움이 생기는 것은 믿는다. 사랑은 좋은 것보다 더 해롭다. 사랑은 끔찍한 것이다. 그것은 죽음과 미움을 만든다(1999).

많은 십대가 키플랜드처럼 죽지는 않는다. 그러나 그의 사랑과 미움에 대해 공포스러워하는 정서는 일반적이다. "사랑"은 "오늘이 사랑이 필요한 날이다."라는 스티비 원더(Stevie Wonder)의 노래와 같다.

사랑의 진화

사랑과 관련된 개념의 진화는 나사렛의 예수가 교리로 만든 이래 가속화되었다. 예수와 셰익스피어 사이에는 엄청난 간극이 있지만 해롤드 블룸(Harold Bloom)의 『셰익스피어: 인간의 발명』(1998)에 따르면 셰익스피어의 헌신은 결정적이었다. 로미오와 줄리엣은 16세 그리고 14세가 채 되지 않았지만 청소년 사랑의 가장 단호한 형태의 예가 되었다. 그들은 어느 날 저녁 댄스에서 만나서 새벽이 오기 전에 서로에 대한 근원적인 사랑을 선언했고 그다음 날 결혼했으며 2주일 안에 죽음을 맞이했다. 이 이야기는 로맨틱 사랑의 기본적 구성요소가 되었고 그것을 이끄는 아이디어가 되었다.

많은 예술에서 사랑은 높이 정제되고 강력한 문화요소로 웅변적으로 쓰고 이야기되어 왔다. 과학에서는 번이 스트로크를 인정의 단위로 상정하면서 사랑의 가능한 양을 정하는 데 큰 기여를 하였다(1964, p. 15). TA의 발달과 더불어 그는 사랑과 혐오를 교환하는 연구의 방법을 제공하였다(긍정적인 스트로크는 사랑의 긍정적 인정단위다. 마치 "너는 나를 안정시켜 주고 편안하게 해 줘." 같은 것이다. 부정적 스트로크는 미움이나 부정적 인정단위가 된다. "너는 눈엣가시야.").

마음의 적

교류분석가로서 나는 사람들의 교류에 반영된 모든 건강한 측면들을 본다. 나아가 심리학자로서 건강과 회복의 왕도는 교류적인 행동을 분석하고 수정하는 것이라 믿는다. 이것은 특히 관계의 병리적인 부분과 가슴이 찢어질 듯한 사랑의 방법을 다룰 때 더욱 효과적이다.

번은 인정에 대한 사람들의 인정받고자 하는 욕구, 즉 인정기아와 그러한 욕구를 만족시키기 위해 어떻게 교류하는가를 설명하였다. 번은 또한 사람들이 일정한 교류 패턴을 선택하는 것을 관찰하였는데, 이것을 게임이라 불렀다. 그는 이러한 게임에 "네, 그러나…… 해 볼래?" "너 딱 걸렸어, 이 자식아." "나한테 뭐 좀 해 줘." "얼뜨기" "라포" "대소동" 등의 획기적인 이름들을 붙였다(1964).

게임은 어린이자아상태에서 하는 것이며 때때로 성인으로 가장을 하는데, 이는 스트로크를 얻기 위한 행동의 많은 부분을 차지한다. 게임을 하는 모든 순간 내면의 어린이자아는 긍정적인 인정이나 스트로크를 갈망하지만 여전히 게임을 할 때마다 그 목적은 무산되고 대신 부정적 인정이나 혐오스러운 교류를 스트로크로 받을 뿐이다. 우리는 긍정적 인정, 사랑에 목이 말라 게임을 하지만 그 대신 미움을 얻는 것으로 마무리된다. 아직도 우리는 인정이 필요하기 때문에 계속하고 있으며 희망을 버리지 않는다.

모든 본능에 따른 행동, 인정을 향한 추구는 유기체가 행동하는 동기가 된다. 목마름, 음식, 활동, 성의 욕구에 대해서 우리는 알고 있고 그것들로부터 박탈은 그것들을 다시 회복시키기 위해 활발하게 움직이는 동기가 된다. 번은 인정에 대한 욕구를 인정기아(1964)라고 이름 붙였다. 나는 그것을 '스트로크 기아'라고 다시 이름 붙였다. 몇 년 전 나는 모든 사람들이 주기적으로 스트로크 기아에 시달리는 것뿐 아니라 사실은 만성적으로 스트로크 부족에 시달린다는 결론을 얻었다. 말하자면 대부분의 사람들은 끊임없이 스트로크 부족 상태라는 것이다. 우리가 배가 고파지는 것과 같이 스트로크에 고파지는 것이다. 배고픈 사람은 어떤 형태든 음식을 찾고 만약 배가 너무 고프면 상한 음식이라도 먹는다. 그것처럼 스트로크도 우리가 구하지만 만약 좋은 것이 없다면 우리는 좋지 않은 것에 적응하여 그것이 실패의 원인이 될 수도 있다.

제3장

사랑, 스트로크 경제, 그리고 비판적 부모자아

왜 사람들은 스트로크에 목말라할까? 나는 이 질문을 1960년대 말부터 나 자신에게 하기 시작했다. 답을 알아내기 전, 나는 「사랑주머니 이야기」(역자 역)라는 설명이 담겨 있는 이야기를 썼다. 1969년에 쓴 이 이야기를 살짝 변형한 버전을 여기 싣는다.

사랑주머니 이야기(The Warm Fuzzy Tale)

옛날 옛날에 아주 행복한 부부인 팀과 매기는 그들의 두 아이인 존과 루시와 함께 살고 있었어요.

여러분이 그들이 얼마나 행복했는지 알려면 우선 그들이 살았던 시기가 어떠했는지 이해해야 해요. 그때는 아이들이 태어나면 아주 조그맣고 부드러운 사랑주머니를 받았지요. 언제든지 사람들이 이 주머니에 손을 대면 그 주머니에서 따뜻하고 부드러운 사랑이 흘러나왔어요.

이 부드럽고 따뜻한 것은 정말 필요했는데 왜냐하면 사람들이 그것을 받으면 정말 온몸이 따뜻해지고 부드러워지는 느낌을 받을 수 있었거든요. 이것을 정기적으로 받지 못하는 사람은 등이 아픈 병에 걸리게 되고 결국은 쪼글쪼글해지다가 죽게 되지요.

그때는 이 부드럽고 따뜻한 것을 받기가 쉬웠어요. 언제든지 누구라도 원하면 걸어가서 "난 따뜻하고 부드러운 것이 필요해" 라고 말하면 사랑주머니에서 어린 여자아이 손바닥만큼 따뜻하고 부드러운 것을 꺼내서 주었지요.

그 따뜻하고 부드러운 것이 햇볕을 보면 곧 미소를 띤 것처럼 크고 복슬복슬한 것으로 부풀게 되지요. 그러면 그것을 그 사람의 어깨나 머리나 무릎에 내려놓고 파묻으면 그것은 피부로 스며들어서 그 사람을 기분 좋게 해주지요.

사람들은 언제나 서로의 따뜻하고 부드러운 것을 원했고 그들이 원할 때까지 서로 공짜로 주어도 아무런 문제가 없었지요. 그것은 항상 주변에 넘쳐 났고 결과적으로 대개 모든 사람은 행복하고 따뜻하고 부드러운 느낌을 가지고 있었지요.

그런데 어느 날 못된 마녀는 화가 났어요. 왜냐하면 모든 사람이 행복해서 묘약과 연고를 사는 사람이 없었거든요.

어느 아름다운 날 아침에 마녀는 매기가 딸과 놀고 있는 동안 팀에게 살금살금 다가가서 그의 귀에 대고 속삭였어요. "저기 좀 봐. 팀. 매기가 루시에게 주는 저 부드러운 것 보이지? 만약 저렇게 쓰다 간 결국 바닥이 나서 너한테 돌아오는 건 없을걸."

팀은 깜짝 놀랐어요. 그는 마녀를 보고 물었어요. "그럼 우리가 사랑주머니에서 그것을 꺼내려 해도 없게 된단 말이야?" 마녀는 대답했어요. "그럼…… 절대로 없지. 그리고 한번 떨어지면 그걸로 끝이야. 더 이상은 없단 말이야." 마녀는 낄낄 웃으면서 날아갔어요.

팀은 이 이야기를 가슴에 새기고 매기가 누군가에게 따뜻하고 부드러운 것을 줄 때마다 자꾸만 신경이 쓰이게 되었어요. 결국 그는 걱정을 하기 시작하고 기분이 안 좋아지기 시작했어요. 왜냐하면 그는 매기의 부드럽고 따뜻한 것을 정말 좋아했고 그것을 못 받게 되는 것이 너무나 싫었기 때문이지요. 그는 매기가 그것을 아이들과 다른 사람에게 나누어 주는 것이 옳지 않다고 생각하게 되었어요.

그는 매기가 다른 사람에게 그것을 주는 것을 볼 때마다 불평을 하게 되었고 매기는 예전보다 더 자주 다른 사람에게 그것을 주지 않게 되었어요.

아이들은 이것을 보고 누군가가 달라고 하거나 갖고 싶다고 할 때마다 그것을 주는 것은 옳지 않다고 생각하게 되었지요.

그들은 매우 조심하게 되었어요. 그들의 부모가 그것을 남들에게 너무 많이 줄 때마다 반대를 하고 또 줄 때마다 너무 많이 주는 것은 아닌지 걱정하게 되었어요.

사랑주머니에 손이 닿을 때마다 그 속에는 따뜻하고 부드러운 것이 들어있었지만 그들은 점점 덜 나누어 주게 되고 인색하게 되었지요. 사람들은 곧 그것이 부족하다는 것을 알아차리게 되었고 따뜻한 것도 부족하고 부드러운 것도 부족하다고 느끼게 되었어요. 사람들은 쪼글쪼글해지기 시작했고 때때로 따뜻하고 부드러운 것이 부족해서 죽기도 했어요.

점점 사람들은 마녀에게 가서 묘약을 사거나 효과도 없어 보이는 연고를 샀어요.

자…… 상황은 정말로 심각해졌지요. 나쁜 마녀는 사람들이 죽는 것은 원하지 않았기 때문에 (죽으면 묘약과 연고를 팔 수가 없으니까요) 다른 새로운 계획을 궁리했지요.

모든 사람에게 사랑주머니와 비슷한 것을 주었는데 사랑주머니는 따뜻하지만 이 주머니는 차가웠어요. 그 속에는 차갑고 까칠까칠한 것이 들어 있었어요. 이 차갑고 꺼끌꺼끌한 것은 사람들을 따뜻하고 부드럽게 해 주지 못했고 사람들을 차갑고 가시가 많은 것처럼 까칠까칠하게 만들었지요. 그러나 적어도 이것들은 사람들의 등이 쪼글쪼글해지는 것은 막아 주었지요. 그래서 그때부터 누군가가 "나는 따뜻하고 부드러운 것을 원해." 라고 말하면, 자기의 것이 다 없어져 버리는 것을 염려하는 사람들은 "나는 너에게 따뜻하고 부드러운 것은 줄 수가 없어. 그 대신 차갑고 까칠까칠한 것 줄까?" 하고 말을 했어요.

가끔 두 사람이 서로 다가와 서로를 쳐다보며 따뜻하고 부드러운 그것을 받을 수 있을까 생각을 하다가 한 사람이 혹은 다른 사람이 마음을 바꾸고 결국에는 차갑고 까칠까칠한 것을 주게 되었지요. 그동안 몇몇 사람들이 죽었고 많은 사람들은 행복하지 않고 차갑고 까칠까칠한 느낌을 느끼게 되었어요.

상황은 점점 복잡해졌어요. 공기처럼 공짜라고 생각되었던 그 따뜻하고 부드러운 것은 점점 매우 귀한 것이 되어 버렸어요. 이것은 사람들이 그것을 가지기 위해서 여러 가지 방법들을 사용하게 되었기 때문이에요.

마녀가 나타나기 전까지는 사람들은 셋, 넷, 다섯 사람이 모여도 누가 누구에게 그것을 주는지 별로 관심이 없었어요. 그런데 마녀가 온 이후에는 사람들은 둘씩 짝을 지어서 서로서로에게 주지 못하게 했어요. 사람들이 깜빡 잊고 그들의 것을 주었을 때는 죄책감을 느끼게 되었는데 그 이유는 그들의 짝이 그것을 준 것을 서운해하기 때문이었지요. 관대한 짝을 만나지 못한 사람은 그것을 살 수밖에 없었는데 그래서 더 오래 일하고 돈을 벌어야 했어요.

또 어떤 사람들은 공짜인 차갑고 까칠까칠한 것을 가져다가 하얗게 부풀리고 겉을 뒤집어씌워서 그것을 부드럽고 따뜻한 것처럼 사람들에게 주었어요.

이 가짜는 플라스틱이었는데 이것들은 또 다른 문제를 만들었어요. 예를 들어, 두 사람이 같이 이것을 공짜로 주고받으면서 그들은 행복하고 좋은 느낌이 될 거라고 기대하지만 반대로 기분이 나빠져 버리는 거예요. 사람들은 그만 헷갈리게 되고 너무나 많이 가짜를 주고받아서 기분이 나빠져 버렸다는 생각을 하지 못하게 되었지요.

상황은 매우 음울하게 되었어요. 이것은 모두 마녀가 와서 사람들에게 언젠가 따뜻하고 부드러운 사랑주머니가 비게 될 거라고 믿게 만들면서 시작된 것이에요.

그런데 얼마 전에 사랑스럽고, 행복해 보이고, 미소를 잘 짓고, 엉덩이가 크고, 힘이 센 여자가 이 행복하지 않은 나라에 왔어요. 그녀는 마녀에 대해 들어 본 적이 없는 것 같고, 부드럽고 따뜻한 것이 떨어지면 어쩌나 하는 걱정도 하지 않는 것 같아 보였어요. 그녀는 무료로 그것을 사람들에게 주었고 심지어는 달라고 하지 않아도 주었답니다. 사람들은 그녀를 엉덩이 아줌마라고 불렀고 어떤 사람들은 못마땅해했어요. 왜냐하면 그녀가 아이들에게 따뜻하고 부드러운 것은 떨어지지 않기 때문에 걱정할 것이 없다고 가르쳤기 때문이죠.

아이들은 그 아줌마를 정말 좋아했는데 그 아줌마 주변에 있으면 기분이 좋았기 때문이에요. 아이들은 그들이 원할 때 부드럽고 따뜻한 것을 주기 시작했어요.

어른들은 걱정이 되어서 어린이들이 그들의 것을 사용하는 것을 법으로 막기로 결정을 했어요. 자격증 없이 신중하지 못하게 그것을 주는 것은 범법행위로 규정했어요.

그러나 많은 아이들이 법을 모르는 것 같았고 법과 상관없이 누구나 원하면 언제든지 서로에게 따뜻하고 부드러운 것을 주고받게 되었어요.

왜냐하면 거기에는 어른들의 수만큼 아이들도 많았고 아이들은 자기들만의 방식으로 그렇게 하게 되었어요.

자… 그다음에 어떻게 되었는지 말하기가 어렵네요. 법으로 아이들을 막을 수 있었을까요? 어른들이 엉덩이 아줌마 편을 들고 아이들은 필요한 만큼 언제나 따뜻하고 부드러운 그것을 얻을 수 있게 되었을까요?

팀과 매기는 그들이 행복했던 시절, 즉 따뜻하고 부드러운 것이 무제한으로 있었던 그 시절을 떠올리고 다시 그것들을 무료로 주기 시작했을까요?

투쟁은 온 나라로 퍼져 갔고 지금 여러분들이 살고 있는 곳에서도 계속되고 있을지도 모르지요. 만약 여러분이 원하면, 그리고 나는 그렇게 되길 바라는데, 여러분들도 자유롭게 그 부드럽고 따뜻한 것을 주거나 받으면서 사랑하고 건강하게 살기를 바라요.

끝

여러분은 책에서(1977) 전체 이야기를 볼 수 있으며 나의 웹사이트(www.emotionalliteracy.com)에서 14개국 언어로 번역된 이야기를 읽을 수 있다. 이 이야기는 내 이름이 언급되지 않은 채 끊임없이 새로 만들어져, 심지어 때로는 따스하고 부드러운 것이라고 정치가들이나 유명한 방송에서 사용되곤 했다.

현실에서는 우리는 따뜻하고 부드러운 것 대신 '스트로크 경제'(Steiner, 1971)라는 일련의 규칙을 스트로크로 받게 된다.

스트로크 경제 – 정의

스트로크 경제란 사람들이 사랑하고 사랑받는 것을 막는 마녀의 못된 계획과 같은 본질적인 금지들의 단위다.

나는 이 책에 스트로크 경제를 자주 언급할 것이다. 여기에는 단지 금지령의 개요, 즉 우리가 필요한 스트로크를 받지 못하도록 비판적 부모자아에 의해 끊임없이 전달되는 명령에 대해 언급하고자 한다.

스트로크 경제의 법칙들은 다음과 같다.

- 당신이 주고 싶은 긍정적인 스트로크가 있더라도 주지 마라.
- 당신이 받고 싶은 스트로크가 있더라도 요구하지 마라.
- 만약 당신에게 좋아하는 스트로크가 주어지더라도 받아들이지 마라.
- 만약 당신에게 당신이 받아들이고 싶지 않은 스트로크가 주어지더라도 거절하지 마라.
- 스스로에게 긍정적인 스트로크를 주지 마라.

만약 모든 사람들이 이 법칙의 하나 혹은 그 이상을 따른다면 스트로크 결핍은 널리 퍼지고 긍정적인 스트로크는 급격하게 감소하는 결과가 생길 것이다. 사람들은 스트로크 결핍에 시달릴수록 복종하고 우울해지며 절망감을 느끼고 순종하게 된다. 그리고 가장 중요한 것은 아무런 스트로크를 받지 못하는 것보다는 부정적인 스트로크라도 기꺼이 받으려고 한다는 것이다.

스트로크 경제 - 역사와 배경

1960년대 말, 정신의학 전문가들 중 나와 몇몇의 전쟁 반대자들은 버클리 자유 병원에 RAP 센터를 세우고 우리 스스로를 진보적 정신의학자라고 불렀다. RAP는 '정신의학의 진보적 접근'을 의미했고 그 당시 실행되던 정신의학의 남용에 반대하는 운동을 하였다(나는 의사가 아니라 심리학자였다. 그러나 우리는 정신의학을 '영혼의 치유'라는 그리스어로 돌아가 마음, 치유 : 치료, 치유 같은 대치된 정의를 사용했다).

스트로크를 교환할 때 사람들이 가진 어려움에 대한 강한 호기심을 불러일으키기 위해 나는 호기 위코프(Hogie Wyckoff), 빌헬름 라이히(Wilhelm Reich)의 아이디어인 '섹스 경제'를 가져왔다. 라이히는 1930년대 나치가 독일의 사회 전체를 지배하려 했던 개념을 소개했다. 프로이트에 의하면 성적 억압이 신경증의 원인이고 치료는 죄책감에서 벗어나고 활발한 성 생활을 하라는 것이었는데, 라이히는 이 점에서 생각을 달리하였고 논쟁을 해 왔다. 그의 책 『성의 혁명』(1936)에서 라이히는 파시즘은 성 억압의 증상이며 나치는 의도적으로 독일 젊은이들을 그들의 파시스트 프로그램으로 순응시키려는 목적으로 성의 교환을 통제했다는 것이다. 이러한 섹스 경제의 해독제로서 라이히는 '성의 상담과 연구를 위한 사회주의자 기관'이라는 단체를 만들었고 이 기관에서는 독일 청년들과 노동자들을 위한 상담을 주로 하였다. 이 같은 기관의 기능상 히틀러가 권력을 잡자마자 해산된 것은 말할 것도 없다.

나는 라이히의 주장 속에서 주요한 점을 볼 수 있었고 그것이 단지 성적인 부분에만 국한되었다는 오류를 발견하였다. 우리의 문화 속에서도 비슷하게 금지되는 부분이 있고 나는 그것을 애착, 사랑에 적용해서 '스트로크 경제'라고 이름 붙였다. 처음에는 '경제'라는 말이 젊은이들 특유의 독립심과 자유를 억압하는 자본주의적 구성이라는 라이히의 시각과 생각이 같았지만 비록 그것이 진실의 일면이기는 해도 그 말은 매우 심한 편집적 사고로 보였다. 사실 섹스나 사랑에 관한 이러한 법칙(예: 동성애를 반대하는 법률, 사랑을 표현하며 애무하는 젊은 커플이 경범죄로 붙잡히거나 오럴섹스에 반대하는 법률 등)은 존재하고 시행되며 때로는 폭력적으로, 때로는 경찰과 정부기관에 의해서 이루어지고 현실에서 우리에게 편집증적인 환상을 갖게 하였다.

스트로크 경제 법칙은 내면과 외면에서 강요된다. 내면적으로는 비판적 부모자아에 의해 어린 시절에 습득한 뿌리 깊은 생각들이 우리가 자신을 사랑하고 타인을 사랑하는 방식에 막대한 영향을 끼친다. 이러한 생각들은 나이 든 사람들에 의해 파시스트적인 격언으로 우리에게 심어지거나 모든 감정 경험에 대해 낡은 청사진을 따르는 강한 명령으로서 편집증적인 방식에서 볼 수 있다. 이러한 법칙을 따르지 않는 것에 대한 결과는 불안, 죄책감, 수치심, 그리고 무가치함의 고통스러운 감정들이다.

외면적인 스트로크 경제 법칙은 사회적으로 용납되지 않는 사회관습을 강요함으로써 명백하게 드러난다. 때로 그 법칙은 동성애처럼 수천 년 동안 강제적으로 잔혹하게 강요되었다. 이러한 법들은 최근

2008년까지 미국에서 동성애 결혼을 반대하는 것으로 계속 전해져 왔다. 그 사이 이란에서는 남자나 혹은 성인 간의 동성애는 죽음으로 그 벌을 대신했다.

이런 내면적, 외면적 제재에 위협을 받은 사람들은 사회적으로 널리 통용되는 법칙이 함축된 스트로크 경제 법칙을 따르고 그 결과는 다정함을 주고받음이 저하되어 '스트로크 기아'가 된다. 결국, 우리들 내면의 사랑하는 능력과 공존의 선을 실행하는 데 필요한 능력은 차츰 사용할 수 없게 된다. 동시에 냉소와 고독과 소외의 관계, 즉 문화 패턴은 빠르게 확산되고 우리들이 서로를 사랑하는 능력과 기술을 회복하는 데 걸림돌로 작용하게 된다.

스트로크 도시

RAP 센터 프로그램의 하나로 TA의 기본개념을 배운 사람들이 그들의 관계에 적용을 가능하게 하도록 몇 개의 '접촉' 그룹을 시작했다. 이 작업을 가장 잘 발달시킨 그룹을 '스트로크 도시'라고 불렀다.

일주일에 세 번 이 '스트로크 도시' 그룹은 RAP에 모였다. 스무 명의 사람들이 오후, 두 시간씩 안전하고 보호적인 환경 안에서 긍정적인 스트로크를 주고받음으로써 '스트로크 경제 법칙'이라는 '쓰레기'를 버리는 법을 발견하게 되었다. 집단의 리더는 모든 교류를 찬찬히 관찰하였고 리더의 역할은 스트로크들이 긍정적인지 혹은 이면적인 것은 없는지, 공공연하게 비판적인지 확실하게 하는 것이었다. 필요하다면 리더는 참여자들이 그들이 원할 때 스트로크를 받아들이도록 하고, 더 나아가 스트로크를 들을 수 있도록 고쳐 주는 것을 도왔다. 이러한 주도적인 TA식의 모니터링은 엉성하고 적나라하고 간혹 포옹이 의심되거나 당시 유행하던 플라스틱 스트로크를 넘어서는 중요한 발전이었다. 스트로크를 자유롭게 주고받아서 거절이나 미묘하게 부정적인 양상을 수정하여 스트로크를 깨끗하게 주고받는 방법으로 발전된 것이었다.

우리는 곧 기대하지 않았던 측면을 발견하게 되었다. 참여자들이 얼마 지나지 않아 '정신이 빠진 것처럼' 방 안에 있는 모든 사람을 사랑한다고 선포를 한 것이다. 많은 사람이 가벼운 발걸음과 미소로 이 모임을 떠나게 되고 프로이트(1969)가 말한 '대양 느낌'[1)]의 경험이 그들의 얼굴을 빛나게 하였다. 종교적인 느낌과 유사하고 따뜻하게 가슴이 열린 그룹 내의 이러한 느낌은 사실은 정서의 대뇌변연계의 공명의 상태였다.

대뇌변연계의 공명

대뇌변연계의 공명은 개인과 개인, 또는 큰 집단 안에서 군중 행동의 공감에 반응하는 심리적 메커니즘의 기본원리다. 대뇌변연계의 공명

1) 프로이트는 '대양 느낌'을 우주의 완전체(통일체)와의 확고한 결합(an indissoluble bond) 또는 합일의 주관적 느낌(즉, 어떤 무한의 느낌, 영원의 감동)과 같다고 기술하였다.

은 거울뉴런(대뇌변연계에 위치)에 의해 중재되고 타인의 정서적 상태를 비추어 주는 기능을 한다. 집단 안에서 대뇌변연계의 공명은 그것이 사랑이든 희망이든 혹은 분노나 두려움이라도 정서적인 일치감을 발생시킨다. 이것은 평화롭고 비폭력적이었던 사람이 왜 군중 속에서 분노하고 폭력적이 되며 심지어 사람을 죽일 수 있게 되는지를 설명한다. 그리고 스트로크 도시의 참여자들의 효과에 대한 설명이 될 수 있다.

나는 처음에 사람들이 야구장에서 자기편이 이겼을 때 기분 좋게 서로를 북돋아 주는 것과 비슷한 태도가 스트로크 도시에서 보인다고 추측했다. 이것이 전적으로 틀린 추정은 아니었지만 좀 더 정밀하게 조사하면서 이러한 활동은 운동장의 경험을 한층 더 나아가 참여자들의 정서상태에 대단히 의미 있는 효과를 미치는 것으로 확신하였다. 그들은 사랑의 느낌에 대해서, 마음이 열리는 경험, 애정을 초월하는 경험, 그리고 우주적인 사랑에 대해서 이야기했다. 집단에서 서로 협조하고 타인에게 긍정적으로 다가가는 방법을 연습하는 일이 대뇌변연계의 대단한 결과임이 밝혀졌다. 분노나 두려움 같은 부정적인 정서는 비교적 옅어지고 긍정적 스트로크에 몰입하면서 그들의 거울뉴런에 의해 증폭되어 참여자들의 마음이 더욱 확장되고 사랑의 용량과 능력에 영향을 미친 것이다. 우리는 긍정적인 스트로크를 주고받는 것이 사람들의 사랑에 대한 전체적인 능력에 어떻게 영향을 주는지 알게 되었다. 우리는 또한 비판적 부모자아가 만연하는 활동들도 발견하게 되었다.

비판적 부모자아

스트로크는 사람들에게 힘을 준다. 그러므로 통제를 유지하기 위해 부모자아는 사람들로부터 스트로크를 받는 것을 막으려 한다. 스트로크를 주려고 할 때 혹은 받거나 요구할 때 사람들은 보통 분노, 수치감 심지어 자기혐오의 감정을 심하게 경험한다. 어떤 사람들은 "너는 이런 관심을 받을 자격이 없어. 어떻게 감히 다른 것을 바라?" 혹은 "이건 다 바보 같은 짓이야. 웃음거리가 될 뿐이야. 그러니 입 닥치고 가만히 있어." 혹은 "아무도 네가 무엇을 느끼는지 알고 싶어 하지 않아." 같은 목소리가 들린다. 또 다른 사람들은 그들이 스트로크를 주고받고 요구할 때마다 불안하거나 창피함을 느끼기도 한다. 이러한 부모자아의 반대에 맞서서 소수의 사람들만이 쉽게 스트로크를 주고받는다.

우리가 필요한 스트로크를 구할 때마다 우리의 비판적 부모자아는 우리가 OK가 아니라고 말하고 사랑을 받을 자격이나 줄 자격이 없다고 말한다. 그리고 수치감과 죄책감을 느끼게 하고 바보스럽다며 협박을 한다. 말하자면 최고의 협박으로 공포에 떨게 하는 것이다(그룹에서 제외되거나 완전히 소외되어서 추위 속에 홀로 남겨지는 것). 모든 사람이 '스트로크 도시'를 즐기고 좋은 느낌을 느껴도 거기에는 항상 좋지 않은 기분이나 홀로 남겨질까 하는 두려움을 느끼고 상처를 받는 사람이 몇 명 있었다. 그들은 비판적 부모자아의 공격에 굴복한 것이 분명하다.

비판적 부모자아를 폭로하다

- 스트로크 도시의 회기에서 제임스는 자기 맞은편에 앉아 있는 남자의 남성다운 모습을 칭찬하고 싶었다. 하지만 그는 즉각적으로 그의 머릿속에서 울리는 목소리를 들을 수 있었다. "너 지금 무슨 생각하는 거니? 사람들이 너를 동성애자로 보기를 원하는 거니?" 그는 자신의 바람을 억누르며 스트로크들이 왔다 갔다 하는 시간 동안 자신의 상황을 곱씹고 있었다. 그가 스트로크를 원하는지 누가 물었을 때 그는 거절했다. 그는 그 모든 연습이 역겹고 감정은 슬프고 화가 난다고 믿게 되었다.
- 활기 넘치는 수업 토론 중에 마지는 교수님에게서 질문을 받았다. 그녀는 다른 사람들이 그녀보다 더 똑똑하며 낫다고 확신하고 있었다. 그래서 교수님이 그녀가 형편없다는 것을 알아차릴까 봐 두려움을 느끼고 머릿속은 텅 비고 몸은 패닉으로 얼어붙게 되었다. 그녀는 정확한 정답을 알고 있었지만 대답할 수가 없었다.
- 도우는 직장에서 사람들과 교류를 할 때마다 머릿속에서 "너 얼마나 이상하고 괴상한지 모르겠니? 딴 사람들은 다 알아."라는 소리를 듣는다.
- 샬롯은 회사에서 고객들에게 제품을 팔려고 수화기를 들 때마다 심장이 뛰고 두려움에 사로잡힌다. 그녀는 스스로를 가라앉히고 안심시키는 어떤 방법도 찾지 못했다. 그녀는 끊임없이 스트레스로 인한 두통에 시달린다.

- 제이콥은 마음에 드는 여자에게 다가가려 할 때마다 정서적 반응에 압도되고 비웃음을 당할 것 같은 생각이 든다. 그는 어떤 사람과 관계 속에 있을 때 사랑을 줄 수도 원하는 사랑을 요구할 수도 없다.
- 힐러리는 끊임없이 위험에 대해 두려움을 느낀다. 그것을 좋지 않은 음식에 대한 두려움, 대기오염, 남들을 훔쳐보고 강간하는 나쁜 사람들에 대한 두려움 등이다. 그녀는 자신을 안전하게 지키는 데 엄청나게 복잡한 방법과 시간을 소모하고 그녀의 활동은 철저하게 제한적이다.
- 거의 매일 밤 다니엘은 잠에서 깨어나 그 다음 날 나쁜 일이 일어나지 않을까 무슨 문제가 생길지도 모른다는 환상 속에서 침대에서 뒤척이며 오랫동안 잠을 자지 못한다. 그는 그의 두려움이 비록 구체적으로 일어나지 않아도 이런 파국적 생각에 시달리는 것에서 벗어나지 못한다. 그는 항상 첨단기술의 성취도가 높은 일을 하면서 낮 시간에는 피곤해하고 졸음에 시달린다.
- 샐리는 늘 슬픔 속에서 살고 있다. 자주 그녀는 스스로 통제를 못해서 이유 없이 울고 인생이 불행하다고 스스로 생각하고 있다. 그녀는 맡겨진 일은 해내고 가끔 아주 짧은 시간 잘 지내기도 하는데 그 시간이 그녀에게 희망을 주기도 한다.
- 드루는 자주 자신의 외모를 다른 여자들과 비교한다. 그녀는 자신보다 매력적이지 않은 여자들은 무시하고 자신보다 더 나은 여자들에게 관심을 기울인다. 그녀는 열등감에 끊임없이 고통받으며 그녀의 몸, 체중, 가슴, 엉덩이, 다리, 머리카락, 피부 등을 비교하

고 패션잡지를 강박적으로 본다.

만나서 반가워요. 당신이 내 이름을 맞히기를 바라요

그것은 '마귀' 같은 여러 가지 이름으로 불려 왔다. 거의 모든 심리치료 시스템에는 이름이 있다. 냉혹한 초자아, 부정적인 독백, 파국 예측, 낮은 자존감, 대인 기피증, 자기혐오, 부정적 사고, 가혹한 방어, 내면화된 억압, 내면의 비난, 변화, 야수, 돼지 부모자아, 비판적 부모자아 등등이다. 심리치료사는 이런 현상을 알아차려야 한다. 그 내면의 목소리는 우리가 인생이 희망이 없다고 느끼든 보통이라 느끼든 좋을 때나 나쁠 때나 나타나서 가끔은 소리를 지르거나 가끔은 속삭이면서 어린 시절부터 나이가 든 지금까지 계속 반복해서 우리가 OK가 아니라고, 바보라고, 나쁘다고, 못생겼다고, 절망적이라고, 이상하다고 말을 한다.

비판적 부모자아는 우리가 어린아이일 때 힘이 있는 사람에 의해 강제로 그리고 외부의 영향으로 인해 가지게 된다. 어린아이일 때 우리의 부모뿐 아니라 선생님, 이웃, 그리고 매우 중요한 다른 친구들까지도 우리의 OK 본성을 넘어서 그들의 판단으로 뭔가를 덧붙여 놓는 힘을 가지고 있다. 어린이들의 편안함과 생존은 그들이 저항 없이 들었던 것 중 어떤 것을 받아들이는가에 달려 있다. 그들이 행동할 때, 즉 외부의 충격적인 생각이나 규칙에 얽매인 노예와 같은 상태에서 자율적인 인간으로 자유롭게 행동할 때 그들은 변화한다. 어린 시절에 심리적인 생존을 위하여 이러한 생각과 규칙을 받아들이고 내면화하는 것이 조건화다. 결과적으로 비판적 부모자아가 우리의 동맹군이고 유일하게 우리를 도울 수 있다는 신화를 영원히 가지게 된다. 그러나 진실은 우리에게 그런 경험은 필요치 않다는 것이다. 즉, 그것은 우리의 삶을 황폐화시키고 많은 것을 파괴하고 생산적이 되거나 성공할 수 있는 능력을 약화시키는 것들이다. 비록 어떤 사람이 자신의 비판적 부모자아로부터 자유롭다 할지라도 그 사람은 여전히 다른 사람의 비판적 부모자아의 파괴적 영향 때문에 고통당하고 있을 수 있다.

도우의 머릿속의 목소리는 심리분석가로부터 불쾌한 초자아라 불렸다. 제이콥의 파멸의 예측은 합리적-정서적 치료사로부터 파국 예측이라 불렸다. 마지의 그녀의 가치에 대해 비하하는 느낌은 낮은 자존감이라 불렸다. 샬롯의 공황상태는 공포증의 반응이라 불렸다. 다니엘의 정신적으로 난해한 문제는 강박으로, 힐러리의 두려움은 인지치료사에 의해 부정적인 독백으로 불렸다. 샐리는 주요 우울장애로 처방내려졌다. 드루의 끊임없이 자신을 비하하는 말은 다중인격 이론의 옹호자에 의해 자신에 대해 가혹한 형벌로 불렸고 학문적인 심리학자에 의해서는 정신병리적인 자기혐오라 불렸다. 이런 모든 것은 12단계 프로그램 속에서는 악취 나는 생각이라 불려 왔다.

어떤 전문가는 이런 고통스러운 상황을 우울증, 강박증, 대인공포증 등과 같은 정신병이나 다수의 정서장애 같은 증세로 볼 것이다. 나는 그런 것들을 다양하고 변화된 비판적 부모자아의 활동이라고 주장하려 한다.

실생활에서 우리 모두는 앞에 기술된 것들을 정신 패턴이나 아이디어의 세트라고 볼 수 있는데 이는 각 개인의 정서적 삶을 통해 확고하게 획득한 것이다. 이러한 것들은(부모자아) 비언어적이고 깊숙하게 저장되며 신체적으로 내장되고 반영되거나 우리가 돼지 부모자아라고 불러온 악랄하고 잔인한 목소리일 수 있다. 끈질기게 계속되는 비판적인 목소리일 때는 그것을 내면의 비판가라고 부르고 합리적 평가일 때는 비판적 부모자아, 조용하고 우울한 존재일 때는 적이라고 부른다. 그것들 모두는 과거에 중요한 인물들에 의해 강한 힘과 외부적인 영향에 의해서 시작되고 내면화되고 포함되어서 결국 우리 삶을 덮쳐 버린다.

이러한 부정적인 생각들이 내면화된 것은 보통 인식하지 못하거나 심지어 알아차리지 못하고 그것들은 환영받지 못하는 생각들이라는 것에 대해 언급조차 되지 않는다. 생각해 보라. 압제적 정치를 하는 정권에서는 폭군의 이름을 말하는 것은 금기사항이다. 왜? 만약 우리가 우리를 억압하고 있는 것에 대해 말하지 못한다면 맞서 싸울 힘이 제한될 수밖에 없기 때문이다. 만약 독재자의 일에 대해 분명히 하지 못한다면 우리 문제의 원인이 우리에게 있다고 더 쉽게 설득당한다. 억압에 대해 말을 할 수 있는 것이 그것을 타도하는 첫걸음이 된다. 비슷하게 우리들의 내면의 억압에 대해서도 그것들이 우리의 삶을 망치고 있다는 것을 아는 것이 중요하고 그것의 이름을 붙이는 것이 중요하다. 나는 우리의 삶을 비참하게 만드는 특정한 악마에 대해서 비판적 부모자아, 적, 혹은 내면의 비난가라고 부를 것이다. 이 이름을 사용해도 되고 아니면 당신만의 이름을 만들어도 되지만 고약한 이름을 지어 주고 그 이름에 대해 이야기해 보자.

비판적 부모자아는 과거에 습득한 것이고 현재 삶에 영향을 미친다면 그것을 제거할 수도 있다. 이것을 하는 데 반드시 두 가지가 필요하다. 하나는 인지적(우리의 생각을 변화시키는 것)이고 다른 하나는 행동으로 하는 것(일상의 교류에서 이러한 자기혐오적인 생각들을 바꾸는 것)이다.

비판적 부모자아에 맞서 싸우는 데 가장 주요한 인지적 장애물은 모든 사람들이 그것이 타당하다고 믿는 것이다. 비판적 부모자아가 우리를 지켜 준다고 믿고, 어떤 사람은 그것이 바른길이라 믿고, 실수로부터 보호해 주고, 결정하도록 이끌어 주고, 결함에 대해 충고해 준다고 하는 것 등이 그것이다. '적'(비판적 부모자아)을 우리의 양심이라 오인하고 인간으로서 적절한 의무를 일깨워 주는 우리 영혼의 중심이라고 오인한다. 그러나 자신과 이웃을 사랑함으로써 만들어지는 양심과는 달리 "그 내면의 적"의 임무는 사람들 사이의 애정을 약화시키는 것이다. 그것의 진정한 본성을 깨닫지 못하면 우리는 '내면의 적'을 진정으로 따를 만큼 도움이 되고 가치 있다고 여기며 믿게 된다.

때로 이 '적'은 독성이 있는 이런 표현들을 탁월함의 상징처럼 여기도록 환상을 만들어 나가기도 한다. 예를 들면, 자기파괴적인 알코올 중독 작가가 자신을 높은 정신세계를 가졌으며 인습을 타파하는 진실만을 이야기하거나 도덕관념이 없는 이상성애자가 자신의 간악함을 화려하게 포장하거나 그의 성적 무용담에 대해 떠벌리면서 자랑하는 일 같은 것이다.

TA이론가들은 비판적 부모자아는 모두 부정적이라는 나의 주장에 반론을 제기함으로써 '긍정적인 비판적 부모자아'의 개념을 발전시켜 왔다. 논쟁은 어린아이들을 교육시키고 아이들이 문제를 일으키지 않도록 철저하게 하는 부모의 힘과 비판적 부모자아 피드백을 주는 것이 과연 필요한가 하는 것이다. 이것에 대한 나의 견해는 40여 년간 세 아이와 여섯 손자들을 키운 경험과 더불어 무수히 많은 독자들의 경험담을 보태서 나로 하여금 어른자아의 비평의 기능과 잘 돌봐 주는 부모만으로도 이런 것들의 목표를 충분히 달성하고 남는다는 것을 알게 해 주었다. 즉, 비판적 부모자아는 협력적이고 민주적인 사회에서 어린아이들을 양육하는 데 별로 필요치 않다는 것이다.

어른자아에서 지지하는 것 같은 형태로 합리화하여 비판적 부모자아를 미화하거나 방어하는 것은 비판적 부모자아에 힘을 실어 주게 될 것이다. 나는 이와 반대로 우리 삶에서 그것을 버려야 한다고 믿는다. 이런 대단한 행동을 하는 데 유일한 장애물은 비판적 부모자아의 금지령들에 맞서서 의식 있고 의도적인 행동으로 극복할 수 있느냐는 것이다. 제10장에서 사람들이 비판적 부모자아를 제거하는 방법에 대해 검토할 것이다.

내면의 적은 원칙적으로 사랑의 적이다. 그것은 우리가 스스로를 사랑할 수 없을 뿐 아니라 타인도 사랑할 수 없다는 것을 확실하게 만드는 데 힘을 기울인다. 우리가 자신이나 타인을 사랑할 수 없다면 아무도 나를 사랑할 수 없다. 애착과 동맹만이 적(비판적 부모자아)이 우리를 조정하는 것을 언제나 약화시킬 수 있다. 그래서 비판적 부모자아에 맞서는 최선의 방법은 사랑하는 것이고, 내가 준 사랑이 돌아올 수 있도록 허용하는 것이다. 이것이 비판적 부모자아의 독성에 대한 해독제다. 이러한 생각들은 비판적 부모자아를 옹호하는 사람들에게는 진실로 놀라운 일일 것이다. 이들은 규칙에 적응하는 것이 문명사회에 살아남는 데 필수적이라고 생각하였고, 자신과 타인을 무분별하게 사랑하는 것은 어떤 방면에서는 죄를 짓는 일, 신을 믿지 않는 일, 그리고 위험하게 공산주의와 가까운 일이며 격렬하게 반대할 가치가 있는 일로 생각하였다. 그리고 그들은 민주해방에 그간 반응해 왔으며 그건 그다지 놀랄 일도 아니다.

비판적 부모자아의 기본 메시지는 다음과 같다.

- 너는 OK가 아니다.
- 못됐다. (악하며, 게으르고, 못된 등)
- 멍청해. (저능아, 똑바로 생각할 줄도 모른다, 헷갈린다 등)
- 너 미쳤니? (정신적으로, 정서적으로, 비합리적으로 완전 정신 나갔어. 등)
- 못생겼어. (못생긴 얼굴, 몸, 나이 등)
- 너 아프니? (약하다, 병 걸렸다 등)
- 너는 절망적이야. (희망 없어, 자기파괴적인 것 등)
- 그러므로 너는 사랑받지 못할 것이다. 그리고
- 너는 사람들에게 소외될 것이다.

십대 살인자 키프랜드 킨켈(Kipland Kinkel)은 그의 글에서 이런 예를 보여 준다(삽입된 괄호 안의 비판적 부모자아의 말은 내가 쓴 것이다).

> 망할 놈의 목소리가 머릿속에서 울린다. 난 죽고 싶고 없어져 버리고 싶다……. 내말이 가엾게 들릴 것이다. 사람들이 만약 이것을 읽으

> 면(말도 안 돼) 웃을 것 같다. 나는 그들이 비웃는 게 싫다…. 전부 다 싫다. 왜냐하면 내가 만지면 뭐든지 개똥 같이 되어 버린다(완전 끝장이야.)…. 만약 내가 심장이 있다면 회색일 거다. 나의 차갑고 검은 심장(너는 나빠)은 절대로 절대로 진짜 사랑을 경험하지 못할 것이다(끝장이야.) 왜 나는 정상이 아닐까? (괴상하고 병이 들었다.) 날 좀 도와줘. 아무도 없겠지. 나는 너희 모두를 마지막 한 사람까지 다 죽여 버릴 거야(1999).

어디서 이런 비판적 부모자아가 왔을까? 왜 이런 심술궂고 나쁜 영향을 주는 존재가 우리의 가장 내면에 자리 잡았을까? 비판적 부모자아는 영역적이고 지배적인 행동을 위한 파충류 뇌의 본능으로부터 내 뻗어진 점진적 진화과정의 산물이다. 이 파충류의 본능은 포유류와 원숭이 같은 진화상태를 유지하려 하면서 가부장제를 발달시켜 왔는데 여성에 대해 남성 우월주의를 유지하려 하고 약한 사람에게 힘을 가하고 중년이 어린 사람이나 노인보다 우월하다는 것을 발달시켜 왔다.

비판적 부모자아는 지배적인 가부장 제도를 강요한다. 반항에 대한 최후의 협박은 사회의 일원에서 소외된다거나 죽음을 의미한다. 우리를 보호해 주는 사람들로부터 철저하게 사랑을 잃어버리는 것이다. 사랑은 특별히 가부장적 통제의 타깃이 되는데, 그 이유는 가부장적 지배의 협박과 도전의 많은 형태가 그 속에 있기 때문이다. 부모자아에 녹아 있는 다스리고자 하는 욕구는 사랑의 적이다. 공감, 서로 협력하는 사랑, 협상처럼 직접적으로 하는 대신 부모자아는 거짓과 비밀로 힘겨루기를 하려고 한다.

가부장제는 인간성의 집단적 잠재력을 평가절하해 왔고 민주주의가 도래하기 전까지 도전받지 않았다. 처음에 불완전한 민주주의 형태가 모습을 드러낸 이후 모든 사람은 공평하게 태어났다는 원리, 특히 인간이 그들의 가능성을 자유롭게 발달시켜도 되는 권리는 점차 더욱 통용되게 되었다. 민주주의가 현재까지도 불완전하기는 하지만 아직은 모든 사람이 기회를 갖는 것이 허용되는 최고의 시스템이다. 이것은 내가 여기서 제안하고자 하는 생각의 역사적인 큰 그림틀이다. 이는 에릭 번에 의한 정신의학 세계에서 처음으로 진보한 것이고 자아실현을 하고자 하는 몹시 힘든 사람들을 도우려는 생각들이다.

다시, OK 목장으로 돌아가다

스트로크 시티의 대뇌변연계의 효과로 이야기를 돌려 보면 모든 사람이 긍정적인 결과를 나누었던 것은 아니라고 말했던 것이 기억날 것이다. 비판적 부모자아는 어떤 참석자의 경험에 침입해서 스트로크를 주고받고 서로 가까워질 수 있는 가능성과 집단원 전체를 평가절하함으로써 전체 집단의 대뇌변연계의 반응을 불투명하게 만들었다.

비판적 부모자아의 활동을 돕거나 촉발이 되는 교류로부터 참여자들을 보호하기 위해서 나는 모든 모임의 처음 시작할 때 "협력하기"라고 부르는 동의를 함께하기로 했다. "참여자들이나 리더는 어떤 상황에서도 힘겨루기를 하거나 다른 사람을 조종하려는 시도를 하지 않을 것을 약속함" 이것은 특별히 어떤 사람도 무엇을 하기 원치 않을 때 리더가 비판적 부모자아에서 나온 어떤 교류를 허용하지 않도록 특별히 요구하는 것이었다. 마침내 나는 참여자들에게 허가에서 진행까지 교류(스트로크를 요구하는 것 같은)를 시작하라고 했고 참여자들은 무엇이 오던 수용적이고 '협력하기' 준비가 되도록 강조하였다.

비판적 부모자아로부터 집단을 보호하고 정서적 안정을 위해 만들어진 이런 계약은 성공적이어서 모임 중간이나 후에 기분 좋지 않은 감정을 느끼던 사람들이 급격하게 감소하였다. 비판적 부모자아가 빠진 교류는 대뇌변연계를 활성화시켜 믿음과 안전의 공통된 느낌을 주고받고 훈련의 효과인 사랑을 잘 표현하고 받아들이는 것에 매우 긍정적인 결과를 가져왔다.

나는 계속해서 스트로크 도시 훈련을 적용하였고 더욱 정교화하여 나의 책 『정서활용능력: 마음과 정보—간단하고 기본적인 사랑의 교류를 가르치는 사람들에게 바치는』에 구성된 '마음열기'라고 이름 붙인 정서활용능력 훈련의 일부가 되도록 하였다.

마음열기 - 이론

무시하기 힘든 질문이 있다. "어떻게 우리는 사랑의 능력을 회복하고 기술을 발달시킬 수 있을까요?"

토마스 레위스(Thomas Lewis) 등이 쓴 첨단의 책인 『사랑의 일반적 이론』에 보면 사랑이라는 정서의 영역으로 대뇌변연계를 설득력 있게 설정했다. 그들은 사랑의 발달의 유전적 기초와 그것이 어떻게 발달하는지에 대해서 기술하였는데 아이가 어린 시절 사랑의 발달을 위한 유전적인 기초와 능력이 발달할 때 엄마와 아이는 그들의 대뇌변연계가 서로에게 깊이 영향을 끼치도록 상호 연결된 상황 속에서 살고 있다는 것이다. 이러한 상호 신경적인 조정력은 사랑의 패턴을 만들고 발달시키는 데 있어서 어린아이에게 가장 영향력이 큰 것이다.

사랑의 패턴은 어린 시절에 만들어지는 것이다. 후에 타인과 대뇌변연계의 공명으로 만들어지는 관계는 어린 시절에 입은 상처를 치유할 수 있다. 레위스(Lewis) 등은 목적과 집중을 가지고 치료에 임하는 치료자와 장기적인 개인 심리치료를 통해 이것이 가능하며 변연계의 미덕이 될 필요가 있다고 결론지었다. 나 또한 다른 연구들에 의해서지만 비슷한 결론을 내릴 수 있었다. 내 연구는 주로 집단 안에서 개인 심리치료의 발달과는 다른 대뇌변연계의 공명의 발달이었다. 원래 구성하였던 '스트로크 도시'를 직관과 실험, 그리고 실수를 개선해서 훈련을 이끌고 대뇌변연계 공명 촉진자들이라고 부르는 정서훈련자들이 훈련을 적절하게 잘 이끌어서 마침내 그 훈련은 '마음 열기'라고 다시 이름 붙여졌다.

목적은 역시 스트로크 경제법칙 깨기였고 사람들의 스트로크 기아에서 만족하게 되도록 돕고 그들이 가장 원하는 것을 어떻게 얻는지(사랑을 하고 받는 것) 가르치는 것이었다. 그러나 훈련은 기대했던 것보다 더욱 효과적으로 사람들의 경험을 눈에 띄게 재구조화하게 만들었다. 사랑의 교류행동과 그 결과로 나타나는 정서에 집중된 TA 집단활동에서 대뇌변연계의 패턴이 생성되고 긍정적이며 지속적인 효과가 있다는 것을 나는 이십 년이 넘도록 증명해 왔다.

독자들은 어떻게 몇 가지 교류연습이 사랑의 순수하고 지속적인 효과를 만드는지 의아해할 수 있을 것이다. 그런 회의론을 이해한다. 나는 몇 가지 일상의 교류가 금으로 변하는 심리학 연금술을 말하고 있는 것이 아니다. 내 경험에 의하면 만약 사랑이 고무되고 활성화되기만 한다면 사랑은 우리가 구하고 만족을 찾는 강한 드라이버다. 내가 약속하는 것은 이러한 마음을 여는 활동, 가능하면 많은 사람들과 안전하게 연습을 자주하면—기꺼이 하려는 공감적인 인물과—우리 내면의 사랑의 자물쇠가 열린다는 것이다. 스트로크를 주고받는 것은 감옥문을 열도록 유인하는 것이고 나머지는 모든 사람에게 가능한 인간 본성의 저항할 수 없는 힘, 즉 사랑에 달려 있다.

믿기 어려울지 모르겠으나 우리가 부닥치는 거대한 저항과 뿌리 깊은 결핍은 전문가의 적극적인 도움 없이도 가능하다. 사랑은 풀어 주는 방법을 찾을 때 늘어날 준비가 되어 있는 감겨진 스프링 코일과 같다. 우리 모두는 사랑을 주고받는 법을 배울 수 있다. 신뢰와 안전한 환경에서 우리 마음을 다른 사람에게 천천히 여는 것으로 우리의 잠재된 정서가 가능해지는 것이다. 이것이 정서활용훈련의 목적이다.

마음열기 - 훈련

마음열기 훈련을 할 때 나는 사람들에게 몸소 다음과 같이 스트로크 경제를 무시하도록 격려한다.

- 허가를 구하라.
- 상대가 원하는 스트로크를 주라.
- 요구하고 원하는 스트로트를 받아들여라.
- 원치 않는 스트로크는 거절하라.
- 스스로에게 스트로크를 주라.

이 교류들은 훈련집단 안에서 제공되는 안전한 토대를 필요로 한다. 환경은 양심적으로 적개심이나 강압이 전혀 없이 안전한 경험을 만들어 내기 위해 고안된 협력적 동의서들에 의해 만들어진다. 기술을 훈련한 지도자가 훈련을 이끌며 동의서가 잘 지켜지는지 보고 집단의 상호작용을 분석하고 교류에 의한 교류를 분석하도록 돕는다. 덧붙여, 지도자는 참여자들이 우선적으로, 자각하고, CP(비판적 부모자아)의 메시지를 용납하지 않고 드러내도록 과정 중에 개입을 한다. 이것은 신뢰의 분위기와 열린 마음을 만드는 데 참여한 사람들이 가장 기본적인 방법으로 마음을 열도록 격려하는, 그리하여 대뇌변연계의 공명 안에서 사랑을 주고받을 기회를 제공한다.

마음을 여는 것은 정서활용훈련의 첫 번째 단계다. 두 번째 단계는 정서적 배경을 조사하고 세 번째 단계는 책임을 지는 것으로, 이 책의 뒷부분에서 다루어질 것이다. 마음을 여는 정서활용훈련의 첫 번째 단계를 시간을 들여 연습을 하는 것은 사실 사람들을 변화하게 하고 사랑을 주고받는 것이 더욱 능숙해지도록 한다. 이는 사람들의 사랑하는 능력을 만들어 내거나 새로 만드는 진보된 기술을 의미한다. 마치 잘 만들어진 식이요법처럼 언제, 무엇을 얼마나 먹어야 되는지, 먹지 말아야 되는지 배우는 것이며, 이러한 스트로크 요법은 우리들의 정서적 삶에서 신체적 건강을 목표로 하는 것과 유사하다. 정서활용훈련의 연습을 명상 프로그램이나 스트로크 기아와 밀접하게 관련 있는 무가치감을 재구조화하는 것을 겨냥한 다른 치료적 활동과 함께하면 인생에 있어서 사랑과 친밀감의 질을 변형시킬 수 있다.

제4장

사랑과 힘

사랑하고자 하는 인간의 자연스러운 능력으로 되돌아가는 것은 왜 엄청난 노력이 요구되는 것일까? 만약 그런 노력이 필요한 것이라면 내가 주장하듯 사랑 그 자체를 터뜨리고 싶은 강한 열망, 강한 힘이 존재하는 것일까? 그 이유는 엄청나고 억압적인 공격 아래에 있기 때문이다. 훈련되지 않은 관점으로 보면 사랑은 간단하고 뭐라 말하기 힘든 정서다. 어떤 사람은 사랑을 하고, 어떤 사람은 사랑을 두려워하는데 이전 경험에 따라 사람들의 마음에서 더 자유롭거나 덜 자유롭다. 왜 사랑은 억제에 초점이 맞추어져야만 하는가? 그것은 우리 인생에 지장을 줄 수 있는 방법, 즉 사랑이 인생을 엉망으로 만들거나 혹은 얼마나 좋은 느낌인가 하는 문제에서 우리를 보호하기 위해서다. 이것은 확실하게 비판적 부모자아가 의무라고 주장하는 영역이다.

그러나 사랑은 좋거나 싫은 느낌의 일상적인 것보다는 훨씬 더 강한 것이다. 사랑은 동기의 중요한 힘이고 복잡한 상호작용이며 인간 힘의 영역이다. 사랑은 사람들의 힘과 자유를 위해 집단행동을 하게 한다. 이것이 왜 오랫동안 사랑의 본능을 억압하는 것을 연구하고 자유로운 표현을 막는 것에 대해 그토록 집중적으로 노력해 왔는지에 대한 답을 준다.

내가 지금 사랑에 반대하는 음모가 있다고 말하는 것인가? 답은 그렇다. 힘과 통제를 유지하는 가장 효과적인 방법은 사람들의 사랑의 관계와 협력을 약화시키기 위한 사회의 과정이다. 사랑하고 사랑받는 것은 개인적으로는 대단하고 사회적인 힘의 근원이며, 혼자이거나 사랑이 없는 것은 힘이 없는 것과 동등한 것이다. 음모의 목적은 다른 사람의 통제에 맞서는 힘이 없도록 하는 것이다.

사랑의 대단한 힘은 단순히 사랑하는 두 사람 사이에 일어나는 것만이 아니고 더 광범위하게 가족 간에서, 사회집단에서, 심지어 국가적으로도 일어난다. 아직도 우리가 사랑의 힘을 충분히 이해하지 못하는 이유는 우리가 사랑이나 힘에 대해 거의 이해하지 못하기 때문이다.

나는 정서의 높은 수준의 이해라고 할 수 있는 정서능력의 활용능력 중 가장 핵심인 사랑에 대해 그리고 생산적인 것에 대해, 그것들을 유지하는 인간적 방법에 대해서 이야기해 왔다. 활용능력과 비슷한 것이 힘의 활용인데 개인적 힘의 이해에 적용할 수 있다.

우리가 사랑의 힘을 다루기 전에 힘 그 자체의 개념에 대해 알아보자. 여기서 내가 사용하는 힘의 정의는 육체적인 것부터 심리적인 것까지 전부 모든 과학에 적용되는 것이다.

힘이란 변화를 원치 않아서 저항하는 것에 맞선 변화를 창조하는 능력이다.

우리가 원하는 것을 가질 수 있거나 혹은 우리가 원치 않는 것을 막을 수 있을 때 우리는 힘을 가진 것이다. 우리가 원하는 것을 할 수 없거나 우리가 피하고자 하는 것에 대항할 수 없을 때, 특히 다른 사람의 통제와 행동의 억압에 저항할 수 없을 때 우리는 힘이 없는 것이다.

힘과 힘의 영향은 숨 쉬는 공기와 같이 우리를 둘러싸고 있다. 우리는 사람들이 우리에게 힘을 사용하는지도 알고 우리가 힘을 남용하는지도 안다. 우리는 액셀을 밟으면서 혹은 방아쇠를 당기면서 강한 힘을 촉발시킨다. 우리는 사람들 눈 속에서 꿰뚫어 보는 힘을 느낀다. 힘은 이야기 되어지고 글로 쓰이고 노래로 불린다. 마력, 사람의 힘, 힘겨루기, 힘의 기아, 그리고 특히 사랑의 힘 등이 소재가 된다. 우리는 힘에 대해서 듣거나 읽지만 아직도 그것이 무엇인지 이해하지 못한다. 그것이 어떻게 작용하는지, 언제 이득이 되고 언제 해가 되는지, 어디서 시작되고 어디서 끝이 나는지, 어떻게 얻고 어떻게 유지하는지 어떻게 포기하고 어떻게 그것과 싸우는지 이해하지를 못한다.

힘의 정치

인간의 영역에서 힘은 다른 사람에 대한 통제의 능력으로 잘못 정의되어 있다. 힘의 정의를 그저 통제뿐이라고 하는 것이 우리가 힘을 가지는 데 있어서 어려움의 한 부분이 된다. 우리는 통제력 이외의 힘을 가지게 되는 많은 방법을 알지 못한다. 힘의 현상이라고 정의된 통제는 다른 사람으로부터 영향력을 빼앗는 것을 예측한다. 힘이 통제의 형태로 표현될 때 그것은 억압과 같다. 소수에 의한 다수의 통제는 권력의 궁극적 개념이 된다. 그러나 개인적인 힘은 단순히 타인을 조정하거나 통제하는 능력보다는 더한 것이다. 제8장에서 힘의 다양함에 대해 살펴보고 탐색할 것이다. 나의 시각으로는 힘의 일곱 가지 근원이 있다. 이는 기본교육, 열정, 사랑, 의사소통, 정보, 초월성, 그리고 통제인데, 일곱 가지 전부 검토함으로써 우리가 단지 통제에 대해서만 아는 것보다 더 완벽하고 더욱 긍정적으로 이해할 수 있게 된다.

사랑과 같이 힘은 심리학 이론의 중심적 위치에 있지를 못했다. 인간의 행동에 영향을 미치는 주요 요인 중 하나라고는 확실하게 생각했지만 그동안 간과되어 왔다. 주제, 즉 이른바 현상들이라는 긴 리스트인 무의식, 자존감, 성역할, 각본들, 어린 시절 외상경험, 절정감, 복잡함, 막힌 것, 감정 폭발의 억압, 출생 혹은 조산의 외상경험 등 이러한 현상들이 중요하다고 하였고 단번에 혹은 여러 번의 연구로 중요함을 입증했다. 그러나 힘은 아니었다.

힘은 알프레드 아들러(Alfred Adler)의 생각(1999)에서 잘 나타나는데 빌헬름 라이히(Wilhelm Reich)와 함께한 아들러는 프로이트의 많은 정치적 추종자 그룹의 일원이었다. 힘의 중요함에 대한 개념은 정신분석 안에서나 밖에서나 열렬히 환영받지 못하는데 그 이유는 인간 행동의 다양함으로 힘을 이야기하기 위해서는 과학적인 부분만이 아니라 정치적인 부분도 함께 논의해야 하기 때문이다. 힘을 배분하려 할 때는 사람들의 일의 중요성과 정치적 투쟁이 뒤따른다. 과학의 역사를 보면 힘의 개념처럼 타당한 개념이거나 여러 변인이 굉장히 많아도 수십 년간 인정되지 않은 것들이 많았다. 오직 큰일이 일어난 후에, 지지자들의 강한 투쟁을 통해 타당한 증거가 갖춰진 다음 아주 오랜 후에야 이러한 요인들은 마침내 과학적 승인을 받았다.

끔찍한 예는, 1847년 미생물 이론이 세워지기 십 년 전 이그나즈 세멜위즈(Ignaz Semmelweiss)가 발견한 병원에서 산부인과 병동 의사들로 인해 죽음에 이르렀던 산욕열의 충격적인 높은 비율이다. 그가 제안한 치료법은 의사들이 분만과 분만 사이에 단순히 손을 자주 씻는 것이었는데, 그것은 의료 전문분야에서 모욕적이라고 간주되어 후에 결과가 증명된 후에도 수십 년간 고소를 당하고 싸움을 벌였다. 그사이, 세멜위즈는 정신병원에서 죽었는데 아마 그의 발견으로 인한 죽음과 삶의 진퇴양난이 그를 미치게 했던 것은 아닐까 한다. 비슷하게 갈릴레오 갈릴레이(Galileo Galilei)는 우주의 지동설을 주장하였는데 종교재판과 사형집행권이 있는 교회의 교리에 도전하고 공격하였다는 구실로 죽이겠다는 협박과 고문 아래 철회하라고 강요하여 그는 나머지 일생 동안 집에 갇힌 몸이 되었다.

생각의 억압도 힘의 개념에 잘 적용이 된다. 인간의 행동에서 힘의 토의와 연구는 행동과학의 전문분야에 도전하는 것과 비슷하다. TA 전문분야의 발전 안에서 나의 경험에 의하면 힘의 이론은 비록 훈련 시스템이 힘의 남용과 그것을 방지하기 위한 노력을 세밀하게 하여도 무시되거나 협회 안에서 훈련을 담당하는 회원들에 의해 이해받지 못했다. 동시에 놀라운 일도 아니지만 비판적 부모자아의 개념에 대한 강한 저항이 있었고 그 힘은 막강했는데 나는 그것이 구제불능의 본성이라고 생각한다.

많은 노력을 요구하는 과학적 방법을 통해 현실을 자세히 설명하는 과정의 연구가 개인적, 정치적 이유로 억압받을 때 그 과정은 두 배로 힘이 든다. 왜냐하면 힘의 연구는 필연적으로 힘의 남용에 대한 폭로로 이어지고 힘을 가진 사람은 대단한 저항으로 반응하기 때문이다. 힘을 가진 사람들이 힘의 작용에 대해서 이해를 하려 하면 그들은 그들 자신의 힘의 차원에 대한 자각과 그들의 힘의 남용 가능성에서 시작하여야만 한다. 이것은 정신의학이나 심리치료 분야에서도 사실이고 힘을 가지는 것에 익숙한 의학전문가들도 힘의 연구에 의해 불편함을 느끼기 쉽다. 왜냐하면 그들은 자유분방하고 힘을 부드럽게, 자기를 내세우지 않고, 숨겨진 방법으로 훨씬 잘 사용하려 할 것이기 때문이다. 그래서 힘을 연구하는 것은 가끔은 혁명적이고 위험하긴 하지만 과학적이고 정치적인 활동이 된다.

힘의 사용

인간 힘의 역동 안에서 사람들은 타인의 모든 태도적인 측면을 통제하려 시도한다. 우리가 다른 사람들을 지배하려 할 때 우리는 내가 힘의 사용이라고 부르는 일련의 교류들을 사용한다.

힘의 사용은 다른 사람들이 하기 싫어하는 일을 하게 하기 위해 혹은 그들이 하기 원하는 일을 하지 못하도록 고안된 교류들이다.

우리는 힘이 어떻게 작용하는지 잘 알지 못한다. 그 이유는 우리가 힘의 영향 속에 함몰되어 있었기 때문이다. 즉, 그것은 힘을 받아들이도록 강요받고, 우리 인생의 일찍부터 힘이 사용되고 남용되었기 때문이다. 타인의 힘의 영향력 아래서 일상적인 어린 시절을 보내면서 자란 우리는 억압의 역할을 꽤 자연스럽게 받아들이게 된다. 힘의 불균형에 대한 허용과 힘의 남용은 위계적이고 경쟁적인 인생 경험을 통해 주입된다.

우리가 받는 주요한 두 가지 힘의 남용의 형태가 있다. 그것은 육체적, 심리적인 것이다. 힘의 남용은 미묘하고 저속하거나 혹은 역겨운 형태로 표현된다. 한번 상상해 보자. 예를 들어, 누군가가 내가 앉기를 원하는 공원의 해가 잘 드는 벤치에 앉아 있다. 만약 내가 자리를 뺏을 수 있다면 나는 나의 힘을 드러내는 것이다. 만약 내가 충분히 강하다면 나는 상대를 밀어내거나 상대가 자리를 떠나게 할 것이다. 이것이 역겨운 신체적 힘의 사용이다. 다른 한편으로 신체적 힘을 사용하지 않고 상대의 자리를 뺏기 위해 심리적인 힘을 가지고 있을 수도 있다.

심리적인 에너지는 상대가 원치 않는 일을 하도록 야기해서 상대가 벤치에서 움직이도록 상대의 에너지를 지배하는 나의 역량에 달려 있다. 모든 심리적 힘의 기술은 상대를 복종하게 하는 데 달려 있다. 나는 상대가 벤치에서 일어나도록 겁을 줄 수도 있고 꼬드길 수도 있다. 나는 상대가 나에게 자리를 내주도록 상대 마음 내부에서의 죄책감을 불러일으킬 수도 있다. 나는 협박으로 상대를 못살게 굴 수도 있고 소리를 지를 수도 있다. 미소로 꾈 수도 있고 약속이나 나에게 자리를 양보하는 것이 나라의 안전을 위해 꼭 필요한 일이라고 설득할 수도 있다. 속임수나 사기, 거짓말을 할 수도 있다. 어느 경우라도 육체적으로 밀어내지 않고 내가 자리를 빼앗는 것에 대한 상대의 저항을 극복했다면, 나는 상대를 순종하게 만든 심리적인 힘의 술책, 즉 힘을 사용한 것이다.

만약 한 축에는 노골적임과 미묘함이 연속선상에 있고 다른 한 축에 심리적과 육체적인 면이 연속선상에 있는 두 차원의 장이 있다고 상상해 보자. 그렇다면 우리는 이것을 사분면으로 나눌 수 있다.

- **1사분면**. 노골적-신체적 힘의 사용: 살인, 강간, 고문, 감옥, 강제로 먹이거나 약물 투여, 굶기기, 공격, 뭔가를 던지거나 문을 거칠게 닫는 일 등은 노골적으로부터 육체적의 순서로 내려가는 이 사분면의 모든 힘의 사용이다.
- **2사분면**. 노골적-심리적 힘의 사용: 위협적인 목소리와 눈빛, 모욕, 뻔뻔스러운 거짓말, 확실하게 토라져 있는 것, 방해, 확실하게 재정의하거나 무시하는 것은 노골적인 그러나 심리적인 힘의 사용의 예다(왜냐하면 이런 것들은 육체적인 힘의 사용과는 관련이 없기 때문이다).
- **3사분면**. 미묘한-신체적 힘의 사용: 그간 설명한 노골적이고 신체적인 힘의 사용보다 훨씬 더 설명하기 어려운 이러한 통제 책략은 몸과 근육의 사용에 의존하고 있다. 격렬하게 대하기, 앞에 선 사람을 향해 책상에 앉아서 이야기하기, 방의 중요한 지점에 서 있기, 사람과 아주 가깝게 서 있기, 개인의 공간으로 침범하기, 목소

리의 억양을 미묘하게 하기, 이러한 힘의 사용은 특히 여성들이 관심을 가지는데 왜냐하면 남자들이 여성에게 그런 힘을 종종 사용하기 때문이다.

- 4사분면. 미묘한-심리적 힘의 사용: 교활한 거짓말, 뭔가를 말하지 않는 거짓말, 부루퉁함, 빈정대는 유머, 부정적인 은유, 가십, 허언, 그리고 광고와 정치적 선전이 모든 미묘하고 심리적인 힘의 사용이다.

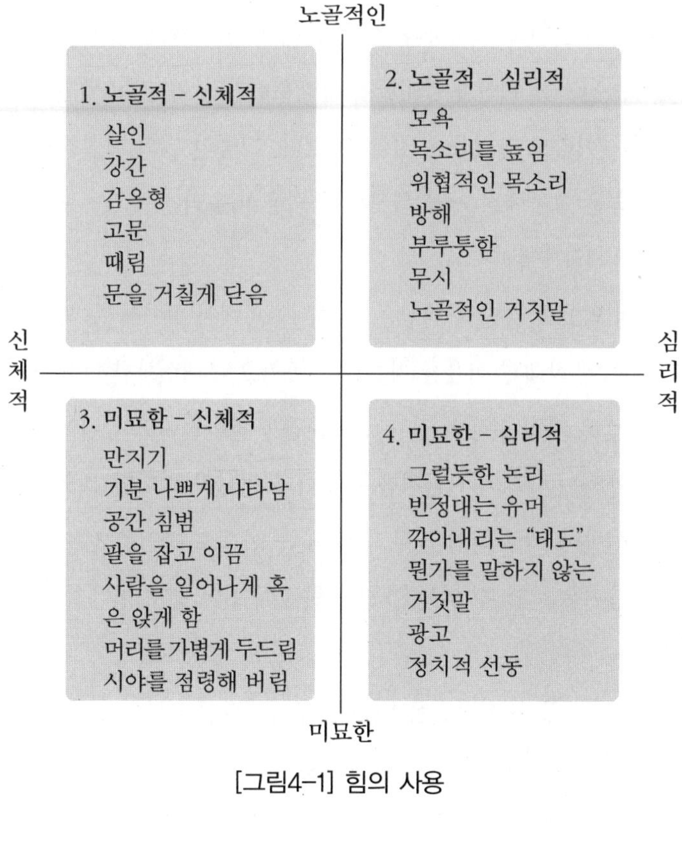

[그림4-1] 힘의 사용

다양한 힘의 사용에 대한 더 많은 설명은 나의 책『힘의 다른 면』(1981)에서 찾아볼 수 있고 웹사이트(www.claudesteiner.com/ osp.htm)에서 내려받아 볼 수 있다.

대부분 사람들이 경험하는 힘의 억압이나 남용은 사실상 심리적인 것이다. 보통 사람이 아무리 폭력적인 환경 안에 있다 해도 직접적으로 육체적인 힘의 사용은 경험하지 못한다. 그러나 육체적 폭력은 당사자들 간의 표면적 관계와 내적인 차원에서 영향을 미치면서 심리적 힘의 남용을 지원하고 있다. 이것은 여성들과 아이들을 때리거나 학대하는 경우에는 더욱 그러하다. 예를 들어 보자. 폭력적이고 감정을 참지 못하는 남자는 부인과 아이들을 두려워하게 할 수 있고 몇 주, 몇 달 혹은 몇 년이라도 그것을 유지할 수 있다. 그동안 그의 위협적인 목소리나 눈빛은 그들에게 가장 최근의 폭력을 떠올리게 하거나 순종적인 태도를 유지하게 한다.

심리적 억압의 극단적 현상은 '노예 정신'에서 찾아볼 수 있다. '노예 정신'이란 학대의 이유를 자신의 부족함으로 내면화한 마음의 형태로 그 사람은 자신 인생의 억압적인 환경을 받아들이고 심지어는 자신들을 억압하는 사람이나 환경을 누군가가 비난하게 되면 그들을 역성들며 방어한다. 대표적인 경우가 매 맞는 아내로 잔인한 남편에게 맞서거나 남편을 떠날 수 있는 안전한 환경이 있다 해도 떠나지 않는 경우다.

일반적이고 많은 사람들은 내면화된 심리적인 억압이 덜하다. 이들은 자신들의 인생에서 힘의 남용에 대한 결과에 책임을 져야 한다고 느낀다. 예를 들면, 지나치게 일을 열심히 하는 사람은 그들이 먹고살만큼 돈을 벌지 못하고 있다거나 그들의 자녀들을 위해 품위 있는 옷이나 신발을 사 줄 형편이 되지 못한 것이 적절한 직업을 찾을 수가 없기 때문이라면서 책임감과 죄책감을 느끼는 것이다.

진보적 정신의학에서 우리가 처음으로 개념화한 것은 '돼지부모'라고 부르는, 우리들이 내면화한 억압과 그것과 공모하는 것이 무엇인가 하는 메커니즘이다. '돼지부모'는 '반전' '경찰 반대' 시대에 적절한 일상적인 대화체의 은유로 호기 위코프(Hogie Wyckoff)가 제안하였다. 그것은 사람들 머릿속에 들어 있는 모든 생각, 신념, 태도, 귀인, 금지 등 이런 모든 것을 대표하는 것들이다. 예를 들면, 앞의 매 맞는 아내는 끊임없는 모욕에 괴로워하고 있고 그녀의 마음에서는 더 나은 것이 무엇인지 알지만 힘든 현실을 받아들인다. 그녀가 그렇게 하는 이유는 그녀의 "돼지부모"가 말 그대로 끊임없이 그녀의 귀에 대고 "좋은 아내는 남편에게 복종하고 반박하지 않는다."고 속삭이면서 늘 순종할 것을 상기시켜 주기 때문이다. 조금이라도 불평의 기미가 보이거나 스스로 가여워하면 그녀의 돼지부모가 전해 주는 "불평하는 사람이 되지 마라. 좋은 아내가 되어라."라는 메시지가 가로막는다.

'돼지부모'라는 이름은 의미보다 그 명칭에 대한 시각이 다른 여러 사람으로부터 비난을 받아서 '비판(통제)적 부모자아'라고 이름을 바꾸었다. '돼지부모'만큼 정서적이고 극적인 이름은 아니지만 그래도 '비판(통제)적 부모자아'의 개념은 같은 기능을 하고 있다. 뭐라고 부르든, 이 때문에 소수의 사람들의 내면화된 '통제하고 벌주는 교도관'이 간혹 손가락도 까딱하지 않고 혹은 주먹을 날리지 않고도 백만 명의 사람들을 억압할 수 있다. 우리가 명확히 해야 할 가장 큰 일은 이렇게 내면화된 비판(통제)적 부모자아를 제거하는 것이고, 우리를 둘러싸고 있는 힘의 남용에 복종하려는 뿌리 깊은 경향에 책임을 지는 것이다.

힘과 사랑 - 결핍의 창작물

시장경제에서 어떤 물건의 가치는 고유함이나 본질적인 가치보다는 그것이 얼마나 필요한지와 그때 그것이 얼마나 부족한지에 따라 결정된다. 그러므로 인간의 삶에서 필수불가결한 공기는 엄청나게 가치 있는 것이지만 당분간은 풍부하기 때문에 시장에서는 가치가 없다.

물건이 부족하다는 것은 그것이 사실이든 그렇게 생각하는 것이든 힘을 사용할 가능성의 필요조건이다. 음식의 결핍, 장소, 상품 등 우리가 필요하거나 필요하다고 믿는 것의 부족은 그것의 가치를 높이게 된다. 어떤 것이 부족해서 가치가 있게 될 때 그것들은 힘을 사용하고자 하는 대상이 된다. 역으로 말하면 무엇이든 부족함이 없이 언제든 사용 가능한 것은 가치 있어 보이지 않고 힘을 사용하고자 하는 대상이 되지 못한다. 부족함은 진짜일수도 있고 가짜일 수도 있다. 음식, 물, 공기처럼 생존에 절대적으로 필요한 것들이 있다. 이러한 것들이 공급이 되지 않으면 부족함은 진짜가 된다. 기근이 들어서 먹을 게 충분치 않다면 그것도 진짜 부족함이다. 그러나 우리가 경험하는 많은 부족함들은 사실 가짜다. 가짜 부족함은 어떤 사람이 물건을 시장의 선순환 구조에서 빼돌려서 시장을 궁지로 몰아넣는 것의 결과로 일어난다.

가짜 부족함은 필요한 것을 가지기 위한 노력을 하면 할수록 사람의 에너지를 뺀다. 그래서 부족함을 조장하도록 독점하는 것을 법으로 금하고 있는 것이다. 그러나 이러한 법이 최근의 가장 유행하는 브랜드의 이름이나 최근 가장 대단하다고 하는 구루(Guru)[1]와의 접촉 같은 모든 종류의 가짜 부족함을 막을 수는 없다. 이러한 가짜 부족함은 사람의 욕구를 충동질하거나 그것이 특별히 가치 있다고 몹시 초조하게 만들며 환상에 불과한 필요를 주입할 때 만들어진다. 이러한 환상에 불과한 필요는 완전하게 만족될 수가 없다. 가짜 부족함은 음식이나 주거 같은 상품에 만들어질 수도 있고 인적 자원에 만들어질 수도 있다. 사람 사이의 사랑, 인정, 애착은 스트로크 경제의 법칙을 고수하는 것을 통해 결핍이 만들어진다. 결과적으로, 사람들은 스트로크를 통해 서로 힘을 사용하고 그것들을 독점하고 물물교환하고 팔고 속이고 그것을 갖기 위해 거짓말을 하는 것이다.

힘의 결핍 - 무기력

인간이 가질 수 있는 자원이 결핍된다는 것은 결국 가지고 있는 힘 그 자체가 부족하다는 것이다. 인생에서 일어난 모든 일과 운명에 대한 힘을 포함한 사람들의 개인적 힘이 축소되고 부족하게 되면 그 힘은 인간 자원을 얻기 위한 과도한 경쟁으로 내몬다. 우리가 힘이 없다고 느끼기 때문에 우리는 힘을 위해서 힘을 구한다. 그러므로 우리는 서

1) 정신적 지도자

로에게서 힘을 없애려고 하고 다른 사람을 지배하는 데서 오는 자기결정, 자신감이라는 가짜 감정을 붙잡거나 만들려고 경쟁한다.

어느 정도 우리가 힘을 가지고 있다는 것은 착각이 아니다. 우리 모두는 극복할 수 있는 대항력이 얼마 만큼인가에 관련된 측정 가능하고 객관적인 양의 힘을 가지고 있다. 덧붙여 힘의 주관적인 느낌도 있는데 객관적 힘과 관련이 없고 착각일 수 있으며 객관적 사실보다 크게 혹은 작게 느낀다. 주관적 힘은 양육적 부모자아만큼 비판적인 부모자아의 활동에 영향을 미치는 중요한 변수다. 양육적 부모자아가 그 사람의 힘의 주관적 느낌을 강화하는 반면 비판적 부모자아는 약화시킨다. 비판적 부모자아가 끊임없이 우리들의 힘을 약화시키면서 우리는 신학자이며 사회이론가인 마이클 러너(Michael Lerner)가 이야기했던 '과잉 무력'(1997)을 발달시켰다. 즉, 그것이 비록 사실일지라도 스스로 힘의 결핍 상황에 놓일 필요는 없다는 것이다. 우리가 구하는 모든 가짜 결핍, 다시 말해 상품, 사랑, 힘 등은 우리의 균형을 잃게 하고 복종하게 하고 순응하게 하고 욕구에 지나치게 관심을 갖게 한다. 그러므로 가짜 결핍은 이미 실질적으로 강력한 이득을 얻고, 사람들은 단지 생존을 위해 그들의 머리를 겨우 물 위에 내어 놓고 무력감을 유지한 채 시달리고 있다.

힘의 결핍을 물리치기 위해서 우리는 개인적 힘에서 자유로워질 필요가 있다. 우리의 힘을 타인지배에 사용하지 않고 자신의 힘으로 강한 느낌을 가지고 긍정적 변화를 만들고 강제에 저항하는 데 사용하며 우리 자신 안에서 강하고, 다른 사람과는 협력적으로 일해야 한다. 이런 힘은 우리 모두에게 가능하다. 우리는 위계적 힘의 권력을 수용하는 것, 경쟁, 그리고 파워 플레이를 서로 포기하도록 교화할 필요가 있다.

권위적 통제 대 카리스마

우리가 사용 가능한 많은 힘의 종류 중 통제는 억압, 가부장제, 경쟁 시스템의 도구로 패권을 쥐고 흔든다. 우리는 힘이 곧 통제이고 그 통제는 변화를 가지고 오고 그렇게 해서 다시 세상에서 힘을 가지게 된다는 것을 배웠다. 이것은 사랑, 의사소통, 지식 같은 중요한 의미가 있는 다른 종류의 힘을 폄하하고, 인간의 가능성을 다차원적 영역에서 일차원적 영역으로, 즉 사람들이 타인을 통제할 힘을 얻기 위해 줄을 서고 어떤 사람은 아래에 어떤 사람은 위에, 꼭대기로 올라가기 위해 투쟁하고 서로 밟는 '경쟁의 사다리'로 가게 한다.

위아래의 계층같이 통제의 지배에 참여하려는 사람들의 뿌리 깊은 경향은 통제 불능의 위험한 상태를 초래할 수 있다. 이것은 권위주의와 힘이 없는 사람 사이에서 많은 사람들이 한 사람에게 힘을 내어 주면서 양극화가 만들어지고 이러한 양극화가 널리 퍼져 나갈 때 발생한다. 주인/노예, 리더/추종자, 갑/을의 관계가 가족, 학교, 직장에서 간혹 사회적 조류가 되고 '거대하고 완벽한 힘을 가진 태풍'의 조건이 만들어지고 발달되면 히틀러(Hitler)나 스탈린(Stalin)의 체제가 그러했듯 전 나라, 전 대륙을 휩쓸 수 있다.

아직은 이러한 엄청난 힘의 권위가 보이지 않지만 항상 타인을 통제하기 위해 엄청난 노력을 아끼지 않는 사람에 반응하는 개인적인 힘을 가진 사람들이 있다. 이러한 사람들은 권위주의 체제의 저항군이 된다. 지배에 저항하는 사람은 그들의 권리에 강하다. 어떻게 개인이 이런 종류의 힘을 습득하였을까? 이 책의 뒷부분에서 통제와 함께 우리의 개인적 힘을 일구어 내는 것이 가능했던 힘의 일곱 가지 근원에 대해 알아볼 것이다(제8장). 나는 전에도 이런 것들을 언급했지만 다시 한 번 말하면, 균형, 열정, 통제, 사랑, 의사소통, 정보, 그리고 초월성이다. 모든 개인의 힘 혹은 카리스마는 이러한 일곱 가지 힘의 발달에 달렸는데 세상을 살면서 각각의 결과들이 개인의 역량에 추가되는 것이다. 이러한 힘에 대한 다면적 시각은 다음과 같은 것을 함축하고 있다. 힘의 근원으로서의 통제에 집착하는 것은 통제 계층의 높은 위치를 점유하고 있는 사람에게 대항하는 힘이 없는 많은 사람이 만드는 제한적인 시각이라는 것이다. 소수가 다수를 통제하는 것에 대한 가장 좋은 해독제는 다양한 차원의 형태로 개인의 힘을 발달시키고 살아가면서 많은 타인에게 힘을 전달하는 데 스스로를 헌신하는 것이다. 모든 사람이 그렇게 할 수 있다. 우리가 배운 것을 가르칠 수 있고 돈을 좀 더 벌었을 때 먼 대륙에서 아이를 입양해 올 수도 있고 우리들의 글로 다른 사람을 고무시킬 수도 있고 부끄럽더라도 춤을 추도록 격려할 수도 있고 우리의 감정을 나눌 수도 있으며 슬퍼하는 사람을 격려하고 희망을 갖도록 도울 수도 있다. 가능성은 무한한 것이다.

제1부

결 론

우리는 힘이 필요하고 원하며 가져야 마땅하다. 사랑은 힘의 근원이다. 우리는 힘의 표현 중 어떤 것이 우리와 타인에게 해로운지 어떤 것이 이로운지 이해할 필요가 있다. 교류분석가의 일 중 가장 중심이 되는 것은 힘의 남용이 있더라도 그런 가운데 사람들이 그들의 힘을 가지게 도와주는 것이다.

이 과정의 첫 번째 길은 마음을 여는 것이다. 그러나 사랑을 북돋는 교류를 연습하는 것은 사랑을 회피하는 사람들 안에서는 쉽지 않은 일이다. 그들은 비판적 부모자아에 지배되고 지독하게 경쟁적인 환경에 있기 때문이다. 사랑이 흙을 뚫고 나올 수 있도록 격려되는 비옥한 사회적 매트릭스를 만들기 위해 대뇌변연계의 충동과 유전에 의한 힘이 필요하다.

여기에 사랑을 증진시키는 환경을 조성하는 데 도움이 되는 네 가지 사회적 태도가 있다.

- **협력**: 힘을 사용하지 않음, 원하는 것을 100% 요구할 것, 관대한 협상을 하는 것, 상호 만족감을 얻을 때까지 협력할 것
- **힘의 동등함**: 힘이 있는 사람은 힘을 포기하고 힘이 없는 사람에게 힘을 주는 것
- **논리적인 정직함**: 빼거나 더하는 거짓말을 안 함
- **부드러움**: 다른 사람의 욕구에 공감적 반응

이러한 태도는 우리에게 사랑의 힘을 연습할 수 있도록 도움이 되고 비옥한 환경을 만들게 해 준다.

우리는 우리의 인생에서, 거리에서, 직장에서, 그리고 집에서 이러한 마음의 자유를 갖게 되는 행동을 소개할 수 있다. 이것을 서로에게 할 수 있고 내담자에게, 친구에게, 가족들에게 할 수 있으며 특히 자라나서 십대가 되고 이 세상을 물려받을 준비가 되어 있는 자녀들에게 할 수 있다. 어떤 사람의 마음을 진짜 연다는 것은 콘크리트 정글의 세상에서 가장 복잡하고 위험한 시도다. 만약 이 과업에 우리가 헌신한다면 우리는 많은 협력자, 인간본성, 제휴와 사랑을 위한 강력한 대뇌변연계의 본능을 신뢰할 수 있을 것이고 이것은 우리가 번성하고 번창할 기회를 줄 것이다.

제2부

스트로크 중심 이론

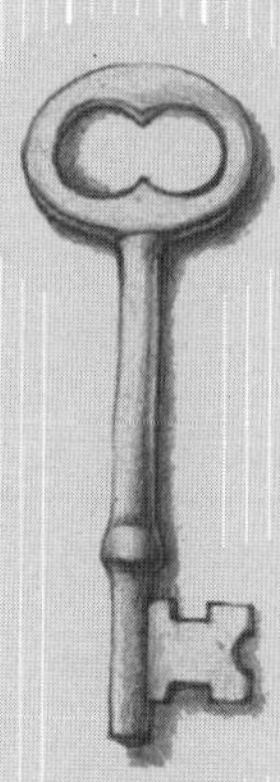

제2부

도입: 은유, 방법, 과학

스트로크 중심 교류분석은 번의 관점으로부터 출발하여 보다 더 정교해진 역작이다. 이 단원의 목적은 가능한 한 이 아이디어들을 명료하고 간결하게 제시하는 것이다.

시작하기 전에 나는 일반적인 행동이론의 본질에 대해 살펴본 뒤, 그중에서도 특별히 교류분석에 대해 살펴보고자 한다. 교류분석과 마찬가지로 프로이트나 칼 융(Carl Jung), 빌헬름 라이히(Wilhelem Reich), 알프레드 아들러, 알버트 엘리스(Albert Ellis), 게슈탈트, 인지행동, 신경언어프로그램(NLP), 탈감각화와 재처리 안구운동(EMDR), 내담자중심과 12단계[1]와 같은 이론들은 '은유' 로, '방법' 으로, 혹은

1) 12단계는 1935년에 설립된 A.A.(Alcoholics Anonymous)에서 사용되던 회복 프로

'과학' 으로 구성되는 관점의 다양성에서 나왔다고 간주될 수 있다('방법' 과 '과학' 은 명확한 개념이며, 나는 이제 곧 '은유' 에 대해 보다 자세하게 설명할 것이다).

앞에 언급한 모든 이론들은 3가지 양상을 혼합하여 포함하고 있다. 어떤 이론들은 '은유' 와 '방법' (프로이트, 게슈탈트)에 무게를 두고 있고, 어떤 이론들은 '방법' 과 '과학' (엘리스, 인지행동)에 중점을 두며, 또 어떤 이론들은 '방법' (게슈탈트, 내담자-중심, 12단계)을 중요시한다. 일반적으로 심리학 이론의 발달은 단계적으로 이루어진다. 하나의 '방법' 은 유익한 변화를 창출하는 데 성공적일 것 같을 때 만들어지기 시작한다. 좋은 은유적 설명들은 이론의 타당성을 만들 수 있는 연구를 촉진시킨다. 예를 들어, 말하는 것의 유익한 효과를 "말하기 치유" 라는 '방법' 으로 도출하였고, 후에 일련의 복합적인 '은유' 와 정신분석적 이론으로서 보다 더 정교하게 다듬어지게 되었다. 정신분석적 '방법' 과 '은유' 가 어느 정도 성공의 가능성을 보여 준 이후, 결국 '과학' 적인 연구는 몇몇의 '은유' (이드, 오이디푸스 콤플렉스, 남근선망)와 '방법' (자유연상, 분석, 전이분석)들을 증명하는 데 실패했다는 평을 받아 오고 있다. 한편 다른 정신분석학적 개념들(어린 시절의 극적인 사건과 트라우마의 중요성, 타고난 본능과 정서와의 관련성, 정신과 신체적 과정 사이의 상호작용, 카타르시스의 중요성)은 타당한 근거를 제시하고 있음을 인정하고 있다.

현재의 교류분석은 이러한 과정의 세 가지 양상 모두와 함께하고

그램으로 최근에는 알코올뿐만 아니라 마약중독, 도박중독 등 다양한 중독치료에 사용되고 있다. 12단계 프로그램은 중독치료에 효과가 있다고 알려진 인지행동치료, 동기강화치료와 함께 중독치료에 큰 효과를 보인다고 알려져 있다.

있다.

1. 은 유

교류분석은 매혹적인 은유들과 짧고 분명한 격언과 새로운 단어들을 발굴하여 사용하기 시작했고, 그것은 1970년대 초기 교류분석이론의 대중화를 위한 기반이 되었다. 은유는 화법의 한 형태로서 겉보기에 연관이 없어 보이는 둘 혹은 그 이상의 것을 직접적으로 연결시켜 준다. 그들 중 하나의 본질이 두 번째 것과 같다는 것을 명백히 하기 위해 설명하지 않고 직관적으로 이해하는 방법으로 사용된다. 예를 들면, 존이 제인으로부터 헤어지려는 상황에서 제인이 울면서 존이 자신의 가슴을 찢어 놓았다고 비난할 때 "당신이 내 가슴을 찢어 놓았어요."라는 말은 배신당한 사랑으로 인한 극도의 고통을 표현하는 은유다. 여기에서 '찢어진다.'(고통과 실망에 대한 은유)와 '가슴'(사랑에 대한 은유)은 겉보기에 관련 없어 보이는 행위를 연결시켜 주고 있으며 제인의 눈물에 대해 존의 냉담한 반응을 나타낸다. 찢다, 가슴, 공감의 부족 사이에는 객관적인 연결이 없지만, 그 단어들은 은유가 통하게 하고 존의 마음속에 '그녀가 무엇을 말하는지 알고 있다.' 는 의미 있는 이미지를 떠오르게 하는 힘을 가지고 있다.

은유는 항상 과학적 발견에 앞선다. 세균이론이 발전되기 이전에 의학자들은 질병을 독기 또는 나쁜 공기 탓으로 돌렸다. 은유는 직관적 타당성을 가졌기 때문에 광범위하게 받아들여졌다. 더러움과 질병과의 연관성을 도출하여 현대의 세균이론에 대한 방법을 조성한 것이다. 다른 한편으로, '체액의 균형' 이라 불리는 매우 유명한 중세 은유에 의하면 환자에게서 피를 뽑아내는 것은 네 가지 '체액' (혈액, 점액, 황색 담즙, 흑색 담즙)을 균형 있게 하는 과정이라고 출혈을 정당화했다. 이 균형의 과정은 인간의 몸이 적절하게 기능하기 위해 필요한 것이라고 생각되었다. 덧붙여 다혈질이고 활동이 지나치거나 거친 사람은 혈액 과잉으로 고통받는다고 여겨졌고 출혈을 통해 좋아질 수 있다는 것이다. 이러한 은유는 현실에서 어떤 이론적 토대를 가지고 있는 것은 아니다. 이러한 것들은 결국 어떤 과학적 타당성을 이끌어 내지는 못한다. 만약 은유가 방법으로서 간단히 성공한다면, 그것은 오로지 플라시보 효과 때문이다. 하지만 교류분석의 은유들은 다른 것들보다 낫다.

교류분석은 은유로 가득 차 있다. 자아상태 이론에서 몇몇 충동적이고 비합리적인 행동들은 어린이자아상태의 은유를 빚어낸 어린 시절과 연결되어 있다. 'I'm OK'는 자신에 대해 좋은 감정을 가지는 것을 의미한다. 이런 것들은 그 사람을 의미하는 세 개의 쌓인 원 교류를 나타내는 두 개의 자아상태 사이의 화살표 등을 나타낸다. 이 은유들은 엄밀한 과학적 현실보다 매력적이고 명확하고 효과적인 개념으로 사용되고 있다.

2. 방법론

만약 교류분석이 오직 은유에만 기초를 두었다면 지속적인 신뢰성을 얻지 못했을 것이다. 교류분석은 거기에 실용적이고, 바람직한 인간행동과 변화를 만들어 내는 정보를 근거로 한 방법이다. 즉, 유용한 인지 · 행동적 기법을 스스로 만들어 내면서 발달하였고, 일관성 있고 지속성 있는 이론에 기반을 둔 현대의 치료적/교육적 실천이자 여러 번의 시행착오를 거치면서 검증된 방법이다. 내담자에 의해 평가된 교류분석 접근의 효과성은 테드 노베이(Ted Novey, 2002)에 의해 엄밀하고 반복된 실험을 거친 연구에 의해 증명되었다.

3. 과 학

많은 은유적인 시도와 검증된 방법의 영역과 더불어 교류분석은 과학적 정보에 기반을 둔 성격이론이다. 처음부터, 번은 그의 시대에서 사회심리학, 신경학, 그리고 진화론 속에서 과학적 발견을 이끌어 내었다. 최근 사회과학 연구에서는 교류분석의 기본 명제인 계약, 스트로크, OK/OK, 각본에 대한 검증을 지속적으로 해 오고 있다(Steiner, 2003). 반세기 전에 공식화된 이들 개념의 내구성과 인정은 번의 이론과 방법이 선견적이었다는 것을 보여 준다.

모든 교류분석의 개념이 세 가지 영역(은유, 방법, 과학)에서 모두 확실하게 드러나는 것은 아니다. 어떤 것은 은유의 영역만을 가지고 있다.

예를 들면, 세 가지 자아상태인 부모자아, 어른자아, 어린이자아는 교류분석의 대표적 아이콘이나 동료집단 검토연구를 통해 검증된 적이 없으며, 그러므로 과학적인 기준이 없다. 여전히 자아상태는 강한 은유로 유용하기 때문에 교류분석에 흥미를 가진 사람들에 의해 자주 언급되어진다. 그러나 자아상태에 큰 흥미를 가진 교류분석가들이 자아상태 이론을 발전시키려 시도하면서 그것을 실체화하려는 구체화의 오류에 빠지게 될 때 문제를 야기한다.

구체화는 우리가 은유를 마치 실제로 측정할 수 있는 현상으로 제시하는 것이다. 만약 자아상태가 은유라면, 자아상태를 마치 검증되고 반복실험을 거친 실체로 '연구' 할 수는 없을 것이다. 자아상태 이론을 더욱더 확장하는 것은 의미가 점점 없어지고 시간낭비가 된다. 아울러 각본 매트릭스에서 교류 화살표를 늘리는 것, 각본에서 '드라이버' 를 증가시키거나 혹은 교류분석 은유를 뒤범벅하여 과도한 확장을 하는 것도 마찬가지다.

게다가 자아상태의 은유에 관하여 과장할 필요도 없이 우리는 자아상태를 아주 중대하게 다룰 수 있다. 즉, 그것들은 중요하고 바람직한 변화를 가져올 수 있는 아주 매력적이고 효과적인 방법에 관한 토대가 된다.

이것은 교류분석이 전문영역과 학계에서 승인되기를 바라는 사람들에게 중요하다. 우리가 자아상태나 그 밖의 교류분석 은유를 실용적이고 유용한 은유나 방법이라기보다 '확인된 실재'라는 것을 내놓고 말할 때, 우리는 임상현장의 전문가들에 의해 순진하고 한정되고 단순한 사람들로 인식이 된다. 학문적, 과학적 공동체에서 자리매김을 하고 치료와 교육적 방법에서 존경받기를 원하는 교류분석가들에게는 과학적 용어와 증명만이 진정한 증진을 도모할 수 있는 방법이다. 나의 개인적인 의견으로는, 교류분석가들이 학계의 멤버로서 연구할 수 있는 연구자금과 대학원생들을 확보하지 않은 이상, 필요한 연구를 할 수 있을 것 같지 않고 환경 역시 가능하지 않을 것 같다. 덧붙여서, 만일 우리가 전문적이고 과학적인 공동체에서 중요하게 받아들여지기를 원한다면 스탬프나 속임수, 뜨거운 감자, 라켓 등의 우스꽝스러운 신조어를 빼고 표준 영어사전에서 용어를 찾아서 대치할 필요가 있다.

이 시점에서 교류분석에 관한 과학적인 증명을 얻는 가장 최선의 접근은 우리의 견해를 입증하는 행동과학에서 이루어진 연구를 찾는 것이다. 2001년과 2003년 사이에 ITTA(국제교류분석협회)의 연구개발 부회장으로 있는 동안 나는 OK/OK, 각본, 스트로크, 계약 및 인지행동 방법의 개념을 충분히 입증하는 프로젝트를 받아서 수행했다. 결과물의 축약본은 ITTA 뉴스레터(스타이너, 2005)에 '각본'으로 실렸으나 교류분석저널에서는 그 방법들을 찾을 수 없었다. 이 결과물은 나의 웹사이트(www.claudesteiner.com/corro.htm)에서 다운로드가 가능하다. 나아가 우리가 관심을 갖는 영역에서 부가적인 증진을 도모할 실천적인 연구로서의 입증연구가 필요할 것이다.

스트로크: 은유인가? 방법인가? 과학인가?

이 책의 주요 명제인 스트로크의 개념에 대해 재검토해 보자. "사랑이 정답이다."라는 스트로크의 의미가 정말 은유적인가? 이것이 효율적인 방법의 기초인가? 이것은 과학적 근거가 있는가?

은유로서의 스트로크

스트로크의 개념은 인정의 필요성을 나타내는 극도로 성공적인 은유다. "만약 당신이 스트로크를 받지 않을 경우, 척수가 오그라들 것이다"(1964, p.14)라는 번의 경구가 나오게 되었고, 도처에서 쓰이는 '따뜻하고 보드라운' 이라는 문구를 창조함으로써 점차 대중문화에 영향을 주게 된 저서 『사랑주머니 이야기』(제3장을 보라)를 쓰게 되었다.

방법으로서의 스트로크

치료와 교육의 방법으로 사용되는 스트로크는 수십 년 간의 경험에 의해 부드러운 사랑의 보살핌의 효능, 접촉을 격려하는 지지적 만남집단, 상호작용과 감동은 오래전부터 어느 과학적 증명보다도 스트로크의 효과성이 유용하다는 것을 온전히 뒷받침해 주고 있다.

과학으로서의 스트로크

현재, 스트로크가 특히 개념으로서 명확하게 이름 지어진 똑같은 연구는 없다. 그러나 우리가 교류분석에서 언급해 온 스트로크는 널리 '접촉' '애착' '친밀감' '따뜻함' '부드러운 사랑의 보살핌' '소속감' '가까움' '관계' '사회적 지지', 즉 사랑이라는 말로 연구되고 인용되었다.

바우마이스터(Baumeister)와 레리(Leary, 1995)에 의해 조사된 바에 의하면 인정을 구하는 것('소속 욕구')은 인간의 근본적인 동기다. 그들은 소속욕구가 근본적으로 강하고 매우 강한 동기가 된다는 가설을 뒷받침해 주는 증거가 존재한다고 결론지은 문학작품들에 대해 완벽하고도 철저한 고증을 했다.

보살핌과 같은 신체적 스트로크가 육체와 정신건강의 유지에 필요하다는 사실은 수많은 연구에 의해 조사되었다. 린치(Lynch, 1988)와 오니쉬(Ornish, 2000)는 사랑과 건강 사이의 충분한 상관관계를 보여준 이들 연구에 대해 매우 훌륭한 검증을 하였다.

이들 개념은 또한 볼비(Bowlby)와 애인스워스(Ainsworth, 1991)에 의해 연구된 매우 중요한 애착연구 시리즈에 포함되었다. 또한 이들의 연구는 안전하고 안정된 양육자와의 접촉은 긍정적인 아이의 발달에 필수적이라는 관점을 뒷받침한다. 이러한 연구결과로 인해 교류분석의 스트로크 개념은 부인할 수 없는 과학적 증거로 채택될 수 있었다.

만약, 스트로크에 대한 구체적인 상호검증 조사가 이루어진다면, 우선 이 연구가 더욱 정밀해질 수 있도록 개념에 대한 엄격한 정의를 내릴 필요가 있다. 누군가가 언제라도 연구를 할 수 있도록 나는 다음과 같이 스트로크에 대한 엄격한 정의를 내리려고 한다.

1. 스트로크는 의사소통의 단위다. 특히, 스트로크는 한 사람이(A) 의식적으로 다른 사람에게(B) 정보를 전하는 교류다. (여기에서 사용되는 "정보"라는 용어에 대한 설명은 제13장을 참조하라.)
2. (A)(번에 의하면 교류자극)로부터의 스트로크는 (B)에게, 또한 (B)에 대하여 정보를 전달하려는 의도를 지니고 있다.
3. (A)로부터의 스트로크의 승인은 (B)(번에 의하면 교류적인 반응)에 의하여 의사소통이 완성된다.
4. 스트로크에 포함된 정보는 ① 평가할 수 있는 언어적 진술, ② 행

동 형태의 비언어, 또는 ③ 언어 및 비언어 모두가 될 수 있다.

5. 스트로크에 포함된 평가 가능한 언어정보에는 주로 형용사 형태가 있고, 긍정적 또는 부정적 또는 두 가지 모두 포함할 수 있다(아름다운, 추한, 영리한, 멍청한, 좋은, 나쁜, 등).
6. 비언어적 정보는 친밀하거나 그렇지 않은 행동(주의기울임, 포기, 미소, 찡그림, 포옹, 살짝 치기 등)인 사랑(애정으로부터 열정)이나 미움(골칫거리로부터 혐오)에 해당되는 정서를 동반한다.
7. 스트로크는 (A)의 관점으로 볼 때 만일 긍정적 정서(사랑, 희망, 기쁨, 신뢰)를 동반하면 긍정적이고, 부정적 정서(분노, 공포, 절망)를 동반하면 부정적이다. (B)의 관점에서는 (A)가 어떻게 의도하였는지에 관계없이 기분이 좋으면 스트로크는 긍정적이며, 기분이 좋지 않으면 부정적이다.
8. 스트로크에 대한 반응은 (B)가 받은 정보에 따라 달라질 것이다.

스트로크에 대한 잠정적이고 부분적인 앞의 정의가 스트로크를 공부하는 이들에게 도움이 되기를 바란다. 나는 내 연구에 대한 당신의 피드백과 특별히 우울증 치료제로서 스트로크의 효과성과 같은 주제에 대한 연구 수행에 관심을 가진 누구라도 논제와 실험방법에 있어 지속적인 제안에 초대한다. 웹 사이트: www.cloudesteiner. com.

요 약

1. 스트로크 개념은 교류분석에서 가장 중심적이고 성공적인 은유로서 내가 제시하는 것과 같이 모든 이론들을 함께 명확한 틀로

묶어 주는 개념이다.

2. 스트로크와 그 중요성은 행동과학에서 독립적인 연구를 통해 충분히 입증이 되었다.
3. 스트로크는 수세기 동안 의료전문가와 심리치료임상가들에 의해 치유방법의 아주 중요한 요소로 알려져 왔다.

스트로크 중심 이론을 좀 더 자세하게 보도록 하자.

제5장

게임과 각본

사랑을 얻기 위한 게임

교류분석 이론의 두 가지 주요 개념은 게임과 각본이다. 게임은 본래 초기, 중기, 후기와 결말에 이르기까지 일련의 교류의 연속이다. 누구라도 인간의 상호작용을 관찰해 보면 때때로 사람들이 반복적이고 불쾌하고 심지어 서로에게 해를 끼치는 상호작용에 몰두하는 것을 알 수 있다. 번이 '게임'이라고 부른 이들 반복적인 패턴은 모든 경우에 있어서, 애정을 얻는 데 성공할 수 없는 노력으로서 긍정적인 스트로크 대신 부정적인 스트로크를 주고받는다.

게임의 결말은 게임을 하는 사람에게 이득이 발생한다. 번은 여러 가지 이득을 다음과 같이 분류했다. 그것은 시간의 구조화, 내부적, 외부적, 사회적, 심리적, 생물학적, 실존적(1964, pp. 56–57) 이득이다. 나는 생물학적인 이득과 실존적 이득에 초점을 두고자 한다. 생물학적 이득은 게임의 교류에서 나온 스트로크다. 실존적인 이득은 게임 안에서 본인의 인생 각본의 실존적 위치와 서술을 확실히 하는 방법이다.

게임이 이 두 가지 이득을 어떻게 충족시키는가에 대한 고전적인 예시는, "~하는 게 어때? 네, 하지만."이라는 우울한 게임이다. 브루스는 자신의 일과 상사를 싫어하고 그의 동료도 자기를 싫어한다고 확신한다. 그는 우울하고 의기소침해졌다. 그가 무엇을 해야 할까? 바에 드나들던 어느 토요일 밤에 그는 친구들에게 그의 고민을 이야기했고 친구들은 도움이 되려고 했다.

테드: 이 직장을 때려치우고 다른 일거리를 찾는 게 어때?

브루스: 응, 좋은 생각인데, 이 직장만큼 월급을 주는 직장이 없어.

네드: 조합중개인을 찾아서 보스와 논의를 해 보는 게 어때?

브루스: 그래, 하지만 지금의 조합중개인이 여잔데, 이런 종류의 문제를 잘 이해하지 못할 거야.

프레드: 주말에 요가 워크숍에 가서 스트레스에 도움이 되는 시간을 가져 보는 게 어때?

브루스: 응, 그것도 물론 좋지. 하지만 그 몇 주간에 비용이 얼마나 드는지 아니?

이 정도의 게임은 나름대로 괜찮다. 게임을 할 때, 게임하는 사람은 게임에서 어떤 역할들을 맡고 게임이 진행되는 동안 역할을 바꾸기도

할 것이다. 카프만(Karpman, 1973)이 그의 드라마 삼각형에서 제시한 대로 세 가지 기본적인 게임 역할이 있는데, 그것은 구원자, 박해자, 희생자다. 이들 세 가지 역할을 일반적 의미에서의 구원해 주기, 학대하기 혹은 희생적인 행동과는 대비된다는 사실을 염두에 두라. 심리게임에서 말하는 의미와 달리 일반적 의미에서 이들의 행위의 의미는 물에 빠진 사람을 구해 준다든지 하는 구원자나 게이들을 학대한다든지 하는 박해자, 혹은 지진에서 사망한 실제 희생자 등 일상에서 볼 수 있는 현실적 역할자들이다.

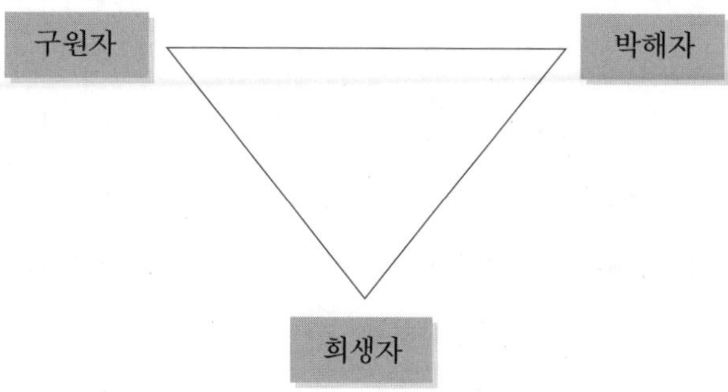

[그림 5-1] 드라마 삼각형

이 게임에서 브루스는 희생자 역할을 하면서, 한 사람 이상에게 절망적인 문제에 대한 조언을 하는 구원자 역할을 부여하고 있다. 여러 번의 "하는 게 어때?"라는 권유 뒤에 필연적으로 따라 나오는 "그래, 그러나"를 듣고 테드는 그만 이성을 잃고 말았다.

테드: (흥분되어 구원자 역할에서 박해자 역할로 바뀌면서) 그래, 네가 맞아. 꽤 절망적인 상황이 맞는 것 같군. 차라리 죽는 건 어때?

브루스: (화가 나서 희생자 역할에서 박해자로 바뀌면서): 야, 이 멍청이 같은 놈! 너 어디가 잘못된 거 아냐? (슬픈 표정으로 희생자 역할로 되돌아가면서) 그래, 소용없다는 거 나도 알아. 그래 너희들이 나를 도와줄 수는 없을 것 같아. 이건 정말로 나에게 달린 문제야. 안 그래? 자, 마시자!

이 게임은 브루스만 역할을 하는 것이 아니라 테드, 네드, 프레드 모두가 어떤 역할을 맡고 있다는 것을 나타내고 있다. 이 시점에서 모두가 우울해지고 있다. 브루스는 그곳에서 술 마시고 있는 동료들의 술을 깨게 만드는 그의 힘에 대한 만족감을 느끼고 있다. 일련의 스트로크—거의 부정적인—는 공헌을 했으며 브루스의 세상에 대한 냉소적인 시각도 정당화되었다. 이에 더해 브루스의 친구들은 그들이 브루스를 도울 수 없거나 브루스에게 도움이 되지 않는다는 것에 설득당했고, 즉 이것이 그들의 "게임 결말"이다.

어떤 사람들은 이와 같은 해로운 게임을 멈출 수 없는 것처럼 보이지만, 또 어떤 사람들은 희생자, 구원자, 박해자 역할을 거절함으로써 효과적으로 게임을 피하기도 한다. 브루스가 외관상으로는 조언을 구하는 듯이 자기 문제를 내놓을 때, 친구 중의 하나인 제드는 어떤 조언도 하지 않는 것으로 구원자 역할을 절제하였다. 제드는 화내거나 박해하지 않았으며, 희생자로 가엾게 느끼거나 부정적인 각본을 정당화하지도 않았다.

번이 『Games People Play』라는 책에서 보여 주었듯이 사람들이 하는 게임과 역할은 아주 다양하다. 모든 사람은 한 게임에서 하나 혹은 그 이상의 역할을 맡으며, 각 게이머는 종국에 가서 그 게임에서 생물학적이고 실존적인 이익을 얻을 것이다. 위의 게임에서 부루스의 친구들이 얻은 생물학적 이익은 스트로크다. 현실적인 실존적 이익은 "너는 정말로 어느 누구도 도울 수 없어."라는 관점을 확인한 것이다.

남편과 아내, 아버지와 어머니, 아들과 딸, 사장과 직원들은 끝도 없이 일상의 상호작용 속에서 저녁 식탁에서, 침실에서, 일터에서, 거리에서 이 역할 저 역할을 낚아채는 듯이 보인다.

수많은 역할들을 하느라고 에너지와 시간을 낭비하는 대신에, 게임을 피하는 사람들은 타인에게 도움이 되고, 조언을 수용하고, 협력하고, 지지하고, 각본 없이 서로를 지속적으로 돌보고 사랑할 수 있다. 살아가는 데 있어서 드라마를 연기하며 살거나 연기하지 않으며 사는 사람들 간에는 무슨 차이가 있을까? 어째서 어떤 사람들은 서로의 애정을 즐기고, 친구와 연인을 찾아내고, 자녀와 사랑을 주고받을 수 있는 것일까? 어째서 어떤 사람들은 동료들이나 상사에게 가치를 인정받고, 또 어떤 사람들은 어찌 됐던, 어떤 이유로든 완고하게 좋지 않은 행동을 계속하면서 자신의 노력을 망치기까지 하는가?

자신의 삶을 타당하게 하기 위한 각본

번의 주장에 의하면 사람들은 그가 각본이라고 부르는 역할대본에 의해 살아간다고 하였다. 그 각본이란 대부분 사람들의 삶의 양상을 예견하고 설명해 주는 것으로 일반적이고 때로는 독특하기도 한 것이다. 어린 시절 아이들은 소방관, 발레리나, 엔지니어, 의사, 법률가가 되겠다고 결심하고 또는 최근 컴퓨터 전문가가 되겠다고 하는 것에 대해 놀랄 사람은 아무도 없을 것이다. 그리고 대부분의 사람들은 어린 시절의 결정이 영향을 주어 아이들이 성장하여 그렇게 될 수 있다는 것에 동의할 것이다.

이와 같은 방식으로, 아이들은 행복해질지 불행해질지, 오래 살지 짧게 살지, 사랑받을지 버림받을지에 대한 결론에 도달할 수 있다. 그리고 분노, 슬픔, 공포와 부끄러움 등 선호하는 감정을 발달시키면서 그에 따른 삶을 살게 된다. 만약 당신이 결정을 하게 된다면 이러한 결론들은 간단히 말해 우리가 어떤 사람이라고 믿는가라고 정의하게 되는 실존적 인생태도에 새겨지게 된다. 가장 기본적인 각본과 실존적인 태도는 우리가 사랑할 것인지 그리고 답례로 사랑을 받을 것인지다.

어떤 각본들은 살인, 자살 또는 중독처럼 비극적이고 드라마틱한데 이들 각본들을 간과하기는 어렵다. 다른 각본들은 진부하거나 신파조이거나 흔히 있는 각본으로, 냉담, 우울, 무기력, 거부 혹은 무능과 같이 쉽게 지나칠 수 있는 것들이다. 비극적이거나 진부하거나 어느 쪽이든 간에 각본은 사람들의 선택을 제한한다. 때때로 그 한계설정은 사소하기도 하고 때로는 사람들의 힘을 완벽하게 무너뜨리기도 한다.

어떤 각본결정은 인생에서 특정 순간에 가장 사소한 행동으로 만들어진다. 또 다른 각본은 그리 명확하지도 않고 잘 기억되지도 않는다. 전자의 한 좋은 예로서, 12세 때 자신의 인생을 던져 14세인 자신의 사촌 매들린 론디옥스(Madeleine Rondeaux)를 기쁘게 하기로 결정한 앙드레 지드(Andre Gide)가 있다. 그가 자신의 글에 기록한 바에 의하면 그는 자신이 동성애자임에도 불구하고 그녀와 결혼하여 마지막 날까지도 끊임없이 서로에게 불행한 결과를 이어갔다(Gide, 1935). 우리의 기대는 우리의 인생에 강력하게 영향력을 미친다. 이는 사실이다. 기대는 항상 우리를 그냥 지나가지 않는다. 기대는 우리 인생의 한걸음 한걸음에 영향을 끼친다. 두 가지 심리학적인 현상들—자기만족적 예언과 플라시보 효과—은 기대가 결과를 결정하는 강한 징후다. 실험을 통해 낙관주의와 비관주의(Matlin and Stang, 1978)가 인생의 결과에 어떠한 영향을 미치는지를 매우 잘 알 수 있다. 우리의 각본은 어린 시절에 만들어진 전 생애적 비밀스런 결정들이 우리가 자각하고 그것을 바꾸지 않는 한 실제로 그대로 이루어지는 경향이 있다는 것을 보여 주는 예언의 한 형태다.

우리는 우리의 인생을 소설적으로 또는 이야기로 묘사한다. 어떤 이야기들은 '나는 좋은 성격의 사람이다.' '나는 좋은 친구들을 쉽게 사귄다.' '내가 마음에 두는 일은 보통 성공한다.'와 같이 긍정적이거나 폭넓다. 어떤 서술은 '나는 바보라서 아무리 해도 안 될 것이다.' '나는 세상이 인정 안 해 주는 천재다.' '나는 못생겼고 제정신이 아니고 항상 사랑하는 사람들로부터 버림받을 것이다.' '나는 나쁜 결정을 내리고 결코 출세할 수 없을 것이다.'와 같이 부정적이거나 제한적이다.

어떤 이야기가 우리를 구속하고 한정 짓는 길로 밀어 넣는다면 그리고 우리의 선택권을 잃어버리게 한다면, 그 이야기는 우리를 해치는 길로 이끄는 각본이 되어 버린다. 이런 관점에서 보면, 각본은 절대로 긍정적이지 않다. 그럼에도 자신을 해치면서도 다른 이들에게 긍정적 영향을 미치는 각본들이 있다. 예를 들어, 일주일에 몇몇의 생명을 살리는 실력 있는 심장외과의사가 갖고 있는 일중독자 각본을 생각해 보라. 이 각본은 긍정적으로 나타날 수도 있지만 사실은 과하게 일함으로써 자신의 심장을 위험하게 해서 자신의 인생에 부정적인 영향을 미친다.

나는 사람들이 세 가지 각본 중 하나에 빠져들곤 한다는 것을 관찰했다. ① 내 삶은 사랑이 없는 삶일 거야. ② 내 삶은 재미없을 거야. ③ 내 삶은 혼란스러울 거야. 이 세 가지의 각본의 서술은 매일매일 연료가 떨어지지 않도록 계속 게임에 맞춰 추진되고 있다. 사랑이 없는 삶은 예를 들어, "너만 아니었다면……." "왜 그렇게 하지 않았니, 네, 그러나……." 그리고 "나는 단지 너를 도와주려고 할 뿐이야."와 같은 감정적인 실망과 우울의 게임들로 강화된다. 재미가 없는 삶은 "알코올중독자" "채무자" 그리고 "도박사" 같은 게임들에 의해 만들어진다. 혼돈스러운 인생은 "소동" "나를 차 주세요." 와 "멍청한 놈"과 같은 폭력적이고 아무 생각 없는 게임으로 강화된다. (역자 주: 이러한 게임들은 번의 『Games People Play』에 소개되어 있고 국내에서 『심리게임』으로 번역되어 있다.)

각본을 끝내는 데 가장 효과적인 방법은 스트로크 중심 가설이며 "연극의 막을 내리는 것"은 이러한 게임에 의존하는 것을 멈추게 하며 이것은 진실 되고 지혜로우며 풍부한 스트로크 상호작용과 관련 있다. 게임을 강화하지 않으면 각본은 연료가 다 떨어져서 결국엔 포기하게 될 것이다.

이제 정서활용훈련이 부정적인 게임 스트로크를 긍정적인 사랑의 것들로 대체하는 목표를 이루는 데 얼마나 효과적인 방법인지 알아보자.

제6장

정서로 들어가기

에릭 번이 심리학과 정신의학의 지식을 진보시켰다고 해도, 아마 그는 그의 훌륭한 감각을 인간의 정서를 연구하는 데 사용하지 않았다고 말하는 것이 맞을 것이다. 그는 사람들이 문제에 대한 해결책으로서 그들 방식대로 느끼게 하는 것보다 해결책에 대해 생각하는 것을 치료의 목표로 선호했다. 번은 지나치게 감상적인 느낌과 보살핌에 과하게 집중되어져 있는 치료를 평가절하했다. 그는 그러한 치료적 노력을 '치킨 수프' 그리고 '온실' 치료라고 불렀다. "하지만 감정은요?" 라고 누가 물어본다면, 번은 빈정거리는 투로, "감정? 그게 뭐든 간에 네 엄마를 사랑하는 동안만 갖는 거지." (개인적인 대화 중, 1966)라고 응대하였다. 이를 통해 번이 뜻하는 바는 어머니와의 기본적인 유대감의 문제가 아닌 한 어린이자아의 혼란을 정화하는 치료가 필요하고, 치료는 어른자아가 문제를 해결하는 데 초점을 두어야 하며 감정에 과도하게 집중해서는 안 된다는 것이었다.

그 시절의 의학적, 전문가적 기준을 볼 때 번은 정서에 대해 잘 아는 사람이 아니었다. 예를 들어, 친밀함에 대해 말하자면 그는 '무엇을 하지 않는 것'이라고 정의했는데, 즉 그것은 의례, 잡담, 게임, 활동, 또는 폐쇄(San Francisco Seminars, ca. 1959) 등이 없는 것으로, 구조화가 되지 않고, 사람들이 회피하기 위해서 게임하는 어떤 것(1964, p. 172)이라 하였다. 다른 곳에서 그는 친밀함을 "지각의 해방, 아이의 모든 천진난만함 속의 오염되지 않은 어린이자아, 현재 여기에서 사는 것"(1964, p. 180)으로 설명하였는데 난 그다지 발전적이라 여기지 않는다. 번은 아주 드물게 친밀감에 대해 언급했는데 친밀감은 매우 드물게 일어나고 일생 동안 평균 15분 정도 나타난다고 믿었다(San Francisco Seminars, ca. 1958).

『Games People Play』(1964)의 '정신의학자' 게임 부분에서 그는 이렇게 기록했다.

> 자신의 이야기에 이어 그와 관련된 감정이 진짜 표출된다. 감정은 경외심을 가지고 바라보아야 할 희귀한 품종의 꽃인 양 집단 앞에서 묘사되거나 아예 표현된다. 다른 집단원들의 반응은 매우 진지하고 구성원들의 태도에는 희귀한 꽃을 바라보는 식물전문가 같은 분위기가 느껴진다. 그런데 문제는 이것이 과연 '전국 감정 페스티벌'에 나갈 만한 것인가 하는 것이다(p.142).

'온실'과 '치킨 수프' 치료에 대한 그의 비웃는 듯한 논평이나 "진짜 감정"에 대한 부정적인 묘사에도 불구하고(p.143), 번은 냉담한 사람은 아니었다. 그가 생의 마지막 해에 사랑에 대한 토론에 몰입하여 썼던 『Sex in Human Loving』(1970)의 한 페이지에서 사랑의 정서에 관한 것에서 잘 드러난다. 이는 "사랑은 눈물 없이는 아무도 벗어날 수 없는 달콤한 함정이다." "인류에게 열려 있는 가장 위대한 모험" 그리고 "최고의 개인적인 존재감이 있는 곳"(p. 119)이라는 것이다. 정서적인 폭력과 무기력 그리고 이러한 정서에 대한 지나친 회의적 시각과 더불어 아마도 어쩔 수 없이 정서에 대한 문맹이었던 번이지만 그의 유머에서 자주 볼 수 있는 것과 같이 그가 위대한 사랑의 마음을 가졌다고 생각하는 것은 내 경험상 그가 진실하고 열린 마음으로 보살핀 사람들에게 결코 한 번도 상처나 손해를 끼치지 않았다는 것 때문이다.

그의 발표에서 보면 안타깝게도 그는 지나치게 사람들의 정서적 방종에 초점을 맞춰 그것을 싫어했는데 그로 인해 그는 상당히 냉소적이고 반정서적인 신조어라고 할 수 있는 '라켓' '마시멜로 던지기' 그리고 '스탬프 교환' 같은 용어들을 만들어 냈다. 이것은 모두 특정한 형식의 정서표현에 대한 불합리성에 초점을 두고 있다. 그는 정서에 대한 불편한 입장에도 불구하고, 어린이자아와, 자신도 모르게 개발된 개념들인 스트로크, 교류의 분석 등을 마음에 들어 하며 존중했고 다른 사람들이 정서를 공부할 수 있도록 길을 닦았다.

사람들은 물론 심지어 치료자들마저도 정서를 이해할 수 있어야 한다. 어떤 이들은 이를 인간의 무대에서 배재시키려고 한다. 나는 에릭 번이 그런 사람들 중 하나라고 믿었으며, 나도 초보 치료자였을 때 그러했다. 또 다른 이들은 정서는 삶과 치료과정에 필수적이라는 것을 알았고 이를 자신들의 치료작업에 적용시키려 했다. 나는 여성 특유의 엄청난 정서적 힘의 영향으로 개인적인 삶에서 계약이나 문제를 해결하는 어른자아만큼 감정이 활성화되어 내재되는 것이 좋은 치료에 필수적이라는 것을 알게 되었다. 정서활용훈련은 영혼치유의 실제에서 열린 마음으로 정서를 결합시키고 행복한 삶이 되게 하는 데 기여한다.

정서를 읽는다는 것은 우리가 정서를 가지고 있다는 것이며, 그것이 무엇이며 얼마나 강한지 아는 것이며, 그것이 우리 자신과 다른 사람에게 어떤 영향을 미치는지 아는 것이다. 우리는 언제, 어디서, 어떻게 그리고 언제 표현해야 하는지 배우고, 그리고 어떻게 다스려야 하는지 배우며, 정서가 다른 사람들에게 어떻게 영향을 끼치는지 배우고, 그 영향에 대해 책임을 진다. 우리가 정서를 읽을 때, 우리는 정서라는 질감과 맛에 대한 전문적인 미식가가 될 수 있고, 정서의 뒷맛, 좋고 나쁨에 대해 정교해질 수 있다. 우리는 우리의 어른자아의 기술들이 우리가 원하는 변화를 만들어 내도록 정서적인 기술들과 긴밀하게 공조하도록 해야 한다.

정서는 우리의 생존에 필수적이다. 그들은 어떤 종류의 행동을 필요로 하는 상황에 본능적으로 반응한다. 안토니오 다마지오(Antonio Damasio, 1999)가 그의 연구에서 '정서가 없다면 우리는 여러 대안들 중에서 선택하는 것이 불가능할 것이다.' 라고 하였고, 우리는 결정을 내리기 위해 정서가 필요하다. 그러나 우리의 대부분 우리가 어떤 정서를 경험하고 있으며 그 강도가 얼마나 센지, 또는 무엇이 그 정서를 유발하는지에 대해 거의 의식하지 못하고 있다. 이런 인식이 없다면,

특히 사랑하는 정서에 대한 인식이 없다면, 우리의 정서자각의 가장 큰 업적인 감정이입과 상호작용 능력은 발달할 수 없을 것이다.

번은 정서적인 문제들의 상호작용을 더 자세히 분석하기 위한 도구들을 만들었다. 긍정적이고 부정적인 스트로크의 개념으로 그는 사랑과 증오라는 가장 기본적인 두 정서의 행동단위를 소개했다. 인간 상호작용, 즉 교류의 분석에 대한 방법으로 제공함으로써, 그는 정서의 기원과 의사소통을 체계적으로 탐구하는 것을 가능하게 했다.

정서적 문맹의 개략적 역사

정서는 심리학에서 논란이 많은 분야다. 과학적 심리학의 초기에, 자기성찰은 인간의 경험을 이해할 수 있는 길로 여겨졌다. 자기성찰의 과학적 결점, 즉 보는 사람의 편견과 자기기만에 빠지기 쉽다는 점, 표본의 크기가 충분치 않다는 점, 그리고 이중메시지 실험의 불가능성은 경험적인 심리학이 훨씬 더 체계적인 방법으로 대체되면서 자기성찰을 과학적으로 소외시켰다.

심리학자들로부터 도외시되었음에도 불구하고, 정서는 사라지지 않았고 대부분 심리치료에서 정서에 대한 관심은 계속되었다. 그러나 정서를 무시하는 과학적인 태도는 만연했다. 정서는 일반적으로 달갑지 않는 것으로 묘사되었다. 즉, 펄펄 끓는 가마솥으로 밀어 넣는 불청객, 옥의 티, 문명의 방해자, 과학기술의 적, 합리성과 논리의 방해물, 여성과 어린이, 유색인종에 대한 악담, 끓어넘쳐 오르는 골칫덩어리 수프,

지저분하게 방해하고 통제할 수 없는 것과 같은 것이었다.

정서에 대해 못마땅하게 여기는 태도는 정통 정신분석적이고, 남성 주도형이며 '실제' 환자들(치료비를 지불할 수 있는 신경증환자)을 상대로 '심층' 치료(1대1의 정신분석)를 연습하는 엘리트주의자들과 더 잘 어울린다. 비정통 정신분석적인 치료사(사회복지사, 심리학자, 간호사, 성직자)들이 '실제적이지 않은' 환자(조현병 환자, 노숙자, 정서적으로 제어가 안 되는 사람)에게 시행하는 '표현적인' 임상개입(집단치료, 사이코드라마, 지지적인 단기치료)과는 대조적이다.

심층 심리치료에 부적합하다고 간주되는 '실제적이지 않은' 환자 집단에 대해서도 정서는 무시하기 힘들다. 용감하고, 헌신적인 치료자들은 '보다 효과가 덜한' 치료적 접근과 환자 집단에 대해서 정서를 어떻게 할 것인가에 대한 혼란스러움으로 씨름하였고 때로는 실제 삶에서 더 이상 줄일 수 없는 정서적 문제로 거꾸로 불안에 맞닥뜨리기도 하였다. 그 결과 다시 한 번 정서는 관심을 받게 된다. 이 용감한 실험들이 진행되는 가운데, 실수들 또한 일어났을 것으로 짐작할 수 있다. 즉, 이것은 대략 자신의 정서로 다른 사람들을 조종하는데 익숙한 사람들이 치료적 구원자의 형태로 게임은 이루어졌을 것이며, 뒤이어 피할 수 없는 박해자 역할이 이어졌을 것이다.

"나도 너를 느끼게 할 수 없고 너도 나를 느끼게 할 수 없다!"

인간의 무궁한 역량은 엄청나게 유용한 기술과 정보를 우리에게 제공해 주었지만 사람에게 타인이 감정을 유발할 수 없다는 유해한 생각 중 하나를 초래하기도 했다. 이것은 1970~1980년대의 주도적인 생각이었는데 아마 그 기원은 프리츠 펄스(Fritz Perls, 1969)와 그의 게슈탈트 기도문일 것이고 이는 실제로 행동 규범들 중 하나가 되었다.

> 나는 나의 일을 하고, 당신은 당신의 일을 합니다.
> 나는 당신의 기대에 부응하기 위해 이 세상에 존재하는 것이 아니고
> 당신도 나의 기대에 따르기 위해 이 세상에 존재하는 것이 아닙니다.
> 당신은 당신이고, 나는 나입니다.
> 우연히 우리 둘이 뜻이 맞는다면 멋진 일입니다.
> 그러나 서로 맞지 않아도 어쩔 수 없는 일입니다(P. 4).

나는, 펄스가 이 기도문을 통해서 사람들이 종종 서로에게 만들어내는 과도하고, 죄의식에 바탕을 둔 정서적 요구들을 비판하려 한 것이라고 믿는다. 이것은 가치 있는 목표로 여겨졌다. 정서적 공생관계(일반적으로 상호의존으로 알려져 있는)와 우리가 교류분석에서 구원자라고 부르는 것을 무력화하는 것을 다루는 것이었다. 그러나 펄스가 쓴 기도문은 정서적 무책임을 야기하는 품격 떨어지는 것이었다. 이것은

사람이 타인의 감정을 야기할 수 있다는 것과 정서의 책임을 각자에게 주어야 한다는 것에 대한 치열한 논쟁의 핵심이 되었다.

나는 펄스의 기도문과 명확하게 반대되는 기도문을 만들었다.

> 내가 나의 일을 하고, 당신이 당신의 일을 한다면,
> 그리고 우리가 서로의 기대에 부응하며 살지 않는다고 하면,
> 우리는 살 수 있을지는 모르지만, 세계는 존재하지 않을 것입니다.
> 당신은 당신이고, 나는 나입니다, 그리고 함께입니다.
> 우연이 아니라, 서로 손을 잡으면서
> 우리는 서로의 아름다움을 찾을 것입니다.
> 그렇지 않다면, 우리는 어쩔 수 없습니다.

나는 정서적으로 문맹상태에서는 사람들이 서로에게 정서를 유발할 수 없다는 신념을 가지고 있다. 이것은 우리가 서로에게 정서의 원인이 될 수 있다고 느끼는 사람에게는 명확한 일이다. 그리고 이에 관련된 한 가지 생각은 이 정서문맹의 격언은 중년 백인이며 이성애자이고 전문직인 남자에 의해 열렬하게 옹호되었는데 그런 사람들은 현대 페미니즘의 힘을 가진 여성에 의해 그들의 하찮은 정서적인 생활이 도전을 받게 된 남자들이라는 것이 당연하다는 것이다.

이러한 관점을 발표하고 있던 한 강연에서, 한 신사가 일어나 나에게 의문을 제기했다.

> 그는 "나는 절대로 동의하지 않습니다." 라고 외치며 "당신은 내가

어떤 것도 느낄 수 있게 만들 수 없어요."라고 말했다.

나는 그 질문을 걸고 넘어졌다. 나는 그를 응시했고, 화가 난 것처럼 가장하면서 말했다.

"내가 지금까지 들었던 말 중 가장 어리석은 말이네요. 앉으세요!"

충격을 받고, 그는 얼굴이 빨개졌고 앉았다.

비판적인 부모 자아상태에서 어른 자아상태로 바꾸면서, 나는 말했다.

"당신에게 질문을 해도 될까요?"

"하세요." 그가 대답했다.

"지금 감정이 어떤가요?"

"아무렇지도 않습니다." 그는 대답했다. 나는 당혹스러웠으며 비꼬는 듯이 말했다.

"당신이 옳은 것 같네요. 나는 당신이 어떤 것도 느끼게 할 수 없어요."

그러고 나서 나는 나머지 청중들에게로 돌아섰고, 물었다.

"뭘 좀 느낀 분 없으신가요?"

많은 사람들이 손을 들었다. 사람들은 손을 들고 그들은 나에게 화가 났으며, 창피하고, 무서움 등을 느꼈다고 자발적으로 말해 주었다. 나는 나와 상대방 간 정서를 유발할 수 있다는 논지를 이끌어 냈지만 마음이 불편했다. 왜냐하면 비판적 부모자아를 사용하지 않는 교류를 유지하면서 힘의 논리를 사용하지 않았어야 하는 중요한 정서활용능력 원리에 분명히 모순되게 행동했기 때문이다.

나는 내가 대담자를 대했던 방식과 내가 그에게 주었을지도 모르는 상처에 대해 죄책감을 느꼈다. 나는 사과하려고 했지만 그는 나의 용서를 받지 않았는데, 그 이유는 그가 상처를 받지도 기분이 나쁘지도 또한 무섭거나 화가 나지도 않음에 확신을 가졌기 때문이다.

이 강의 토론은 내 발표와 워크숍에서 내 이론의 좋은 사례로 사용되었다. 나는 최근 들어서, '느끼게 하지 못한다.'라는 방식의 생각은 더 이상 유행이 아님을 인지했다. 그 이후 나는 내 주장을 말함에 있어, 다시는 무자비한 대립을 하지 않았으며 전에 이를 사용한 것에 대해 아직도 후회하고 있다. 핵심을 말하자면, 아직도 그 예를 드는 것이 편치 않다. 아이러니하게도 이것은 '심리진단게임'[1]의 과장된 예처럼 보이는데, 나는 이것을 정서활용능력이라고 부른다. 중요한 점은 우리는 다른 사람들로 하여금 공포, 분노, 수치와 같은 여러 부정적인 감정을 가지게 할 수 있다는 것이다. 그리고 만약 우리가 타인에게 부정적인 감정을 야기했을 때, 우리는 우리가 야기한 그 감정에 대해 책임을 져야 한다는 것이다. 물론 다른 사람들에게 좋은 감정, 즉 긍정적인 감정, 즐거움, 사랑, 자랑스러움 혹은 희망을 주는 것 역시 말할 필요도 없는 것이다.

분명코 우리는 타인에 의해 원치 않는 감정을 가지는 것을 허락할지 또 그러한 기분을 나는 계속 갖고 있을지에 대하여 선택을 해야 한다. 분명한 것은, 만약 어떤 사람이 우리에게 감정적으로 화나게 하는 비난을 한다면, 우리는 이를 지속하는 것에 대해 대비책을 생각해야 한

1) 『심리 게임』(조혜정 역, p. 204) 참조

다. 그리고 만약 부정적인 감정이 계속 유지된다면, 우리는 이러한 감정을 극복하고 싶어 할 수도 있다. 그러나 때때로 우리가 그러한 감정을 넘어서지 못하더라도 그것이 반드시 실패했다는 것은 아니다. 그것은 상대의 심술궂은 공격과 공격자의 힘과 동시에 우리가 가진 개인적인 힘과 의지에 따라 다르기 때문이다. 우리는 자신에 대한 중요한 정보를 얻기 위하여, 잠깐 감정을 분리하여 분석할 필요가 있다. 그리고 우리가 극복하고 싶어 할 수도 그렇지 않을 수도 있는, 우울함, 분노와 같은 감정들이 있다는 것을 잊지 말아야 한다. 때때로, 우리가 이겨 내지 못한 감정들과 의도적으로 고통스런 상황을 무시하려고 하는 태도는 우리의 정신건강에 지속적으로 고통을 가한다는 것을 알아야 한다. 근본주의적 정신의학 시대에, 우리는 병적인 분노로 기소를 당한 흑인 과격단체(흑표당 당원)를 방어하기 위해 "화나 있지 않은 흑인이라도 정신의학적인 도움은 필요하다."라고 이야기하곤 했다.

"당신은 편집증이야"

정서와 상호 연관된 또 다른 개념으로는 피해망상이라는 현상이 있다. 정서적인 생활 중 우린 종종 다른 사람들에 의해 직관적으로 부정적인 정서를 가지게 된다. 다른 사람들과의 이러한 부정적인 정서들은 대개 무시되고 있으며 만약 직접 대면했을 때는 보통 부인된다. 예를 들어, 사람들은 때때로 다른 사람의 의견과 그 의도에 대하여, 가끔은 그 정도가 비현실적이고 편집증일 정도로, 두려움과 의심을 보인다.

어떤 정신의학 모임에서는 편집증에 대한 표준적인 접근방법을 '주관의 투사'라고 비난한다. 예를 들어, 만약에 데이비드가 그와 동거하는 동거녀인 마리아가 자기 자신을 싫어하고 있다고 생각하는데 마리아는 이를 부인한다. 전통적인 정신의학에서는 이 상황에서 데이비드가 마리아를 싫어하는 것으로 규정한다. 왜냐하면 데이비드는 스스로를 미워하는 것에 직면할 수가 없기 때문에 그의 미움을 마리아에게 "투사"시킨 것이다. 이에 대해 추천되는 해결책으로는 대화를 통해서 편집증으로 만들어진 의심을 각 순간별로 해소시켜 주는 것이다.

내 경험에 따르면 이 접근방법은 사람들의 편집증을 줄여 주기보다는 더 심해지게 만들었다. 내 연구에서 발견된 바로는 편집증은 보통 직감에 따른 일말의 진실로 만들어지며, 이는 모래 알갱이에서 만들어지는 진주와 비슷하다. 그것이 내가 '편집증은 과도한 인식이다.'라는 문구를 만든 이유다. 내가 발견하기로는, 만약 편집적 환상에서 일말의 진실이라도 알아차린다면 그 사람은 대개 편집증에서 벗어나게 된다. 이 접근법은 데이비드의 사례에서, 마리아가 그를 싫어한다는 확신에 대해 마리아로부터 어느 정도의 타당함, 즉 일말의 진실을 찾는 것이 수반될 것이다.

마리아는 반복해서, 그녀가 데이비드를 싫어한다는 것을 부정한다. 그러나 만약 마리아가, 요리를 할 때나, 화장실 청소를 할 때, 데이비드가 불평하는 것에 대해 짜증난다고 인정한다면, 오히려 데이비드는 마리아가 자신을 싫어하고 있다는 생각에서 자유로울 수 있다. 그가 이제 깨닫게 되는 믿음으로 인해, 그가 느끼거나 인지하는 그녀의 행동이 편집의 과장임을 알게 되어 이전보다 짜증의 정도가 덜할 것이다.

데이비드는 직관적으로 마리아로부터 감추어진 부정적인 정서들을 발견하게 되었고, 그리고 그녀가 이를 부인했기 때문에, 원래의 직관적 의심이 과도하게 부풀려져 있었던 것이다. 만약 이런 일이 발생했을 경우, 비판적 부모자아가 여기에 관여되며 자신의 부정적인 메시지로 인한 의심의 불꽃이 발산된다. 일단 데이비드가, 마리아가 자신에게 화가 나있음을 인지한다면, 비판적 부모자아는 모순일 수 있음을 고려하지 않고 가볍게 이렇게 말할 것이다. "그래, 그녀는 너에게 화났어. 너는 참을 수 없이 역겹고 그래서 그녀는 그것을 받아들일 수 없는 거야." 그러나 그녀가 상대적으로 부드럽게 화를 내고 그것의 이유도 알게 된다면 그는 어린이자아의 환상을 어른자아의 이해력으로 대체하고 부모자아를 무시할 수 있게 된다.

이 효과적인 방법은 로날드 레잉(Ronald Laing)이라는 스코틀랜드의 심리학자에 의해 만들어졌다. 그는 우리가 사람들의 경험과 사물을 바라보는 방식을 무효화하거나 부정할 때, 그것이 정신병자로 만들게 된다고 지적한 사람이다(1971). 레잉은 사람의 직관이 반복적으로 철저하게 무시되었을 때, 비록 완벽히 정신적으로 건강하더라고 미칠 수 있음을 발견했다.

또 다른 예로, 마가렛의 남편 크리스는 이웃여자와 매우 가까운 사이였는데, 마가렛은 빈번하게 크리스의 은밀한 흔적을 알게 되었다. 만약 그녀의 의심에 대해 크리스가 계속 은밀한 행동을 보여 주면서 동시에 이를 부정하는 상황이 지속된다면 그녀의 누그러지지 않는 분노는 비판적 부모자아의 주장을 점점 더 수용하며 지속적으로 망상을 증대시킬 것이다. 그녀는 그가 불륜을 저지르고 있다는 의심을 점점 더 갖게 될 것이다. 만약 크리스가 자신의 사랑의 열병을 인정할 경우, 마가렛은 화가 나고 슬플 것이지만 그녀는 더 이상 망상에 시달리지는 않게 될 것이다. 그녀를 위해서는 이것이 더 나은 상황이다.

1970년도 진보적인 정신의학 그룹에 있던 우리는 이 접근법을 사용하여, 사람들이 직관적, 때로는 편집적으로 예측할 때, 그것을 비이성적이라 비난하고 사물을 보는 그들의 방법을 무시하기보다는 그 속에서 일말의 진실을 찾아야 함을 배웠다. 이러한 일말의 진실을 찾음으로써 그것이 아무리 작고 사소하다 할지라도, 의심, 편집, 그리고 부정하던 것을 대화, 상호관계(피드백), 진실함으로 돌아가게 한다. 동시에 사람들의 정서적인 직감과 예감의 타당성을 검사해서 정서활용능력과 관계형성의 핵심이 되는 그들의 정서수용능력을 훈련한다. 편집을 검증하는 이 접근법은 의심의 근거가 비록 작을지라도 편집증 환자의 예감과 직관, 그리고 망상을 평가절하하지 않고 표현하도록 독려하며 이것은 정서활용능력 훈련의 기본기술이 된다.

편집증환자에 대한 이러한 관점이 우리가 서로에게 정서를 야기하는 것과 어떻게 연관이 될까? 사람들 사이의 정서적 관계와 인간의 직관적 인식은 상호 연관성의 핵심적인 면이다. 공감과 직관은 상호 연관되어 있다. 이 둘은 인간의 고유능력이며 틀림없이 뇌의 거울신경에 의해 만들어진다(Rizzolatti & Graighero, 2004; Rmachandran, 2006). 이러한 사람 사이의 선천적인 공감과 직관을 방해하고 약화시키는 것은 사람들을 서로 멀어지게 한다. 그것은 비판적 부모자아가 가부장제도를 자유롭고 개방적인 소통의 위험으로부터 보호하는 한 가지 방법이다. 정서의 무지함을 보여 주는 다음 두 가지 예, ① 너는 나에게 정서를 줄 수 없고 나도 너에게 정서를 줄 수 없다. ② 너는 편집증이야. 는 정서활용능력에 대한 의구심에 관심을 집중하도록 요구한다.

제3장에서는 정서활용훈련의 첫 번째 부분에 대한 개요, 즉 "마음열기"를 설명한다. 두 번째 부분 "정서 배경 조사하기"는 직관과 감정 훈련에 대해 다루게 된다.

정서적 배경을 조사하다

우리의 감정은, 잘 알지 못할 것 같기도 하고 때로는 친숙하지 않은 경우가 있으며, 매우 현실적이기도 한 내면자아의 영역이다. 감정을 체계적으로 조사하기 위해서는, 그것과 친숙해지고 그 안에 있는 것이 편안해야 한다. 나는 이 두 가지 구체적 교류, 즉 행동/감정 교류와 확인교류를 설계했고, 이 두 가지 교류는 각각 자극과 반응으로 만들어졌다.

행동/감정 교류

"너에게 난 느낌을 줄 수 없어."라는 정서문맹에 대한 언급을 반박하기 위해서 우리는 행동/감정 진술을 사용한다.

A가 B에게 말한다.

> "네가 ~(행동을 묘사) 나는 ~(정서의 이름을 말함)." 으로
>
> "네가 지금 방해하니까, 나는 화가 나."라고 한다.

행동/감정 진술에서의 정서활용 반응에 요구되는 것은 사실에 대한 인정인데, 즉 B가 한 특정 행동이 A에게 특정 느낌을 야기했다는 것이다.

"내가 널 방해했을 때 네가 화가 났다는 것을 이해해."다.

확인교류

우리가 편집증으로 인한 의심 혹은 직감을 알아차릴 때, 우리는 확인교류를 사용하여 A가 B에게 다음과 같이 말한다.

"난 직감, 혹은 편집적 환상이 있는데 그건 ~ (직관적인 직감을 설명)"

그러면 B는 직감에 대한 유효함을 말하거나 일말의 진실을 제공해 설명한다. 즉,

딕: "나는 네가 날 더 이상 사랑하지 않는 것 같아."

그리고 제인으로부터의 대답은, "그래, 네가 좀 실망스러워—슬프고 화가 나—하지만 널 너무 사랑해." 혹은 "정말 미안하지만 네 말이 사실이야. 더 이상 너를 사랑하지 않는 것 같아."

자, 이 두 진술 모두 궁극적으로는 불확실성으로부터 만들어진 불안과 복잡함을 해소해 줄 것이다.

이 두 교류는 모두 정서 배경 조사하기를 구성하며, 첫 번째 부분인 '마음을 여는 것'과 세 번째 부분, '책임을 갖는 것'에 추가되어 정서활

용능력 훈련의 한 요소가 된다.

정서활용능력 훈련과 교류분석

정서활용능력 훈련은 정서적인 삶의 이해와 숙달로 가기 위한 교류분석 기법과 개념의 확장으로 볼 수 있다. 정서활용능력은 우리 개인의 힘에 추가된다. 이것은 좀 더 좋은 부모, 배우자, 직장동료, 교사, 공무원, 사업가, 고용주, 상인, 과학자, 활동가, 정치가로 만들어 준다.

정서활용능력의 기본 가정

1. 건강한 사람은 정서적으로 민감하며, 자신이 정서를 느낄 수 있는 능력과 그에 대한 책임, 타인이 정서를 느끼도록 만들 때 책임질 수 있는 능력이 있다.
2. 정서적인 정보의 자유로운 교환은 효과적인 대인관계와 의사소통을 위해 필수적이며 정서적인 정보가 없는 의사소통은 업무와 관련된 절반의 정보만을 전달한다.
3. 효과적인 대인관계와 의사소통은 인간의 생산성과 개인의 힘을 위해 필수적이다.

나는 이러한 원리에 근거를 두고, 교류분석을 적용하여 정서활용능력 훈련을 개발하였다.

어떻게 정서활용능력 훈련을 가르치면서 교류분석을 적용할 수 있을까? 정서활용능력 훈련 프로그램은 정서적인 교류를 배우고 훈련하는 방법으로 구성된다. 우리가 연습하는 교류는 점점 갈수록 복잡하고 어려울 수 있다. 모든 경우에 우리는 먼저 서로 상호교류에 대한 허가를 요청하는 것으로 진행한다. 연습에 들어가면서 이러한 교류는 그들의 정서활용능력을 증가시키는 효과가 있다. 좀 더 상세한 과정은 제11장에서 제시된다. 나의 책, 『정서 활용능력: 마음의 지능』은 진행과정의 충분한 설명을 제공해 준다. 간략한 개요는 다음과 같다.

정서활용능력 교류

정서활용능력 교류를 교환하는 데는 4단계가 있으며 갈수록 복잡해진다.

1. 허가 구하기(신뢰적인 바탕 준비하기)
2. 스트로크 주고받기(마음열기)
3. 정보(행동, 느낌, 동기)
   a. 행동/느낌 이야기하기(행동과 관련된 느낌)
   b. 불안과 의심(직관의 확인)
4. 책임감(사과하기와 보상하기)

정서활용능력 훈련 워크숍

기본적인 정서활용능력 기술을 2~3일 동안 집단에서 가르친다(이상적으로 16명으로 하며 24명을 넘지 않도록 한다). 앞의 네 단계를 각각 유인물의 도움으로 상세하게 연습할 수 있다. 이것은 사람들로 하여금 정서활용능력 과정을 이해하고 경험할 수 있도록 해 준다. 그리고 그들의 가족과 직장 상황에 적용할 수 있다.

사람들이 정서작업의 단계별로 연습할 때 세심하게 보호되며 안전한 작업환경이 제공된다. 물론 '현실 세계(실제 생활)' 에서 더 많은 연습은 그들의 기술이 유지되는 데 필수적이다.

다양한 정서활용능력 교류의 단계는 난이도가 높아짐을 나타낸다. 오직 첫 번째 교류, 즉 정서적으로 상호교류 하도록 하는 허가는 '의무사항' 이다. 다른 것들은 모두 상황에 맞게 조정될 수 있다.

정서활용능력 훈련에서 교육되는 모든 상황은 다음과 같은 세 가지 기본적인 요소가 요구된다.

1. 유능한 지도자의 지도와 상호 협력적인 계약으로 만들어진 안전하고 협력적인 환경
2. 일련의 정서활용능력 훈련 교류
3. 정서활용능력에 흥미가 있고 배우고 싶어 하는 두 명 이상의 집단

이 세 가지 모두는 훈련되는 정서활용능력을 위해 또한 대뇌변연계

공명을 일으키는 정보의 적절한 혼합에 꼭 필요하다. 세 가지 중 두 가지만으로도 충분하지 않을 수 있다. 사람들은 그들의 진실되고 자유로운 감정들을 나눌 수 있을 만큼 안전한 느낌을 받는 보호된 환경이 아니면 교류를 하면서도 만족스럽지 않을 것이다. 반대로 안전한 환경과 의욕 있는 사람들은 있는데 감정인식 상호교류 기술이 없다면 조직적이거나 믿을 만한 방법을 사용하여도 감정훈련이 일어나지 않을 것이다. 무엇보다도 정서활용능력 훈련에 열정적으로 참여하려는 사람들이 부족한 상황에서는 어떤 목적도 이룰 수 없다.

정서활용능력 기술들은 워크숍, 치료 집단들, 부부 상담 또는 코칭 등 다양한 협력적인 상황에서 가르칠 수 있다. 번이 개발한 교류분석적 기법은 이러한 과정에 아주 잘 맞으며 이것 없이는 정서활용능력 기술을 배우거나 가르치는 데 훨씬 더 어려웠을 것이다.

정서활용능력의 적용은 "현실세계", 즉 직장, 학교, 거리 등에서 더욱 탐구되고 적용되어 입증할 필요가 있는 분야다. 독자들은 그러한 특수한 상황에 맞는 기술을 개발하고 그것에 대해 책으로 집필하기를 격려하는 바다.

제7장

스트로크 중심 교류분석

에릭 번은 『Games People Play』를 완성하면서 교류분석 이론을 정신분석학으로부터 분리하며 자신의 가치를 성숙시키는 데 거의 10년이 걸렸다. 이 책을 소개하면서 번은 그의 독특한 개념 중 하나인 스트로크를 제시하였다. "만일 스트로크가 없다면 당신의 척수는 완전히 오그라들 것입니다." 이를 좀 더 과학적으로 설명했는데 "생물학적 사슬은 감정적, 감각적 상실에서 시작하여 무관심을 통해 퇴행성 변화와 죽음으로 이어진다고 볼 수 있다."고 하였다(p. 14). 또한 그는 "자극기아는 음식기아와 똑같이 사람의 생존기관과 관련 있다."고 썼다(p. 14).

이렇듯 번은 스트로크가 분명히 인간 행동의 기본 동기인 것으로 보았다. 그후 그는 "가장 만족스런 사회적 접촉의 양식이…… 게임과 친밀이다. 오래가는 친밀은 드물다…… 중요한 사회적 관계는 가장 일반적으로 게임의 형태를 취하고 있다." (p. 19) 다른 곳에서 그는 이렇게 썼다.

> (유아기 이후) 삶의 나머지 부분 동안 줄곧 개인은 자신의 운명과 생존이 누군가의 뿔 양쪽에 의해 끊임없이 서로 던져진다는 딜레마에 직면하게 된다. 한쪽 뿔은 사회적 심리적 생물학적 힘으로 유아기 방식으로 육체적 친밀감을 지속적으로 유지하는 방법이고 다른 하나는 그 목표를 달성하기 위해 끊임없이 노력해야 한다는 것이다(p. 14).

다음 페이지들에서 나는 스트로크 중심 교류분석의 모든 이론을 다룬다. 여기에서 이론의 중요한 개념을 모두 찾을 수 있을 것이다. 각 주요 개념은 이론적 전제로서 굵은 글씨체로 표시하였다. 각 전제들에는 추가적인 설명이 있다. 이 열여덟 가지의 전제들은 교류분석의 이론적 기초다.

이론을 집중적으로 제시한 것은 내 안에 있는 공부벌레가 쓴 것이다. 아마 그것들을 생략하고 싶을 것이다. 나머지 부분에서 소개되는 다음의 열여덟 가지 전제들은 쉽고 체계적인 형태로 반복된다.

기 본

Ⅰ. 교류분석의 목적과 기능

전제 #1. 교류분석의 활동은 계약을 통해 사람들의 삶을 향상시키고자 하는 교류의 분석이다.

교류분석은 정신역동적 내용과 더불어 복잡한 사회이론이다. 그러나 실제적으로, 교류분석은 사회적 교류의 객관적 분석에 초점을 두며, 간단하게 말하면 교류를 분석하는 것이다. 교류분석 실천가의 역할은 정보를 기초로 한 계약으로 규정된다. 그 계약은 클라이언트의 이익을 위해 이루어지고 실행되어진다. 그것은 클라이언트와 교류분석 실천가 사이의 동의에 의하여 이루어진다.

전제 #2. 개인적 교류의 상세한 분석으로부터 뽑아낸 정보는 교류분석 실천가들의 핵심자료가 된다. 이 자료들과 실천가들의 노력으로 성격구조, 행동 그리고 개인의 경험들을 이해한다.

교류분석은 집단에서 활용하기에 이상적으로 만들어졌다. 교류분석은 눈에 보이고 입증할 수 있는 사회적 교류의 분석에 초점을 둔다. 이 분석은 성공적인 계약체결을 위해 필요한 정보의 풍부한 원천이다.

전제 #3. 계약으로 합의한 변화를 이루기 위한 방법은 목적을 가진 인간 상호작용의 수정이다.

교류행동에서의 변화는 성격구조, 행동 및 경험을 직접적으로 수정할 수 있다. 계약에서 동의한 변화는 주로 두 가지 과정을 통해 이루어진다. 하나는 사회적 행동의 분석이고 다른 하나는 문제로 제시되는 행동을 변화하기 위해 정교하게 수립된 개입의 적용이다. 이러한 관점은 변화가 친밀한 일대일 대화를 통해 일어나는 인간의 정신역동적 구조를 통찰함으로써 일어난다고 한 정신역동적 관점과 날카롭게 대조되는 입장이다.

II. 교류와 스트로크

전제 #4. 교류는 교류분석의 기본단위이며, 교류자극과 교류반응으로 구성된다. 교류는 두 사람의 두 자아상태 간의 정보교환이다(여기에 대해서는 다음에 설명된다).

자아상태는 각 사람에게 있는 분리된 성격단위 또는 성격유형이다. 번은 부모자아, 어른자아, 어린이자아로 이름을 붙인 세 가지 자아상태를 설명한다(나중에 설명된다).

전제 #5. 스트로크는 한 사람이 타인에 대해 긍정적이든 부정적이든 인식하고 평가한 정보를 상호교류하는 것이다.

모든 스트로크는 교류인데 교류는 가볍게 인지한 정보보다 훨씬 더 많은 정보(가치, 느낌, 자료 등)를 교환할 수 있다. 스트로크 교류에서의 정보는 어떤 특정한 긍정적 또는 부정적인 종류를 인식하는 말일 뿐이다.

스트로크는 수신자의 주관적인 경험에 근거하여 긍정적인 것과 부정적인 것으로 나눌 수 있다. 긍정적 스트로크는 유쾌하고 유익하다. 부정적 스트로크는 고통스럽고 잠재적인 독이다. 스트로크는 낮은 강도에서 높은 강도까지 종류가 다양하다. 스트로크는 또한 수신자들의 내적 정보에 따라서 각기 다른 의미들을 지닌다.

광범위한 최근 자료에는 스트로크가 어린아이들의 실제 생존과 심리학적 생존, 그리고 건강하게 성장하는 데 필수적으로 요구되는 것임을 보여 주었다. 왜냐하면 사람들은 신체적으로나 정신적으로 생존하기 위해 스트로크가 필요하기 때문이며, 스트로크를 찾는 행동들은 사람들의 삶에 있어 강력한 동기부여 요소가 된다.

전제 #6. 스트로크 경제는 요구하기, 주기, 우리가 원하는 스트로크를 받아들이기 등을 하지 못하게 함으로서 긍정의 스트로크 교환을 방해하는 일련의 규칙이다. 스트로크의 결핍은 엄청난 스트로크 기아를 만들어 내어 부정적인 스트로크도 받아들이게 하고 스트로크 추구 행동을 덜 하도록 한다.

스트로크 결핍은 인정과 접촉, 생존 보장의 필요를 억누르는 부정적 스트로크에 의해 만들어질 수 있다. 스트로크 경제가 발동하면, 긍정적 스트로크는 희소해지고 사람들은 부정적 스트로크를 받아 의존하게 된다. 충분한 스트로크를 얻는 데 실패하면 스트로크 결핍이 되며, 행동적 · 인지적 · 생물학적 문제를 초래하는 원인이 된다.

긍정적 스트로크는 그냥 간단한 손짓(stroke)처럼 보통은 단순한 형태다.

Ⅲ. 힘: 사용과 남용

전제 #7. 힘은 저항에 대응하여 변화를 야기하는 능력이자 원치 않은 변화에 저항하는 능력이다.

우리는 상호작용과 환경을 과장 또는 축소하는 잠재력을 선천적으로 갖고 있다. 교류분석 실천가들의 주요 업무는 원하는 스트로크를 얻는 데 필요한 개인의 힘을 향상시키기 위해 자신들의 상호작용을 조절하고 이해하려는 사람들을 돕는 것이다.

개인의 힘은 ① 사람들이 목표를 달성하지 못하도록 하는 저항(내적, 외적)을 극복하도록 하거나 ② 사람들이 원하지 않는 변화는 거부하도록 하는 바람직한 특성이다.

개인의 힘은 교류적인 행동을 통해 표현된다. 특히 개인의 힘을 얻기 위한 가장 효과적인 방법은 효과적인 협동을 통해서다.

전제 #8. 사람들이 자신들의 욕구를 충족하기 위해서, 자신과 타인들에게 유익한 방법으로 힘을 사용할 수 있으며 또는 타인은 고려하지 않고 자신들의 유익을 위해서만 남용될 수도 있다.

힘을 사용하는 것은 타인을 강요하는 교류다. 협동은 힘을 사용하지 않는 것이며 진솔한 협상을 기본으로 한다.

힘을 사용한다는 것은 다음과 같이 정의된다.

> 의식적이거나 습관적인, 전의식적 수준의 교류 또는 일련의 교류는 ① 자신이 자발적으로 하지 않는 어떤 것을 다른 사람들이 하도록 강요하는 것 또는 ② 다른 사람들이 하고 싶은 것을 하지 못하도록 하는 것이다.

사람들은 욕구가 있고 그것을 충족시키려고 한다. 그 과정에서 사람들은 협력과 경쟁 사이에서 선택을 한다. 경쟁적이면서 적대적인 상호작용은 자신의 욕구를 충족시키기 위해 타인에게 힘을 사용하는 것을 수용한다는 가설에 근거한다. 협동의 기본 전제는 모든 이들이 동등한 권리를 가지며 타인을 강요하는 것은 절대로 수용할 수 없다는 것이다. 대신에 사람들의 요구는 진실한 협상에서 상호동의하에 추구되어야 한다.

대인관계에서 교류의 분석은 협력과 경쟁 사이를 구별할 수 있도록 도울 것이다.

전제 #9. 서로를 알아보고 사랑할 수 있는 능력은 포유류 뇌의 혁명으로 가능하게 되었다.

협동, 정서활용능력, 그리고 궁극적으로 민주주의는 대인관계에서 대뇌변연계 진화가 나타난 것이다. 교류분석은 인간의 삶을 개선시키는 목표를 갖고 그것의 발전을 정의하고 분석하는 데 아주 잘 맞다.

대뇌변연계 뇌와 거울뉴런은 대뇌변연계 공명, 양육에의 필요, 공감, 신뢰, 협력과 정서활용능력을 만들어 낸다. 게임과 힘의 사용은 대뇌의 공명을 방해하는데, 교류의 분석과 조절을 통해 제거되어질 수 있다.

전제 #10. 인간관계에서 사람들이 찾는 해결책으로서의 두 가지 견해인 스트로크 행동과 힘의 행동은 모든 문제의 근본적인 원인이다.

사람들이 만족을 추구하기 위해 힘을 찾는 행동은 때론 유익할 수도 있고 독이 될 수도 있다. 사람들은 자신의 욕구를 충족하기 위해 자신과 타인에게 유익하도록 힘을 사용하거나 남용한다. 인정을 얻기 위해 사람들이 사용하는 전략— 스트로크 같은— 은 해로울 수도 있고 이로울 수도 있다. 스트로크와 힘을 추구하는 행동패턴의 변화는 치유를 위한 근본적인 대처방법이다.

Ⅳ. 게임과 각본

전제 #11. 게임과 각본은 인생초기 아이의 삶에서 중요한 사람의 비판적인 부모자아상태의 요구와 비난에 순응한 것이다.

각본과 인생계획은 인생초기에 획득되거나 때로는 의식적으로 결정되어진다. 게임은 스트로크를 얻기 위한 단기반응이며 각본은 힘과 의미를 얻고 유지하기 위한 장기적인 전략이다. 각본과 게임은 서로 밀접한 관계가 있으며 일상적으로 반복되는 게임으로 그들의 각본은 유지된다.

게임은 일련의 교류로서, 반복적이며 시작과 중간, 결말이 있다. 결말에는 게임을 하는 사람들에게 이득이 있으며 이것은 생물학적이고 실존적인 이득이다.

게임의 실존적인 이득은 각본의 강화다. 게임을 하는 모든 순간에도 스트로크를 얻고, 개인의 인행각본의 실존적 태도를 입증한다. 게임의 결말 또는 생물학적인 이득은 스트로크를 얻는 것이다. 게임은 스트로크를 위한 힘을 사용하는 것이다. 즉, 그들은 인생초기 가족 내에서 학습된 습관적이며 역기능적 패턴으로 스트로크를 획득한다. 게임은 각본의 중요성과 의미를 유지하기 위한 일상적인 교류의 방법이다. 게임의 단기적 이득이 없다면, 장기적 각본 전략은 실현되지 못한다. 게임을 하는 모든 사람들은 선호하는 게임이 있으며 익숙해진 감정으로 결말짓는다.

심리적인 게임과 장기적 각본은 비판적 부모자아에 의해 만들어지고 지속적인 긍정적 스트로크 결핍의 병리적인 결과물이다. 스트로크가 오지 않거나 부족할 때 스트로크를 얻으려고 하는 게임은 폭력적이고 자기파괴를 가져온다.

전제 #12. 사람들이 즐기는 게임은 굉장히 다양하다(Berne, 1964). 게임 속에서 사람들은 특정한 역할을 수행한다. 게임과정에는 세 가지 모습이 나타나는데, 박해자, 구원자, 희생자다. 어떠한 게임에서든 사람들은 이 세 가지 역할을 수행하고 역할을 서로 바꾸기도 한다.

스트로크와 힘을 얻기 위해 매일매일 발버둥 치면서 사람들은 반복적으로 이와 같은 세 가지 자멸적인 게임의 역할을 한다. 이와 같은 역할은 피할 수 있으며 그들이 묶여 있는 게임과 각본은 직접적으로 게임을 하지 않고 스트로크를 얻을 수 있는 법을 배움으로써 포기할 수 있다. 그들의 각본과 게임을 포기하는 가장 직접적인 방법은 어떻게 긍정적인 스트로크를 주고받는지를 배우는 것이며 그럼으로써 게임의 동기가 되는 스트로크 기아를 피할 수 있게 된다.

V. 자아상태

전제 #13. 세 가지 자아상태는 혁신적인 방법으로 개발되었으며 서로 분리되어 있고, 명확하며, 내용적으로 논리적이며, 기능적 네트워크 체계가 시각적으로 잘 드러난다. 각각의 자아상태는 다르고 중요하며 다른 종류의 정보를 다루는 특화된 기능을 갖고 있다.

보통(왜냐하면 이것은 애매하고, 직관적인 분류이기 때문에) 어른자아는 상황을 예언하고 정확히 해결하는 데 전문가다. 어린이자아는 감정적인 의욕을 갖는 데 전문가이며 부모자아는 가치 있는 평가를 들이대는 데 전문가다. 더불어 번은 부모자아를 양육적 부모자아와 비판적 부모자아로 나누었으며 어린이자아를 순응하는 어린이와 자연스러운 어린이로 나누었다. 나는 ([그림 7-1]을 보라) 스트로크 중심작업에서 가장 쉽게 관찰할 수 있고 유용한 자아상태로서 양육적 부모(NP)와 비판적 부모(CP), 어른자아(A)와 통일된 어린이자아(C)를 선택하였다.

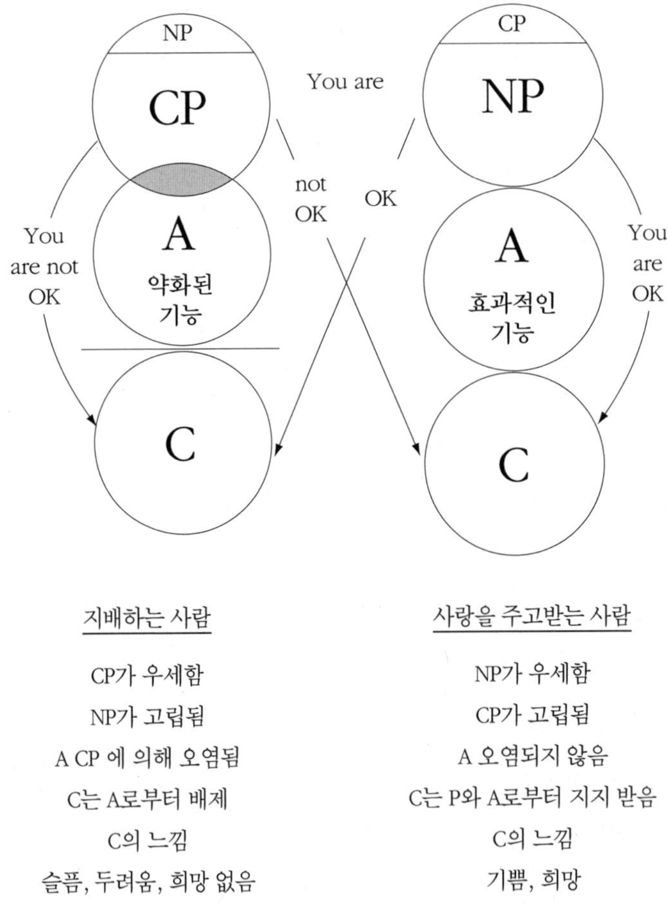

[그림 7-1] 세 가지 기본 자아상태

결과적으로 이 네 가지 정확한 자아상태가 현실적이라는 연구증거는 없지만 그들은 교류분석의 과정에서 뚜렷하고 확인 가능한 유용성이 있었다. 게다가 사람의 행동을 설명하고 수정함에 있어 성격을 이렇게 은유적으로 분류하고 적용하는 것은 성격이론에 인지적이고 구조적인 변화를 가져왔다. 이러한 변화는 자아상태를 은유가 아닌 실제로 만들 것이다. 각각의 자아상태는 진화되고 학습된다는 것을 보여주는데, 가장 효과적인 인생의 경험은 각 자아상태의 독립적 기능과 비판적 부모 자아상태를 줄이고 서로 공조하는 데 달려 있다.

소위 말하는 어른자아는 이성적이며 문제해결 자아상태다. 이해와 논리를 방해하는 경향이 있는 강렬한 감정은 없다. 세 가지 자아상태 중에 가장 세분화된 뇌, 즉 모방, 언어, 생각의 영역인 대뇌신피질과 관련 있다.

어린이자아는 감정적인 자아상태다. 모든 기본적인 감정과 그들의 조합—화, 슬픔, 두려움, 부끄러움, 반대로 사랑, 즐김, 소망 등의 감정 같은—은 아이들이 태초에 가지고 태어난다. 아이들은 공감의 원천이며 다른 사람들이 느끼는 것을 느낄 수 있는 능력이 있다.

부모자아는 판단하고, 전통에 근거하며, 편견을 갖고, 규제하는 자아상태다. 부모자아는 두 가지 상이한 모습을 보여 준다. 비판적인 부모자아(사람을 향해 편견을 가짐)와 양육적인 부모자아(사람을 위해서 편향된 애정을 가짐)다. 비판적인 부모자아는 통제의 전문가이며 양육적인 부모자아는 지지와 격려의 전문가다. 그 둘 모두 교류분석 기술로 줄이거나 늘릴 수 있다.

비판적 부모자아와 양육적 부모자아를 구별하는 것은 스트로크 중심 교류분석의 효과적인 적용에 필수다. 아이들을 통제하기 위하여 비판적 부모는 인간을 "나쁘다, 바보 같다, 미쳤다, 못생겼다, 아프다, 잘못했다."와 같이 not OK로 판단하며 따라서 사랑을 받을 만하지 않다고 한다. 비판적 부모자아의 기능은 사람들을 통제하는 것이다. 많은 다른 이름들 중에서도 특히 마녀, 도깨비, 전극, 내면 억압으로 불려 왔다.

양육적 부모자아는 정반대의 모습인데 사람을 OK로 보며 "영리하다, 좋다, 건강하다, 아름답다, 자유를 허용해 주고, 선택과 사랑, 성공할 수 있어." 등을 말한다.

자아상태는 고유의 완벽한 형태로 늘 유지되는 것이 아니라 일반적으로는 오염되거나 각 다른 자아상태에 의해 영향을 받는다.

어른자아에 미치는 어린이자아와 부모자아의 영향이 가장 큰데 왜냐하면 "감정적이고 '비합리적' 영향과 편견으로부터 독립되어야 하는" 효과적인 어른자아의 기능이 교류분석의 문제해결을 목표로 하는 계약에 핵심이기 때문이다. 어른자아의 오염은 대뇌신피질과 뇌의 좀 더 원시적인 부분 사이에 있는 신경연결을 은유적으로 나타낸 것인데, 이것은 인간의 삶에서 반복적이고 극적인 사건—트라우마 같은 것—으로 일어난다.

뇌의 감정을 담당하는 부분은 자극받은 대뇌신피질을 무력화하거나 침범할 수 있다고 연구에서 보여 주는데 이는 어른자아가 어린이자아에 의해 '오염' 되거나 어른자아보다 어린이자아가 우세한 비대칭의 관계에서 설명될 수 있다. 비대칭의 관계를 뒤집는 것이 정서활용능력 훈련의 과제 중 하나다.

Ⅵ. 비판적 부모자아: 가부장제에서 민주주의로

전제 #14. 정부의 권위주의적 체계는 천년 동안 다른 이들을 지배하고 통제하는 힘에 과도하게 의존하였다. 힘을 남용하는 방법으로 지배하고 통제하는 것은 비판적 부모자아의 기능이다.

비판적 부모자아가 지배할 때, 어른자아와 어린이자아는 그만큼 억압된다. 그러므로 인간의 문제에서 비판적인 부모자아의 참여를 엄격하게 제한함으로써 어른자아와 어린이자아를 풀어 주어야 하며 그것이 평등주의, 민주주의, 협동적인 사회에서 바람직한 모습이다.

2000년대 후반에 시작된 세계화의 몸부림은 BC 500년 아테네에서 시작되었던 것으로, 강압적이고 권위적인 방법에서 민주주의로 대체되고 모든 인간의 목표가 비폭력, 협동, 동등하고 광범위한 인권을 지지하는 것이다. 이러한 움직임의 전제를 교류분석 관점에서 보면, 모든 아이들은 OK이며, 어린이자아의 욕구는 합당하며, 가장 바람직하고 유익한 관계는 협동적, 비폭력적이며 양육적인 관계다. 이것은 비판적 부모자아의 가설과 기능에 모순이 있음을 보여 준다. 왜냐하면 이것의 전제는 어린이자아는 not OK(바보 같고, 나쁘고, 미쳤고, 못생겼고, 아프고, 잘못하는)이며 그 아이들은 스트로크를 받을 만하지도 않고 필요하지도 않고 오히려 그들에게 해로울 수도 있다는 것이다. 비판적 부모자아의 관점에 의하면 아이들은 교육되어야 하며 신체적으로 정서적으로 폭력적인 힘 사용이 필요하고 특히 스트로크를 줄여야 한다는 것이다. 스트로크를 줄이는 것은 비판적 부모자아가 스트로크 경제를 통제하는 결과를 가져온다.

전제 #15. 민주주의를 향한 문화적 변화의 확산으로 어린이자아를 규제하는 기능이, 비판적 부모자아에 의해 훈련되는 대신 어른자아와 양육적 부모자아에 의해 이루어지도록 할 필요가 있다. 비판적 부모자아를 최대한 줄이는 것만큼 어른자아와 양육적 부모자아를 최대한 강화하는 것이 중요하다.

기능적이고 강한 어른자아가 제대로 역할을 할 수 없는 상태에서는 비판적 부모자아는 통제되지 않은 어린이자아가 사람을 위험에 빠트리게 할 가능성이 있다고 설득력 있게 주장한다. 교류분석의 목표는 교류를 좀 더 효과적으로 하는 방법을 가르침으로써 사람들의 삶을 발전시키는 어른자아의 힘을 키우는 것이다. 동시에 양육적 부모의 힘을 키우는 것이 무엇보다 중요한데, 어른자아의 상호교류 자체가 가장 강력한 스트로크의 원천은 아니기 때문이다.

그러므로 통제에서 협력과 비폭력으로의 패러다임의 전환은 다양한 문화에서 비판적 부모자아의 영향을 감소시킴과 동시에 건강하고 강한 어린이자아, 어른자아, 그리고 양육적 부모자아 상태의 에너지를 증가시키는 것에 달려 있다. 어린이자아, 어른자아, 양육적 부모자아 상태는 각각이 개별적으로도 도움이 되지만 다른 두 개를 배제하면 성격이 편향될 수도 있다. 대신, 이들의 서로서로의 균형 있는 협력이 필요하다.

Ⅶ. 교류분석의 실천: 가장 핵심이 되는 것

전제 #16. 교류분석은 집단을 위한 훈련에 가장 적합하도록 만들어졌다. 교류분석 실천가의 역할은 내담자와 치료자, 상담가, 교사 혹은 컨설턴트 사이에서 정해지는 계약으로 명확해진다.

집단작업은 집단이 비판적 부모자아의 강요로부터 안전함이 제공되고 신뢰와 안전감을 발달시키는 상황에서 개인의 변화에 가장 효과적일 수 있는데, 이것은 대뇌변연계를 수정시키는 데 꼭 필요한 대뇌변연계의 공명을 발동시키는 데 안전감과 신뢰감이 필수적이기 때문이다.

전제 #17. 인간은 건강과 치유에 대한 실현경향성을 갖고 태어난다. 자연의 돕는 손길 '치유경향성'이 교류분석의 중요한 동맹이다. 치료기술에서 자연의 돕는 손길을 촉진하는 것은 교류분석의 중요한 과제다.

기본적인 실존적 태도: "I'm OK, You're OK"는 자연이 삶과 성장과 건강 편에 서 있으며 그리고 항상 치유하고자 하며 온전하게 하고자 할 준비를 갖추고 있다는 믿음을 반영한다.

전제 #18. 스트로크 중심 교류분석의 기본적인 치유방법은 엄청난 신뢰, 비판적 부모자아의 해제, 그리고 3P(허용, 보호, 역량)다.

우리는 권위의 거짓말을 배제하고 비판적 부모자아의 교류를 생략하고 배제한다. 우리는 행동변화를 장려하기 위해 허용교류를 사용하며 비판적인 부모자아로부터, 또한 변화를 만들고자 하는 내담자의 의지를 약화시키는 외부 영향으로부터 내담자를 보호하기 위해 보호를 사용한다. 우리는 우리의 역량을 정보, 기술, 개인적인 온정의 지지, 과정에 대한 약속 등의 형태로 적용한다.

제8장

마음-중심 힘의 일곱 가지 원천: 추가 재정의

지금까지 계속해서 나는 개인적인 힘의 중요성, 손실, 그것의 취득과 남용 등에 관해 관심을 가져왔다. 이 중요한 주제를 연구하기 위해 나는 그것을 키우고 싶어 하는 모든 사람들에게 있는 힘의 일곱 가지 원천을 다루고자 한다. 이 힘의 원천의 일곱 가지 독특한 모양은 우리가 피하고 싶은 것은 피하고 우리가 원하는 것은 가질 수 있는 능력을 증가시킨다. 나는 그것들에 이름을 붙였는데, 균형, 열정, 통제, 사랑, 의사소통, 정보와 초월성 등이다. 동양종교학 학생들은 이러한 생각의 원천이 쿤달리니 요가와 일곱 가지의 고리, 즉 지구, 성, 힘, 가슴, 목, 세 번째 눈, 우주라는 고대이론에서 온 것임을 인식할 것이다.

이러한 힘은 어떤 것도 다른 것의 우위에 있지 않다. 대신 이것들은 각각이 변화를 일으키는 독특한 능력을 갖고 있으므로 함께 사용되고 발달되도록 해야 한다. 일곱 가지 힘의 원천은 개인적인 능력과 사회적 환경에서 중요한 과업을 달성하는 비상한 능력과 매력을 발휘하도록 한다.

가슴에 의해 조정되고 잘 조화되어 사용되면 무지개의 조화처럼, 무지막지하고 때로는 잔인한 힘의 방법에 비해 훨씬 강력하다.

균 형

소위 균형 또는 접지라고도 불리는 이것은 서 있고, 기어오르고 걷고 달리는 동안에도 단단히 뿌리박혀 있고 편안할 수 있는 능력이다. 접지가 잘 되어 있으면 당신은 '어디에 서 있는지를 알 수' 있으며 '당신의 자리에 서 있을 수' 있게 된다. 당신의 신체는 확고하게 심어지게 될 것이며 당신의 마음은 안정될 것이다. 어디에 서 있는지 알면, 당신은 당신의 신체적 혹은 개인적 자리에서 쉽게 밀려나게 되지 않을 것이다.

남성중심사회에서 여성은 신체적 균형에서 강한 감각을 획득하지 못하도록 되어 왔다. 이러한 예로 여성에게는 전 세계를 통틀어 정숙함을 요구할 뿐만 아니라 전족, 꽉 끼는 코르셋, 남성을 즐겁게 만들 수 있도록 디자인된 현대 여성의 의상, 서구사회에서는 꽉 끼는 옷, 미니스커트, 하이힐 등, 무슬림 사회에서는 누추하고 신체 모두를 가리는 폐쇄적인 의상 등이 있다. 이러한 것들은 여성의 신체적 자유와 안정감을 방해해 왔다.

반대로 남성은 신체적으로 그들이 원하는 대로 편안할 수 있었는데 여유 있는 의상과 신발을 신을 수 있었으며 차림새와 품위에 대한 최소한의 요구조건만 있었다. 그러나 여성이 남성과 동등한 상황으로 되어가면서 여성들에게 요구되어져 온 의상과 품위의 제한을 벗어 버렸다. 그 결과 여성은 더욱 강력해졌고 더욱 안정적이고 균형적으로 다양하고 중요한 국면에서 남성우위를 위협하고 있다.

힘의 원천 각각에 있어 가장 이상적으로 추구되어야 하는 수준은 중도노선, 즉 '행복한 중립' 이다. 균형과 접지에 관하여, 만약 당신이 그 힘이 부족하다면 당신은 지나치게 내성적이고 소극적이게 되어 쉽게 균형이 깨지고 두려워하게 될 것이다. 반대로 과도하게 발달했다면 교만해지고 굳어지며 우둔해지고 단단해서 움직이지 않고 균형이 깨지는 것을 잘 처리하거나 참아 낼 수 없게 될 것이다.

열 정

열정의 힘은 내면의 불길로서 굉장히 자신을 고무시킬 수 있다. 열정은 순종과 복종을 대항하여 올라오며, 직면과 변화에 힘을 싣는다. 열정은 이와 반대의 것을 가져오기도 한다.

열정은 창조와 파괴를 할 수 있다. 열정적일 때 사랑은 산을 움직이고 미움은 전 사회를 파괴할 수 있다. 성적 열정이 없었다면 로미오와 줄리엣, 결혼, 짝사랑은 없었을 것이다. 그러나 열정은 섹스뿐만이 아니다. 이것은 사명적 열망, 열정적인 탐구, 발명, 혁명 등의 연료가 된다.

열정이 사라진 사람은 미적지근하며 지루하고 무기력하다. 과도한 열정은 사람을 통제로부터 벗어나게 하고 자기파괴적인 행동을 하도록 잘못 이끌기도 한다.

통제

통제는 가끔 나쁘게 사용되기도 하지만 힘의 중요한 형태다. 통제는 당신의 환경과 대상, 기계, 동물, 그리고 그 안에 있는 사람들을 조종하도록 해 준다.

통제는 신체적, 심리적 모두를 말하며 당신에게 힘을 실어 준다. 통제는 특히 자기자신을 절제하는 형태일 때 중요하다. 이것은 당신의 다른 힘인 열정, 사랑, 정보, 의사소통 등과 조율하도록 해 준다. 통제는 당신 주변의 사건들이 당신의 생존을 위협할 때 필수적이다. 정서활용능력은 부분적으로는 정서를 통제하는 일이다. 즉, 정서를 표현하든지 혹은 관련된 사람의 이득을 위해 그것을 억제하든지 하는 것이다.

힘을 통제하지 못하면 당신은 내면의 혼란에 의해 중독이 되거나 우울해지거나 수면장애를 겪거나 무력감에 시달리는 등 삶에 큰 고통을 경험할 것이다. 혹은 외부세계에 의해 피해를 입게 될 수도 있는데 실직하거나, 집을 잃거나, 학대받거나, 고통받거나, 정신적으로 아플 수도 있고 공해로 병이 날 수도 있다. 원칙이 없는 사람처럼 보이거나, 당신의 입에, 당신 코 앞에 당신의 정맥 속에 무엇을 넣는지(역자 주: 약물, 알코올, 마약 등)와 당신이 무엇을 느끼고 말하고 행동하는지에 통제가 없는 것처럼 보일 수 있다. 정반대로 보면, 통제에 사로잡힐 때 당신은 모든 상황과 모든 생물체를 절대적으로 통제하려고 집착하게 될 것이다.

사 랑

모든 사람은 실제로 사랑하게 되면 얼마나 좋은지를 알기 때문에 사랑하고 사랑받기를 원한다. 그러나 소수의 사람은 사랑의 즐거움을 넘어서는 사랑의 힘을 본다. 그보다 더 소수의 사람은 사랑의 힘을 완전하게 발달시킨다.

사랑은 밸런타인데이 카드나, 사랑하는 사람의 몸을 만지고 보는 환상적인 스릴이나, 혹은 엄마가 아기를 안아 주는 따뜻한 포옹 이상이다. 사랑은 사람을 묶어 주는 힘을 갖고 있으며 그들이 극한의 과업을 서로를 격려하며 피곤하지 않게 해낼 수 있도록 하며, 홍수, 화재, 전쟁, 학살 등과 같은 지옥 같은 상황에서도 그것을 극복할 수 있도록 하는 희망을 불어넣어 준다.

당신의 사랑의 힘이 개발되지 않았다면 당신은 차갑고, 다른 사람을 향한 동정심과 온정이 부족할 것이며, 돌보거나 돌봄을 받을 수 없을 것이며, 당신 자신을 사랑할 수도 없을 것이다. 만약 이 힘이 과도하게 발달했다면 당신은 당신의 마음을 주어 버릴 지속적인 위험에 놓여 있을 것이다. 즉, 상습적인 구조자의 역할, 자신을 돌보지 않고 타인을 위한 과도한 희생에 몰린다.

통제중심문화에서 사랑중심사회로 옮겨 가는 것은 우리 세대의 중요한 과제다. 이것은 특별히 전 세계에서 이러한 대대적인 변화를 이끌어

내기 위해 함께 일하고 있는 헌신적인 정서의 전사들의 지원이 필요하다.

사랑하는 태도는 정서의 전사들을 이끌어 준다. 이 태도는 세 가지 기초적인 범주에 적용된다. 자기애, 타인애, 그리고 진실한 사랑, 이 세 가지 사랑은 삶의 마음-중심 접근에 필수적이다.

	기능	에너지	힘	중요성 (과잉/결핍)
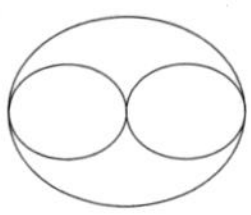	초월	정신적	죽음에 대한 두려움이 없다	여유 있는/재미없는
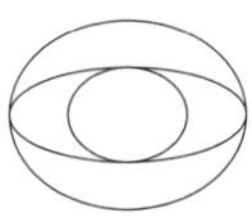	정보	정보; 과학, 역사, 직관, 비전	예언하는 능력	초-지능/무식
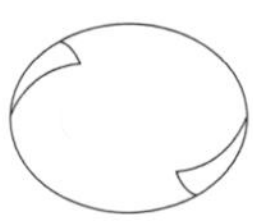	의사소통	상호작용	생각과 감정을 이끌어 내는 능력	잡담/침묵
	사랑	정서	정서활용능력	과잉정서/무감정
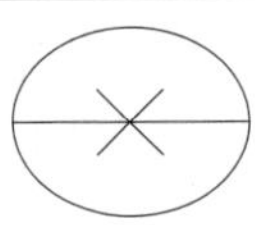	통제	힘	조종하는 능력	통제중심/수동적
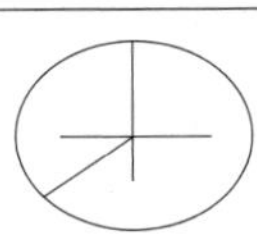	열정	가속	인간 행동을 촉진	조증/우울
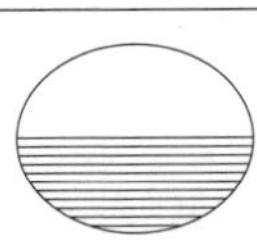	균형	중력	안정감	고집 센/가벼운

[그림 8-2] 사랑-중심 힘의 일곱 가지 원천

- **근본적인 개별화**: 자기애. 우리가 우리 자신을 사랑할 때 우리는 자신의 개인적 독특성을 보호하면서 우리의 근본을 구축하게 된다. 개별화는 우리가 무엇을 원하는지에 확고하게 초점을 두도록 하며 우리로 하여금 우리의 개인적 삶을 손상시키는 것이 무엇인지 도움이 되는 것이 무엇인지를 결정할 수 있도록 해 준다. 우리를 둘러싸고 있는 모든 사람이 우리가 누구인지, 우리가 무엇을 하고 있는지에 대한 신뢰를 잃어도 자기를 향한 열정적인 사랑은 우리의 결정을 견뎌 낼 수 있는 힘을 제공한다.

- **확고한 충성심**: 타인을 향한 사랑. 충성심은 타인의 삶에서 우리와의 관계를 알게 해 주는데, 우리 자신에 대한 열정만큼 타인에 대해서도 열정을 갖게 해 준다. 자기애와 타인을 향한 사랑은 강력한 힘으로서 균형이 이루어져야 한다. 타인에 대한 사랑 없는 자기애는 이기심과 동일하거나 자기를 위해 착취적인 사람이 되어, 특히 파괴적이 될 수 있다. 자기애 없는 타인에 대한 사랑은 모든 것을 주려고 하는 구원자가 되도록 한다.

- **의식적 진실성**: 진실한 사랑. 자신과 타인을 향한 사랑은 진실성과 밀접하게 연결되어 있는데 특히 한 손에는 자신의 감정이, 그리고 다른 손에는 타인의 감정에 대한 진실이 그것이다. 우리가 사실이라고 알고 있는 것에 대해 의심 없이 믿고 따르지 않는다면 우리는 이기심과 관대함(이기심의 끝이면서 이타심의 시작) 사이에서 결정을 내릴 수 없다.

진실성은 특히 '정보가 잘 전달되는' 동시에 잘못된 정보와 사기정보의 영향하에 있을 수도 있는 정보화의 시대에서 특별히 중요하다. 진실은 인간으로 하여금 세상의 현실에 영향을 미치는 유효한 정보를 적극적으로 추구하도록 한다. '적극적이고 개방적인 진실 말하기'는 진실하게 관계를 하도록 한다.

의사소통

의사소통의 힘은 한 사람의 생각과 느낌을 다른 사람에게 전달함으로서 나의 생각과 느낌을 그들이 경험하게 하는 능력이다. 의사소통은 교류의 과정으로 수신자의 듣고자 하는 귀가 없으면 이루어질 수 없다. 두 가지 작동—발신과 수신, 말하기와 듣기—은 연관되어 있다. 두 가지 모두가 지식을 전달하고 다른 사람과 함께 문제를 해결하고 계약을 체결하고 혹은 관계를 만족스럽게 하는 데 필요하다.

만약 당신이 의사소통능력이 부족하다면 당신은 많이 배우고 많이 가르칠 수 없다. 만약 당신이 의사소통을 지나치게 강조하면 당신은 강박적이고 부주의한 수다쟁이, 자신이 말하고 있는 것이 타인에게 어떤 영향을 줄지에 주의를 기울이지 않는 잡담가가 될 것이다. 너무 의사소통을 하지 않으면 미스터리하고 삐친, 고립된, 불안을 조장하는 사람으로 변할 것이다.

모든 힘의 원천들은 상호작용한다. 훌륭한 교사는 의사소통과 정보와 사랑을 아주 잘 조화롭게 사용할 수 있다. 좋은 교사에게 의사소통은 사랑의 진실성과 인간에 대한 사랑으로 감동적일 수 있다. 좋은 교사는 위협하지 않으며 설득하기 위해 통제를 사용하지 않는다. 대신에 그들은 설명하며, 만약 이해되지 못했다면 왜 그런지를 찾고 다시 시도할 것이다. 그들의 학생들은 이미 알고 있었던 것과 새로이 배우는 것의 차이를 자유롭게 비교하고 그들만의 확고한 의견들을 만들어 갈 수 있도록 허용할 것이다.

정 보

정보의 힘은 당신이 효과적인 결정을 할 수 있도록 불확실성을 감소시킨다. 정보를 얻었을 때 당신은 상황을 예견하고 그 일이 일어나도록 혹은 일어나지 못하도록 할 수 있다.

당신이 정보의 힘이 부족하다면 무지하게 된다. 이 힘이 과도하게 발달했다면 과도하게 과학과 기술, 디지털 정보에 의존하게 될 것이며 과잉지식형이 될 수 있고 다른 힘의 원천은 결핍될 수 있다.

정보는 과학, 직관, 역사, 비전, 이렇게 네 가지 형태로 온다. 과학은 물질을 주의 깊게 관찰하고 어떻게 그것들이 작용하는지 기록하면서 조직적으로 사실을 모은다. 과학은 사실감 있는 섬세한 사진을 찍으려고 초점을 맞추는 카메라와 같다. 이것은 확실성의 강력한 원천이다.

직관은 사물의 흐름을 이해한다. 이것은 그 물질들의 존재하는 방식에 대해 '교육된 추측'을 만들어 낸다. 직관은 흐릿하고 과학처럼 정확하지 않다. 그러나 이것은 사실일 수도 있는 것을 향해 나가는 강력한 안내자다. 이것 때문에 직관은 과학적 발견의 초기세대에는 아주 중요했다.

역사적 지식은 개인적인 경험을 통해서 혹은 역사 연구를 통해서 과거의 사건을 인식하면서 얻게 된다. 역사적 전망은 사건을 예측하는데 도움을 주는 강력한 도구가 될 수 있다.

비전은 꿈과 비전을 통해 바로 앞에 펼쳐진 것들을 보는 능력이다. 우리는 모두 미래에 대한 비전이 있지만 통찰력도 있기 위해서는 엄청난 자신감이 필요하다. 알아차리고 전문가적으로 행동하는 비전은 매우 가치 있는 지식의 형태다.

과학만이 유일하게 유효한 지식의 원천으로 여겨졌고 역사는 나이든 사람들에게, 직관은 여성들에게, 비전은 이상주의자를 위한 것으로 여겨졌다. 그러나 정보의 이러한 형태들 각각은 그것만의 힘과 확실성을 갖고 있으며, 우리는 그것을 어떻게 언제 효과적으로 사용해야 할지 인식하기 시작할 때 네 가지 원천들 모두는 사용자들에게 능력을 부여한다.

정보는 전 세대를 거쳐 오면서 심하게 오용되어 왔다. 통제의 수단으로 사용되기도 하였고 전쟁을 일으키기도 하였고 땅을 정복하고 정치와 종교의 관점을 강요하기도 하였다. 정보의 세대인 오늘날, 정보의 오용은 허위정보, 거짓광고, 부정적 정치광고, 기타 현대광고의 다른 형태로 나타난다. 이러한 것은 라디오와 TV, 인터넷을 통해 특정한 방향으로 투표하도록, 특정한 삶의 방식으로 살도록, 특정 제품을 구매하도록 많은 사람들을 조종하고 사람들을 설득하는 데 사용된다. 반대로 새로이 발전된 디지털 사회의 네트워킹은 의사소통을 좀 더 쉽게 하도록 하고, 자유롭게 얻을 수 있는 풍부한 정보로 인해 모든 사람들이 다른 사람들을 조종하기 위해서라기보다 자기의 유익을 위해서 정보를 사용하는 능력을 부여한다.

이 책은 정보와 사랑에 초점을 맞춘다. 사랑과 정보가 함께 어우러져서 세상을 변화시키는 힘을 갖는다(Clay Shirky, Here Comes Everybody, 2008, 140쪽을 보라). 사랑에 있어서의 정보는 통제에 있어서의 정보와는 완전히 다르다.

수많은 사람들이 자신의 지식을 공유하고자 하는 사랑스런 노력이 연료가 되어 인터넷에서 자유롭게 구할 수 있는 정보들이 인간의 힘을 만들어 내는 데 사용된다. 즉, 실용적인 지식을 통해 그들의 매일의 삶이, 의학과 심리학적 지식을 통해 그들의 건강이, 교육을 통해 그들의 지혜가, 효과적인 사회활동을 통해 그들의 자유로움이, 감상적 문학을 통해 형성된 그들의 관계가 이러한 것들이다.

초월성

힘의 원천으로 볼 때 초월성은 어떤 사건이 그냥 되어지도록 내버려 두는 평안함의 힘이다. 하나님의 은총, 열반, 무에 견줄 수 있는 마음 상태인 초월성은 물질과 지상으로부터 분리하는 힘이다. 힘의 원천으로 볼 때 초월성은 두려움 없는 기쁨, 일이 자연스럽게 흘러가도록 놔두는 것, 부정적인 감정과 집착, 혐오 등이 나에게 영향을 미치도록 내버려 두지 않고 기분 좋게 만드는 웃음을 허용하는 것 등이다.

초월성은 땅이 흔들리는 변화의 한가운데에서도 우리 자신을 명확히 볼 수 있게 하는데, 즉 우주의 먼지로 돌아가는 우리의 삶이 얼마나 덧없는지, 우리의 성공과 실패가 얼마나 허무한지, 세상과 우주가 실제로 얼마나 우리 자신에 비해 어마어마하게 큰지 등을 명확하게 인식하게 한다. 우리의 상황이 어떠하든지 간에, 그것이 거대한 시간과 공간에서 작은 한 점일 뿐임으로 볼 때 그것을 잘 처리할 수 있다. 이러한 이해를 가지면, 미래에 대해 혹은 심지어 죽음에 대해서도 두려움은 없는데 이는 우리의 존재가 평범한 사건에 의해 좌우되지 않을 것이기 때문이다. 초월성의 힘은 우리의 제한된 인지능력이 알아낼 수 없다 하더라도 삶에는 의미가 있다는 희망과 신뢰를 준다. 그러므로 우리는 특별한 상황에서도 "초연해질 수" 있고 물리적인 상황에 관계없이 우리의 힘을 느끼고 믿을 수 있다. 우리는 가끔 그러한 마음상태가 되어 자연스럽게 편안하지만 대체로 그렇지 않은 경우가 많으므로 그러한 것을 얻기 위해 명상과 훈련이 필요하다.

초월성에 대한 당신의 능력이 개발되지 못했다면 당신은 자신이 어떤 일의 중심에 있으며, 당신의 신념과 소망, 열망과 혐오, 성공과 실패, 얻는 것과 잃는 것에 그 비용에 상관없이 필사적으로 집착하는 것을 보게 될 것이다. 모든 것은 당신에게 달려 있기 때문에 당신이 다른 사람과 환경에 부여한 영향은 바로 당신이라는 사실을 알지 못할 것이다. 반대로 만약 초월성이 경쟁적으로 과용되었다면 당신은 허황한 세상적인 문제에 집착하게 되어, 당신을 둘러싸고 있는 문제들은 인지하지 못하고 '둥둥 떠다니고' 땅을 밟을 수도 밟으려 하지도 않을 것이다.

앞의 일곱 가지 힘의 다양한 원천들은 인간의 힘에 있어 이상적인 방법이라고 보여 주었던 통제-지향적인 방식의 대안을 보여 주었다. 마음 중심의 힘은 이 필수불가결한 일곱 가지 중 하나로서 통제를 하기보다 사랑을 가진 통제로 대체한다. 이것은 자신의 힘을 극대화하고자 하는 사람이라면 모든 일곱 가지의 원천을 최적화하도록 잘 양성해야 함을 제안한다. 한 집단에서 이것들이 최적으로 작동되려면, 부부, 가족, 이웃, 종업원, 유권자 등과 같은 집단의 모든 구성된들이 가능한 한 힘이 있어야 하며 카리스마가 있어야 한다. 사람들은 잘 조화된 음악회에서처럼 마음 중심인 각자가 개별적 힘을 다른 사람과 조화를 이루도록 훈련할 때 가장 효과적이다.

제2부
결 론

나는 학부와 대학원 과정 동안, 아인슈타인에게 처음으로 영향을 받았고 그다음으로 프로이트에게 영향을 받으며 살았다. 나는 이론에 푹 빠졌었다. 이는 빛에 대한 상대성이론, 파장이론, 입자이론, 그 후엔 원자보다 더 작은 입자였고 내가 심리학으로 전환했을 때는 신경증이론, 오이디푸스 콤플렉스, 꿈의 기원, 원초아, 사회화, 욕구불만 등이었다. 이론도 유행이 있었는데 특히 심리학에서는 그렇다. 독자가 있는 사람들은 누구나 자기 마음대로 이론화할 수 있었다. 이론의 성공은 얼마나 많은 대중이 매력을 느끼는가? 하는 것이며 오늘날처럼 과학적 실증이 기준은 아니었다. 1956년 내가 번의 샌프란시스코 세미나에 도착했을 때, 나는 인상 깊은 이론을 기대했으며 의심 없이 그것을 받아들였다.

나는 번과 나, 우리 둘은 나의 증조부인 위대한 논리적 실증주의 철학자였던 루드비히 비트겐슈타인(Ludwig Wittgenstein)의 영향을 받았다는 것을 그때는 알지 못했다(그도 알지 못했다). 그는 평이한 언어로 철학자들이 '광야'로 돌아가야 한다고 주장했다. 즉, 루드비히 비트겐슈타인은 철학자들이 늘 사용한 형이상학적인 언어의 사용으로부터 평이한 언어를 다시 가져와야 한다고 하였다. 사유의 세계에서 비트겐슈타인의 영향은 번이 완전히 다른 종류, 즉 그것은 입증가능하고 현실에 근거를 둔 성격이론을 창조해 낸 확실한 이유가 된다. 이것은 번이 과학적 검증의 가능성을 모색하여 도입한 세 가지 개념, 즉 교류분석, 자아상태와 게임을 개발한 이유다. 이것은 또한 1959년, 내가 과학적 심리학을 공부했던 미시간 대학교에 그가 나를 보낸 이유이기도 하고 나는 결국 국제교류분석협회의 첫 '연구 책임자'가 되었다.

교류분석을 과학적으로 검증하는 일은 어려운 것으로 증명되었으며 지금까지 우리 이론을 위한 과학적 증거를 검토했던 몇몇 동료들이 추구하고자 했던 모든 노력들은 실패했다. 국제교류분석협회 연구와 혁신의 부회장(2000~2003)으로 내가 할 수 있었던 최선은 번의 핵심 개념과 유사한 개념들을 확증할 수 있는 과학적 문헌을 찾는 것이었다. 실제 번 학파 이론의 상당한 연구들은 현실화를 기다리고 있다. 한편 나는 현실에 잘 적용할 수 있으리라는 믿음을 갖고 여기에서 보여 주었던 스트로크와 스트로크 결핍, 개인의 힘, 협력, 치유 등에 대한 일련의 내 이론들을 추가했다. 나 자신의 이론들 또한 과학적 실증을 기다리고 있다. 그중 몇 가지 이론은 다음과 같다.

1. 긍정적 스트로크들은 만성적인 결핍상태에 있다.
2. 스트로크 결핍은 우울을 낳는다.
3. 스트로크 결핍의 원인은 어린 시절에 배운 내면의 억압 때문이다.
4. 스트로크를 어떻게 주고받는지를 배우는 것은 스트로크의 교환 능력을 증진시키게 되고 드라마 삼각형 교류를 감소시키게 된다.
5. 충분한 스트로크를 받은 사람은 개인의 힘이 더욱 강력하고 자유로우며 현실화할 수 있다.

지금까지 이들 이론들의 효력과 거기서 나온 방법들은 과학적 타당성이 약하다.

그럼에도 불구하고 이러한 방법들에 만족스러워하는 실천가에 의해 사용되었고 내담자를 만족시켰다는 사실은 이들의 효력에 상당히 의미 있는 증거다. 이 책의 마지막 부분에 나는 지금까지 내놓은 이론들을 실제 상황에서 실천적으로 적용했던 시간과 영역을 제시하였다.

제3부

사랑과 정보: 실천

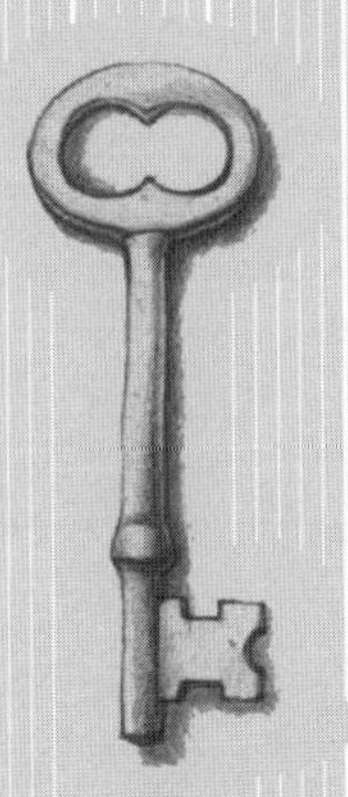

제3부

도 입

TA는 더 이상 심리치료의 방법만으로 제한되지 않는다. TA의 정교함, 지식, 그리고 실용적인 기술들은 교육, 상담, 멘토링, 사업컨설팅 그리고 코칭에 이르기까지 TA 행동과학에 다양하게 적용되고 있다.

사람을 대상으로 일하는 건강, 교육, 사업의 어떤 능숙한 전문가라도 기본적인 기술을 가지고 있을 필요가 있다. 물론 부정적인 판단이나 의존성을 피하는 공감적인 태도를 유지하는 것만으로도 대부분 상황에서 유익한 경험을 만들 수 있고, 나는 이것을 선함의 기본적 치료의 힘이라 부른다.

덧붙여 숙련된 정신의학전문가나 휴먼서비스의 전문가들은 최첨단 리서치와 관련하여 효과가 입증된 영역과 연결되어 있어야 한다. 결과적으로 그들은 슈퍼비전을 받아야 하고 필요하다면 치료를 받고 건강한 생활을 추구해야 한다. 이러한 요구들은 현대의 전문가들 누구에게도 기본적인 부분이다. 이것은 명석한 치료의 근원적인 힘이다.

선하고 명석함은 좋은 것이지만 TA 훈련에서는 조금 더 요구한다. 카멜에서 그의 마지막이 된 침대에서 교정을 한 에릭 번의 마지막 책인 『What do you say after you say hellow?』(1972)에서, 그는 '비록 하나의 교류라 해도 특정한 자아상태로 나누어서 철저한 분석을 기본으로 하지 않은 개입의 방법은 교류분석이라 할 수 없다.'(p. 20)라고 했다.

말할 필요도 없이 나는 이러한 선언이 좋다. 왜냐하면 사람들이 TA 분석가는 무엇을 하느냐고 물을 때 나는 이렇게 대답하기 때문이다. "TA분석가는 교류를 분석합니다." 덧붙여서 TA는 계약적인 과정이고 집단작업에 더 좋으며 허가를 주고 허가가 주어질 때 강력한 보호도 따른다고 말한다.

TA의 계약적인 특성으로 인해 약속을 하게 되고 실행이 기대되며 이것은 강한 요구사항이 된다. TA분석가들은 내담자가 명확한 목표를 따라갈 수 있도록 열성적으로 이끌어야 한다. 계약을 세우기는 어렵지만 주의를 기울여서 만족스러운 완성을 만들어야 한다. 계약을 만들어내는 창의적이고 효과적인 제의는 상당한 도전이 될 수 있다. 일대일의 관계에서보다 집단이나 커플을 대상으로 작업을 하는 것은 더욱 부담이 된다.

단순하게 내담자를 만나고 최선을 기대하며 TA분석가의 명석하고 감정 풍부한 본성만으로는 할 수가 없다. 무언가가 더 요구된다. 처음 단계인 계약부터 시작해 보자.

제9장

계 약

TA는 유용한 계약형태로 가치가 있는 다른 활동들과 반드시 구별되어야 한다. 개인은 혼자서 혹은 집단 안에서 여러 종류의 이로운 것들을 행한다. 축구경기에 가는 일이나 춤을 추러 가거나 참 만남집단에 참여하거나 주말에 숲속에서 명상을 하거나 혹은 정신분석을 시작하는 것도 도움이 되는 활동이다. 이러한 활동들과 TA가 기본적으로 다른 점은 바로 계약이다.

우리들 대부분은 가르치고 돌보고 그리고 우리를 필요로 하는 사람들을 돌보아 주려는 건강한 욕구를 가지고 있다. 우리들 중 많은 사람들은 이미 그런 칭찬할 만한 동기를 시작해 본 경험이 있고 결국에는 우리가 도우려 했던 바로 그 사람의 손에 고통을 받았을 것이다. 계약을 작성하는 것은 '도움' 을 주는 관계에서 불가피하게 진흙탕으로 끌려 들어

오게 만드는 세 가지 게임의 역할—구원자, 박해자, 희생자—을 피하는 효과적인 방법이다. 구원자는 도움을 원하는지 확실치 않을 때 빠져들게 된다(도움은 말할 것도 없이 필요하지만). 구원자는 그의 도움이 효과가 없거나 감사받지 못할 때 박해자에게 화가 나게 되고 결국 희생자가 되어 도움을 주지 못하는 불행을 느끼는 혼란스러운 결과를 가지고 오게 된다. 치료적인 계약은 이러한 실수를 피하게 하는 것이다.

내담자와 능숙한 치료자, 교사, 상담가, 코치 혹은 컨설턴트와의 계약은 법정에서의 계약만큼 존중받아야만 한다. 법적인 계약의 두 가지 측면은 다음과 같은 계약에 완전히 적용되어야 한다. ① 상호 정보제공 동의 ② 보수와 관련된 법적 계약과 같은 요구사항들은 수세기를 걸쳐 발달되어 왔고 개선되어 왔다. TA 계약의 성립은 사회적인 가치도 있는 만큼 실용적인 효과로도 받아들일 만하다.

계약의 실례

일례로, 나는 알코올중독자들과 계약을 사용하는데 그 이유는 그들과 정확한 계약을 맺는 것은 가장 도전적이며 중요한 일이기 때문이다. 이 예는 다른 종류의 계약을 위한 견본으로 제공될 수 있다.

알코올중독자들이 치료자를 찾는 것은 주로 가족의 압력이나 법원 명령의 결과다. 이러한 경우 치료자와 내담자는 계약의 두 가지 조건에서 불만족스러운 치료과정을 진행하게 된다. 내담자는 진심으로 치료자에게 동의하지 않으며 충분한 생각을 하지 않고 치료자는 무엇을 제공할 수 있는지 무엇을 내담자에게 요구하는지 분명하게 하지 않는다. 이런 비슷한 환경은 모든 '돕는' 또는 '치료적' 관계에서 적용된다.

누구라도 알코올중독자를 돕는 사람은 이러한 위험을 알아차릴 필요가 있다. 좋은 비유는 한 사람이 바닷가를 걷다가 누군가가 물에 빠지는 것을 보는 것과 같은 상황이다. 그는 옷을 다 입은 채로 물에 뛰어들어 희생자를 향해 수영을 하여 그를 구하고 희생자는 산 반면 아이러니하게도 그가 물에 빠지는 것이다.

응급구조원은 물에 빠져 위기에 처한 사람들로부터 자신이 끌려 들어가는 것을 막는 기술을 배운다. 다른 사람의 중요한 문제를 다루는 것에 흥미를 가진 사람은 이런 비슷한 결과를 피하는 기술을 발달시킬 필요가 있다. 이러한 기술들은 우리들의 에너지를 낭비하게 하지 않을 뿐 아니라 우리가 돕고자 한 사람으로부터 끌려 들어가 익사당하는 것을 막아 주는 안전한 방어가 된다.

알코올중독, 학대받은 사람들, 게임중독, 섭식문제, 그리고 스스로 해를 입히는 다른 충동을 가진 사람들은 그들을 돕고자 하는 사람들에게 쓰디쓴 실망을 주고 감정을 압도해 버리는 것으로 마무리하는 재주를 가지고 있는 것처럼 보인다. 도움을 원하지 않는다 해도 우리는 마음을 다해 사랑으로 도움의 관계를 시작하고 도와주려는 진실한 갈망을 가지고 있다. 만약 우리의 도움이 성공한다면 다른 사람을 계속해서 도와주는 동기로 남게 된다. 그러나 번번이 이런 갈망은 격파되고 사라짐으로써 약화되고 만다. 계약은 이런 슬픈 결과를 피하는 데 도움이 된다.

상호 정보제공 동의

좋은 치료적인 계약의 수립과 실행은 정교하고 평등하며 민주적이고 양방향 정보를 주고받는 확실한 피드백에 달려 있다. 상호 정보제공 동의는 계약을 맺는 두 사람이 계약의 기간에 대해 진실하게 동의하는 것을 뜻한다. 치료적 동의는 요구, 제안, 그리고 서비스의 수락을 말한다. 내담자는 특정한 종류의 도움을 원하고 임상가는 이런 상황을 이해하고 기꺼이 내담자의 욕구가 나아지도록 공헌을 한다.

정보를 알고 현명한 제안을 하기 위해서 임상가는 내담자의 상황을 명확하게 이해하고 내담자가 무엇을 성취하기를 원하는지 확실하게 이해해야 한다. 정보 동의 구성을 수용하기 위해서 내담자는 임상가가 작업을 하기 위해 무엇을 요구하는지 이해할 필요가 있다.

치료자가 상호동의는 계속되는 관계 속에 있는 것이라고 잘못 오해할 수 있는데, 그럴 경우 사실 내담자는 기꺼이 관여하지 않고 강제적으로 느끼고 심지어는 상황 안에서 희생되는 느낌이 들 수 있다. 이러한 상황에서는 치료자는 말할 것도 없이 자동적으로 구원자의 역할에 들어간다. 상호 동의를 만드는 것은 특히 어떤 계약도 경험하지 못했던 치료적 관계에 익숙한 알코올중독자들에게 적절하다.

또 다른 한편으로, 그 심리치료에서의 요구사항에 대한 이해 없이 선의에서 무조건 동의한 내담자, 즉 단지 이제까지와는 다를 것이고 예상보다 복잡한 것을 기대한 내담자에게 일반적이다. 상호적이고 고지에 입각한 동의 관계는 다음의 세 가지 교류가 있다.

1. 특정한 문제의 치료를 위한 요구
2. 특정한 문제를 해결하기 위해 치료자의 치료에 의해 제공됨.
3. 내담자에 의해 받아들여짐.

이러한 세 가지 요소가 충족되지 않은 치료적 관계를 치료자와 내담자 사이에 맺는 것도 드물지 않다.

다음에서 알코올중독자인 조나스와 치료자인 제니스의 대화를 보자.

제니스: 내가 무엇을 해 줄까요? 조나스?

조나스: 치료가 필요해요.

제니스: 좋아요. 나는 화요일 오후 6시부터 가능한데 당신도 괜찮을까요?

조나스: 네, 가능해요. 그럼 화요일에 만날 수 있겠군요.

제니스 : 좋아요.

이 대화는 상호 정보를 주고 동의한 것처럼 보인다. 그러나 내담자의 다음과 같은 대화에서는 요구가 드러난다.

제니스: 내가 무엇을 해 줄까요? 조나스?

조나스: (아내가 떠나겠다고 하고 나는 음주운전으로 체포되고 어머니와 판사, 그리고 아내가 모두 내가 치료받아야 한다고 하네요. 그래서) 나는 치료가 필요해요.

이것은 치료를 요구하는 것이 아니라 그 대신 "구원자" 게임으로 움직이는 것이고 몇 주, 몇 달, 몇 년의 실망스러운 시간 후 긍정적 결과는 전혀 얻지 못한 채 모든 사람은 크게 실망만 하게 된다.

다시 한 번 해 보자.

제니스: 내가 무엇을 해 줄까요?

조나스: 치료가 필요해요.

제니스: 왜 치료를 원하시죠?

조나스: 글쎄요. 필요한 것 같아서요.

제니스: 아마 당신은 필요 없을지 몰라요. 왜 그렇게 생각하게 되었죠?

조나스: 글쎄요. 나는 술을 많이 마시고 몸이 안 좋아요. 아내는 나를 떠나려고 하고 있고 나는 음주운전으로 감옥에 갈지도 몰라요. 술 마시는 것이 내 인생을 망가지게 하고 있기 때문에 술을 끊어야만 해요. 당신이 나를 도와줄 수 있을까요?

제니스: 네 그럴 수 있겠네요. 나는 화요일 6시에 가능한데 당신은 어때요?

조나스: 네, 나도 좋아요. 그럼 화요일 날 봐요.

이 예는 치료를 요구하고 있지만 치료자가 무엇을 하려하고 혹은 무엇을 성취하고자 하는지 적절하게 정보를 제공하지 않고 있다. 그녀는 실제로 도움을 줄 수 있는지 알 만한 정보가 없고 돕기 위한 그녀의 상태에 대한 말도 없다.

사실 그들은 둘 다 아직 상호 정보를 동의하는 데 아무것도 모르고 있다. 치료적인 제안은 치료자가 문제를 이해하고 기꺼이 그 문제를 다룰 것이며 치료과정에 있어서 적절한 성공에 대한 기대를 한다는 것을 의미한다. 알코올중독의 경우 계약에서 발생하는 상호 정보제공의 동의를 위해 치료자는 특정한 정보가 필요한데 제니스는 그것을 알지 못했다. 내 경험으로는 치료자가 알코올 내담자와 치료적 계약에 들어가기 전에 다음과 같은 사실들은 반드시 물어봐야 한다.

그 사람은 자신을 알코올중독자라고 인식하고 있는가? 그 사람은 자신이 술을 마시는 것이 자제되지 않으며 그것이 자신에게 해를 끼친다고 느끼고 있는가? 그 사람은 술을 끊기를 원하는가?

만약 치료자가 내담자의 알코올에 대해 충분한 정보를 가지고 있다면 그는 이제 상호동의 계약을 맺을 수 있다. 예는 다음과 같다.

> 제니스: 내가 무엇을 해 드릴까요? 조나스?
>
> 조나스: 나는 술을 너무 많이 마시고 몸이 안 좋아요. 아내는 나를 떠나려고 하고 있고 나는 음주운전으로 감옥에 가게 될지도 몰라요. 술이 내 인생을 망치고 있기 때문에 나는 술을 끊기를 원해요. 당신이 나를 도와줄 수 있을까요?
>
> 제니스: 좋아요. 조나스. 내가 도울 수 있을 것 같군요. 만약 당신이 나와 함께 치료를 시작하면 무엇을 해야 하는지 이야기할게요. 나는 당신이 분명하게 해야 할 일을 했으면 해요. 매주 두 시간씩 집단 미팅에 참여할 필요가 있고 간혹 당신 혼자 혹은 당신의 아내나 아이들과 함께 가족 미팅도 할 필요가 있어요. 당신은 늘 제시

간에 참석을 해야 하고 참석 24시간 전에는 술을 마시면 안 돼요. 이런 종류의 치료는 당신이 술을 마시는 동안은 효과가 없어요. 가능한 한 빨리 술을 끊을 필요가 있고 그 후 적어도 일 년간 술을 마시면 안 돼요. 그 기간 동안 집단에도 규칙적으로 참석해야 하고요. 나는 당신이 당신의 문제를 해결하기 위해 활발하게 참여하기를 원하고 미팅과 미팅 사이에는 생활 습관이나 식습관의 변화를 위한 과제를 하기를 기대해요. 그리고 AA에도 참여하고요. 만약 당신이 규칙적으로 미팅에 참여하고 일 년간 술을 마시지 않고 당신의 문제를 우리가 함께 다루어 나간다면 당신의 알코올중독은 치료될 것이라고 나는 기대해요. 만약 이러한 것에 기꺼이 동의를 한다면 화요일 여섯 시에 시간이 가능해요.

조나스: 이해해요. 그럼 화요일 여섯 시에 뵐게요.

위의 예는 간결하지만 상호동의의 세 가지 요구조건을 포함하고 있다. 이는 요구, 제안, 그리고 허락이다. 문제를 정의하였고 더 이상 술을 마시지 않는 것으로 치료를 구체화하였다. 성공적인 계약의 시작 모델은 알코올중독보다 다른 문제에 적용을 하는 것이고 집단의 다른 구성원들에게, 그리고 두 사람(치료자와 내담자)에게도 성공적인 작업의 결과가 될 것이다. 이런 대화가 접수면접에서 이루어져야 하는지에 대한 논란은 타당하다. 나는 첫 번째 전화나 이메일의 접촉에서 계약에 관한 이런 기초적인 이야기들이 된다면 시간과 돈을 절약하는 것이라고 제안하고 싶다.

간혹, 개인이 자신의 주요 어려움은 무시하고 작은 문제로 치료자와 작업하려고 찾는 경우가 있다. 예를 들어, 조나스는 알코올 문제는 놔두고 그의 아내와의 관계에 대해 다루기를 원할 수 있다. 알코올중독같이 심각한 문제를 다루는 것보다 부부문제같이 방해가 덜 되는 문제를 다루기 위한 제안들은 어려움으로 이끄는 잘못이 될 수 있다. 이것은 생명의 위협이 되는 질병을 가진 환자가 성형을 하는 것과 비교될 수 있는데 이런 것은 거절해야 하며 알코올중독은 그것만으로도 충분히 심각한 문제로 만약 다른 작은 문제를 다룬다면 그 수고는 무산되고 말 것이다. 이런 요구는 정직한 설명과 함께 정중하게 거절하여야 한다.

상담비용

상호 정보제공 동의 후에 상담비용은 계약의 두 번째 요구사항이다. 돕는 사람은 자신을 제공하는 것이고 도움을 받는 사람은 그것을 되돌려 줄 필요가 있다. 법적인 용어로 이것을 대가(對價)라고 한다. 모든 계약은 타당한 비용을 기본으로 해야 한다. 타당한 비용은 치료자와 내담자 사이에서 이득이 되게 한다. 치료자에 의해 주어지는 혜택은 문제에 대한 능숙한 치료적 시도여야 한다. 바꾸어서 내담자는 비용을 지불해야 한다.

번이 계약이라는 아이디어를 발달시킨 이유는 정신분석가들에 의해 만들어진 그들이 받는 비용에 대해 어떤 약속이나 책무로 되돌려 줄 필요가 없다는 명백한 의미에 반대를 하였기 때문이다. 정신분석가들 또한 치료적인 계약을 이야기하고 있으나(Menninger, 1958) 이런 계약들은 한쪽 면만 있어서 환자들이 해야 할 것—제시간 지키기, 자유연상, 빠진 회기도 지불하기 등등—을 동의하는 것만 있다. 절대 분석가들의 의무나 책무는 명시하지 않고 있다. 이러한 계약들은 배려가 부족하다. 조금 더 자세하게 살펴보자.

앞에서 이야기한 대로 치료자가 주는 혜택은 문제의 치료다. 이것은 왜 내담자가 자신의 인생이 만족스럽지 않은지, 만족을 위해서 무엇이 필요한지 명확하게 설명하는 것이 중요한 이유다. 내담자—엘리스라고 부르자—는 무엇이 그녀로 하여금 불행을 느끼게 하는지 상세하게 이야기한다. 그것은 너무 술을 많이 마시는가? 잠을 제대로 자지 못하는가? 늘 울고 있는가? 관계를 맺는 것에 늘 실패를 하는가? 친구들이 피하는가? 직업을 유지하지 못하는가? 등등이다. 엘리스는 또한 그녀의 인생에서 만족을 주는 것이 무엇인지 설명해야 한다. 예를 들면, 직업이 있고 유지하는 일, 사랑하는 사람들과 관계를 맺는 일, 잘 자고 상쾌하게 일어나서 하루를 행복하게 지내는 일, 친구를 사귀는 일, 두통에서 벗어나는 일, 혹은 술을 끊는 일 등이다.

치료자는 내담자와 치료자가 (만약 집단이라면 집단 대부분의 사람과) 치료의 초반에 문제를 설명할 때 계약단계에서 비용을 포함해야 한다. 그러므로 위의 엘리스와 같은 경우 문제와 그들의 치료가 명확하게 행동적으로, 간단하게 관찰 가능한 용어로 명시되어야 한다. 이 초기의 선언 없이는 문제가 해결되었다고 결정하는 것은 불가능한 일이다.

번에 의해 치료라고 불린 계약의 완성은 TA분석가의 적절한 대가다. 다른 한편으로, 보수는 내담자에 의해 다양하게 주어진다. 대부분 치료계약의 일반적인 보수는 한꺼번에 지불하거나 내담자의 사정에 따라 일부만 지불하게 되는 돈이다. 그러나 돈만이 충분한 것은 아니다. 내담자의 보수는 회기가 진행되어 가는 내내 내담자가 좋은 의도의 노력을 함으로써 계속되어야 한다.

효과적인 치료를 위해서 내담자는 처음부터 끝까지 명확한 계약이 필요하다. 각 계약들은 질문들을 하면서 마쳐진다. "치료는 끝났는가? 혹은 우리는 다른 계약을 시작해야 하는가?" 이 질문의 대답은 치료자보다는 내담자에게 달려 있다. 때로 초기계약이 실수였거나 혹은 제대로 이루어지지 않았을 수도 있고 수정할 필요도 있다. 어떤 새로운 계약도 초기계약처럼 상호 관련하에 세심하게 주의를 해서 만들어져야 한다. 치료자는 내담자에게 무엇을 하라 혹은 무엇을 하지 마라 하고 강요하는 일반적인 경향을 조심할 필요가 있다. 이것이 계약에서 상담자의 필요와 욕구보다 내담자의 필요와 욕구를 기본으로 보장하기 위해 필수적인 것이다. 치료자가 자신의 의견이나 다른 문제를 자유롭게 표현하지 말아야 한다는 말이 아니라 이러한 의견들은 내담자의 요구와 의견의 뒤편으로 가지고 와야 한다는 것이다.

나는 알코올중독자와의 계약에 초점을 맞추었고 여기 조금 더 연장된 가능한 계약을 제시한다.

- 더 나은 직업 찾기
- 단 것(사탕) 그만 먹기- 혹은 커피, 담배, 세 가지 모두
- 친구 사귀기
- 성 관계를 증진하기
- 비판적 부모자아와 싸우기

- 구원자 역할 그만하기
- 두통 멈추기
- 양육적 부모자아 발달시키기
- 더 나은 월급받기
- 더욱 많은 스트로크 주기
- 우울 극복하기
- 조금 더 생산적으로 되기
- 불안 극복하기
- 좀 더 진실 되기
- 감정 드러내기
- 사랑하고 사랑 돌려주기
- 그 외

우리들 친구로부터 작은 도움

친구로서 다른 사람을 돕고자 하는 사람은 구원자 역할을 피하기 위해 도와주는 관계에 대해 동등할 필요가 있다. 구원자는 다음 두 가지가 관계가 있는 것으로 정의된다.

1. 상대가 원하지 않는 것을 해 주는 것
2. 상대가 나누고 있는 상황보다 더 해 주는 것

친구의 구원자 역할을 피하기 위해, 첫째, 우리가 이 사람에게 도움이 되고자 하는지 확신을 가져야 한다. 둘째, 우리가 돕고자 하는 사람은 적어도 우리만큼 문제를 기꺼이 해결하고자 하는지 확실히 해야 한다. 또한 우리 수고의 대가로 뭔가를 돌려받는 것이다(물질일 필요는 없다). 만약 내가 한 시간 동안 전화로 당신의 문제에 대해 들었다면 나는 당신에게 미래의 어느 날 그런 지원이 필요한 문제에 대해 한 시간 동안 들어주기를 기대할 것이다. 만약 내가 당신의 집에 가서 당신이 쌓아 놓았던 쓰레기를 치우고 청소를 했다면 나의 차고를 청소할 필요가 있을 때 당신도 나를 도와주기를 기대할 것이다. 당신의 도움을 청하고 서로 균형 있게 에너지를 주고받는 것이다. 우리 사이에 에너지를 사용하는 것은 외형상 균형 있게 유지되어야 한다. 그렇지 않으면 구원자 게임으로 들어가 당신에게 반드시 화를 낼 것이고 당신을 돕는 것에 흥미를 잃고 결국 당신을 박해할 것이다.

친구 사이에 이러한 동의는 요구를 분명하게 하지 않고 보통 당연한 일로 여긴다. 그런 것이 괜찮을 때도 있지만 아닐 때도 있다. 간혹 사람들은 이타적으로 반대급부를 바라지 않고 남을 돕는다. 이것은 항상 현명한 접근은 아니다. 적어도 돕는 사람은 상대에게 변화하기 위한 수고, 기꺼이 열심히 하는 것, 배움의 열의 등을 기대한다. 도움을 주는 많은 사람들은 이런 종류의 긍정적 태도가 그들의 일에 대한 충분한 대가라고 여긴다. 만약 그렇다면, 좋다! 그런 것들은 적어도 기대해야 한다. 그리고 더 기대하는 것도 물론 말이 되는 것이다.

협력적 계약: 힘겨루기 하지 않기

각 내담자와 특정한 개인적인 계약에 더해서 집단이나 개인과 작업할 때 나는 다른 계약을 만든다. 협력적 계약이 그것인데 이 계약은 특별하게 우리가 함께 작업할 때 힘겨루기를 하지 않겠다는 것, 구원자 안하기, 거짓말 안하기다. 이것은 물론 내담자와 교류분석가 둘 다에게 해당한다. 제4장에서 힘겨루기에 대해 다루었고 이 장에서 구원자에 대해 이야기했다. 다음으로 거짓말을 금하는 것의 의미에 대해 간단하게 이야기하겠다.

거짓말 안하기

거짓말 안하기의 의미는 생략하거나 더하는 거짓말을 안 한다는 동의다. 지각하는 능력, 세상일에 능률적으로 대처하고 이해하는 것은 우리 삶의 끊임없는 거짓말에 의해 상당히 축소된다. 거짓말을 할 때와 진실을 말할 때 무엇이 진실이고 무엇이 거짓인지 가려내는 과정, 무엇을 믿고 무엇을 믿지 않을지가 우리들 마음을 차지하고 최적의 수준에서 일하는 것을 방해한다. 오로지 우리 정신적 능력의 작은 부분만 사용한다고 말할 수 있다. 만약 그렇다면 우리들의 정신능력의 많은 부분은 잘못된 정보, 허위정보, 거짓말 같은 혼란스러운 정보에 의해 낭비되는 것이다.

거짓말하지 않기의 동의는 고의적인 거짓말들, 혹은 거짓을 더해서 말하는 것, 비밀, 거짓을 빼는 것도 허용되지 않는다는 뜻이다. 예를 들어, 술을 마셔 온 알코올집단의 사람이 그 질문에 아니라고 했을 때, 이것은 거짓을 말한 것이 된다. 그러나 묻지 않았다고 말하지 않아도 역시 거짓이 된다. 거짓말을 빼 버린 것이다. 비밀을 지키기 위한 고의적인 행동, 다른 사람이 알기를 원하거나 알아야 할 필요가 있는 것을 감추는 것도 마찬가지다. 이것은 감정을 감추거나 욕구, 의견을 감추는 것도 포함한다. 만약 분노나 사랑의 감정을 참고 표현하지 않는다면 그것도 비밀을 유지하는 것이다. 유사하게, 욕구나 비판적 의견을 표현하지 않는 것도 거짓말의 한 형태다. 거짓말을 하지 않겠다는 동의는 내담자가 자신의 정서와 의견에 정직하게 목소리를 낼 수 있게 하고, 작업에 방해가 될 수 있는 비밀을 지키는 것을 단념하게 한다. 그것은 원하는 것을 요청하는 이상적인 맥락을 만들고 구원자의 역할을 피하게 한다. 힘겨루기, 구원자, 거짓말에 대해 아는 것은 신뢰와 안전한 느낌을 촉진하게 하고 가장 부끄러운 일까지 포함해 한 사람의 인생의 모든 측면의 정직하고 열린 토의를 위해 중요하다.

정직함은 무엇을 원하는지 항상 100%를 요청하는 것이다. 한번 모든 사람들의 욕구가 비밀 없이 이야기 되어지면 모두 최고로 만족할 때까지 협력은 협상을 필요로 한다.

각 구성원들의 개인적 계약과 함께 협력계약은 효과적이고 능률적으로 문제해결을 돕는다. 협력계약은 과업에 집중함으로써 쓸모없는 결과를 가지고 오는 구원자 역할과 거짓말의 혼란을 피하고 사람들의 삶을 급속하게 나아지게 하는 강한 사회구조다.

철저한 정직함—절대 거짓말하지 않는 것—은 이러한 시각을 타당하게 확장한 것이다. 그러나 철저한 정직함은 만약 심각하게 받아들인다면 분명히 극단적인 요구이고 돌봄과 함께 접근해야 한다. 완벽한 정직함을 주장하는 사람은 세상의 다른 사람들과는 이상이 달라서 곧 감옥에 가거나 병원에 입원을 해야 할지도 모른다. 만약 완벽하게 정직하다는 것이 어떤 것에 대해 그 사람이 원하는, 느끼는, 그리고 믿는, 의미 있는 모든 것을 절대로 거짓말을 하지 않는 것이라 여긴다면 이 일은 위험하게 보일 수 있다. 사실은 가장 친밀하고 가까운 관계에서 그리고 오직 상호동의에 의해 바람직할 수 있다.

철저하게 진실한 것은 이상적으로 가치 있는 노력이고 우리 개인의 삶에서 실질적으로 훈련되어질 수 있다. 나는 그렇게 하고 있고 나의 가까운 사람들, 친구와 가족들에게 기대한다. 사실 정서활용훈련의 장 안에서 요구조건의 하나는 지도자의 개인적인 생활은 반드시 거짓말로부터 자유로워야 한다는 것이다. 만약 그렇지 않다면 지도자로서 자격을 갖기 전에 친밀한 친구나 가족들에게 모든 거짓말을 분명하게 하도록 노력해야 한다. 언젠가 미래에 우리들의 정치가들과 중요한 결정을 하는 사람들에게서도 그것을 기대할 수 있을까?

제10장

허가, 보호, 역량 그리고 비판적 부모자아

TA 방법의 기본적인 사용은 3P라고 알려진 허가(Permission), 보호(Protection) 그리고 역량(Potency)이다. 여기에 나는 부모자아 해체하기를 더하려고 한다.

허 가

TA치료의 세 가지 P 중 첫째인 허가는 각본이론과 상당히 밀접하게 영향을 주고받는 교류다. 각본이론은 사람들의 각본행동이 부모자아의 권한에 의해 통제되고 있음을 이야기하고 있다. 알코올중독이 그 좋은 예다.

에릭 번은 알코올중독자에게는 '마시지 마라.'의 허가가 필요하다는 견해를 이야기했다. 만약 어떤 사람이 각본과 관련된 알코올중독이라면, 이 각본이 금지령과 속성의 형태로 부모 압박의 결과라는 것은 설득력 있는 이야기다. 결과적으로 그리고 이론적으로는 알코올중독은 술을 마시라는 명령 아래 있는 것이므로 마시지 말라는 허가가 필요하다. 허가 개념은 그것을 적용할 때는 매우 간단하다. 예를 들면, 술을 많이 마시는 동료들에 둘러싸인 젊은 알코올중독자는 술을 끊으려 하면 주변의 지지와 자존감을 잃어버리는 것 같은 감정을 느낄 수 있다. 그는 약물남용 문화의 은밀하고도 공공연한 도전에 반대하고 맨 정신으로 지내도록 확실한 허가를 필요로 한다. 이와 같은 메커니즘은 자신을 해하는 다양한 활동들에 적용할 수 있다. 예를 들어, 너무 심하게 일을 하는 것, 충분하지 않게 일하는 것("그렇게 열심히 하지 않아도 너는 OK다" 혹은 "열심히 해도 OK다"), 지나친 섹스와 충분치 않은 섹스, 친밀하게 되는 것, 덜 친밀해 지는 것 등이다.

허가는 치료자가 내담자의 금지령과 속성에서 자유롭게 해 주고 양육적 부모자아의 원래 모습을 지지하는 다양한 자아상태 교류다. 교류분석가의 입장에서 양육적 부모자아는 분명하게 "술 그만 마셔, 너한테 좋은 일이 아니야." 어른자아에서는 "술을 마시는 것이 네 인생의 합리적 전략은 아니야." 그리고 어린이자아에서는 "제발 그만 마셔, 그러다 너 죽는다!"라고 말한다.

알코올중독자의 어른자아는 술이 효과적이지 않다는 것과 해가 되는 것을 이해할 필요가 있다. 만약 알코올중독자의 어른자아가 술에 의한 피해에 대해 납득하지 않는다면 허가는 저항이 생기는 명령이 된다. 예를 든다면, 술 때문에 곧 직장을 잃게 될 알코올중독자는 "술 마시는 것은 합리적인 전략이 아니다. 술을 끊지 않으면 일자리를 잃게 될 거야."라는 말은 무시하고 반대로, 사회적인 목적에서 술을 마셔야 일자리를 유지할 수 있다고 믿는다. 그러므로 A(어른자아)대 A(어른자아)의 정보를 받아들이지 않으면 허가는 통하지 않는다. 이 시점에서 치료적 과제는 알코올중독자가 직장을 유지하기 위해 술을 마셔야 한다고 믿는 그 문제를 파악하고 이름을 붙이는 것이다.

허가는 내담자가 술을 끊기를 원하는 상담가의 NP(양육적 부모자아)와 C(어린이자아)에 반응하는 알코올중독자의 C(어린이자아)와 서로 밀접하게 관련되어야 한다. 만약 내담자의 C(어린이자아)가 치료자의 P(부모자아)에 열리지 않으면 어른자아의 정보는 금지령을 극복하기에는 힘이 약하다. 부모자아의 허가는 반드시 NP(양육적 부모자아)에서 주어야 하고 CP(비판적 부모자아)가 전혀 깃들여 있으면 절대 안 된다. 간혹 이 두 자아상태의 차이를 알아차리는 것은 목소리의 톤을 통하지 않고는 어렵다. 예를 들어, 성적으로 문란한 여성과 상담을 하는 치료자가 "아무하고나 쉽게 섹스를 하지 마세요."라고 말할 수 있다. 목소리의 톤에 따라 "아무하고나 섹스하는 것을 그만두세요(창녀 같으니)." 혹은 "아무하고나 섹스하는 것을 그만두세요(이것이 좋은 생각이고 당신에게 좋아요)."는 다르게 들린다.

결국은 치료자의 C(어린이자아)에서 내담자가 자신을 해치는 것을 그만두기를 원하고 대신에 깨끗하고 해가 없는 즐거움을 찾기를 원하는 것이다. 여기서 중요한 것은 치료자의 C(어린이자아)에서 내담자의 건설적이지 못한 행동을 놀리는 교류인 치료자의 '교수대 교류'를 피하는 것이다. 알코올중독자와의 교수대 교류는 알코올에 관한 한심하고 해로운 행동에 대해 사람들이 웃을 때—흔히 술을 마시도록 하는—일어난다. 내담자가 "세상에 어젯밤에 술을 너무 마시고 마누라와 잠자리에 들었는데 말이야, 신발을 신고 잤지 뭐야. 하하." 하고 말을 할 수 있다. 만약 치료자가 웃으면 그의 C(어린이자아)는 알코올중독자의 자기파괴적인 각본에 동조하는 교류를 하게 되는 것이다. 교수대 교류는 알코올중독의 대화에서는 흔한 것으로 비록 흥을 깨고 재미가 없어지게 되더라도 반드시 피해야 한다.

치료계획으로 사용되는 허가는 생각하기, 말하기, 움직이기, 의무, 웃음, 울음, 혹은 주기, 받기, 받아들이기, 그리고 스트로크를 거절하기의 허가를 포함하고 있다. 예를 들면, 일 년간 마약을 끊고 눈에 띄게 상황이 좋아진 환자가 있었는데 전에는 사회적인 관계를 맺지 않았지만 몇몇 친구들을 만나면서 그들과의 활동에 의존하고 있었다. 그녀는 사회적 접촉과 그것에 대한 허가가 필요한 것이 점차 명백해졌다. 과제로 그녀는 그것을 받아들였고 친구에게 영화를 보러 가자고 요청했다. 이것은 치료의 계약적인 포커스를 유지해야 하는 매우 어려운 과제인데 환자의 '아픈 지점'이나 '이러지도 저러지도 못하는 상황'이었다. 그녀는 완전히 좋아지는 과정으로 가기 위해 이 '이러지도 저러지도 못하는' 상황을 넘어서야 했다. 이 명확한 활동에 대한 치료자의 강력한 주장과 관심 그리고 의논은 바라던 결과를 이루게 되었다. 그녀는 마침내 강한 CP(비판적 부모자아) 금지령("사람들에게 같이 해 달라고 요구하지 마라. 너는 빈곤해 보일 거고 그들은 너를 거절할 것이야.")을 굴복시켰다. 그녀는 용기를 내 친구를 영화에 초대하고 중요한 임패스(이러지도 저러지도 못하는 문제)를 극복하는 첫 번째 발자국을 떼고 마침내는 회복되었다.

보호

보호는 허가의 필연적인 결과로 필요하다. 허가가 주어지면 내담자는 그들의 CP(비판적 부모자아)의 금지령과 P(부모자아)를 지지하는 어마어마한 사회적 지지에 반대되는 행동을 하라고 명령이 들려오기 때문에 내담자는 믿을 만하고 진실되며 힘이 있는 뒷배가 필요하다. 내가 본 경험에 따르면 사람들이 그들의 CP(비판적 부모자아)의 복종을 버리게 되면 내가 존재적 불안이라고 부르는 특정한 불안을 경험한다. 본성은 비어 있는 것을 혐오한다. 그리고 우리가 일생 동안 해 왔던 해로운 행동을 멈출 때 급박하게 초조하여 그 자리를 채울 것을 찾는다. 이 불안을 보호가 대응하는 것이다. 안심을 시키는 강력한 치료자의 보호는 전화나 이메일, 미리 계획되지 않았던 일대일 약속이나 특별한 지지(잠깐의 구원자)의 형태로 이 시점에서 매우 중요하다. 집단의 구성원들도 어느 때라도 가능한 보호적인 지지(전화, 함께 활동하기, 점심식사나 차 함께하기)로 격려해 주어야 한다. 이러한 보호적인 사회적 지지가 없으면 내담자는 각본의 힘에 압도될 위험이 있다.

역 량[1]

치료적인 역량은 효과적이고 빠른 치료에 필요한 능력이다. 치료자의 역량은 내담자의 과거로부터 온 금지령의 효력 및 심각함에 상응되어야만 한다. 역량은 치료자가 그의 모든 자원을 치료를 위해 제공하고 시간과 비용을 산출하는 것을 의미한다. 이것은 내담자에게 기꺼이 직면하고 변화를 위해 압력을 행사한다는 뜻이기도 하다. 또한 필요하다면 치료자가 적절한 허가와 보호를 제공한다는 뜻이다. 역량은 치료자가 애를 쓰면서 사용할 때 자주 전능함에 대한 비합리적인 바람을 시사하는 것으로 해석된다. 그러나 역량과 전능함의 차이점은 명확한데 교류분석가로서 그들의 한계에 대한 자각은 "전능함의 환상"에 걸려 괴롭힘을 당하는 것을 알아차리거나 혹은 교류분석적 용어로 구원자 역할에 걸려드는 것을 알아차리는 것이다. 전능함은 효과에 대한 수고가 없음을 뜻하며 역량은 효과와 힘든 일을 요구한다.

치료적인 역량을 위해 바라는 것은 가능성을 가진 기술의 사용이나 보여 줄 수 있는 작업들, 계약을 성취하려는 생각들을 기꺼이 하는 것을 뜻한다. 치료적인 기술은 무한히 많고 끊임없이 도입되고 있다. 역량이 있는 치료자는 어떤 기술이 가능한지 그들의 윤리성, 그들의 유

1) 역량(Potency)은 상담자가 훈련받은 전문성과 더불어 내담자를 돕고자 하는 강한 열망, 그리고 상담자로서 지녀야 할 성품까지 모든 것을 총 망라한 상담자 역량의 총합을 의미한다.

리한 점, 불리한 점을 알고 내담자의 특정한 요구에 맞는 것을 창의적으로 맞출 수 있다.

제11장

비판적 부모자아를 해체시키다

처음에는 돼지 부모자아라고 불렸던 비판적 부모자아는 진보적인 정신의학의 움직임의 초기 개념 중 하나로 호기 위코프(Hogie Wyckoff)에 의해 소개되었는데, 그는 비판적 부모자아가 사람들의 인생에 완전히 부정적인 영향을 미치므로 만약 개인적 힘을 가지려면 그것을 분리시키고 무력화시킬 필요가 있다고 하였다.

자아상태가 은유임을 생각할 때, 상징적이고 직관적인 방법 안에서 뭔가 중요하고 현실적인 것을 대표하는 개념인 비판적 부모자아는 우리가 규칙, 태도, 우리 마음에 잠복된 행동들의 체계라고 부르는 것으로 아주 오랜 옛날부터 사람들이 억압해 온 것임을 깨달아야만 한다. 비판적 부모자아는 종교재판을 포함해서 시리아, 국제 사회주의, 소비에트와 캄보디아의 공산주의 그리고 끝도 없는 '이즘들'로 사람들을 죽이고 고통스럽게 하고 불구로 만들었다. 그것들은 반대자들을 처결하고 감히 얼굴을 보였다는 이유로 여성의 얼굴에 황산을 붓고 간통한 남자를 돌로 쳐 죽이고 여성들을 강간하며 에이즈를 감염시킨다(잔혹행위를 나열하자면 끝도 없다). 이러한 잔혹한 행위들은 우리에게 익숙한 양육적 부모자아와 관련이 있기보다 우리 내면의 야수에게 원인을 돌리는 것이 더 적절해 보이지만 그들은 우리 마음에서 정확하게 같은 장소, 같은 신경다발에서 유래되었다. 그것은 매일같이 학교에서, 교회에서, 침실에서, 부엌에서, 거리에서 우리가 남에게 나쁘다, 멍청하다, 미쳤다, 못났다라고 말하는 마음의 그 부분에서 나온 것이다. 단지 다른 것이 있다면 규모일 뿐이고 지배하려는 근원과 목적은 같다. 만약 이것이 우리 삶에 영향력을 가지고 있다면 반드시 근본적으로 배제시켜야 하는 이유이기도 하다.

세 가지 P가 존재하는 이유는 비판적 부모자아와 맞서기 위해서다. 허가(Permission)는 비판적 부모자아의 권한을 철회하고 보호(Protection)는 비판적인 부모자아의 공격과 허가가 추구하는 이득이 되는 변화를 약화시키려 하는 것을 방어해 준다. 역량(Potency)은 치료자들이 비판적인 부모자아의 힘을 넘어서는 힘을 가질 수 있도록 한다. 정서활용능력 훈련 프로그램의 모든 연습은 긍정적 스트로크를 반대하고, 우리가 감정에 대해 정직해지는 것을 반대하며 우리가 실수했을 때 책임지는 것을 부끄러워하는 비판적 부모자아의 금지령에 맞서는 것으로 구성되어 있다. 덧붙여 계약을 맺는 것은 효과적인 활동을 표적화함으로서 약화된 결과를 자세하게 명시해서 비판적 부모자아의 영향을 무력화하려는 것이다.

스트로크 중심의 TA의 목표는 비판적 부모자아이고 그것을 제거하는 것이다. 1970년대에는 개인이 그들로부터 비판적 부모자아를 제거하는 것을 돕는 것을 '돼지부모로부터 벗어나기'라고 불렀다. 그 이후 그것은 덜 도발적으로 재명명되었는데 그 이름은 '비판적 부모자아 훈련하기'다.

비판적 부모자아 훈련

이따금 사람들은 그들의 비판적 부모자아를 목표로 삼기를 원한다. 이 훈련은 집단 안에서 집단 리더와 함께, 다른 참석자들과 함께 실시한다.

숀은 그의 비판적 부모자아가 오랜 기간 그를 무력화시켜 온 것에 대해서 근본적으로 무언가 하기를 원한다고 말했다. 이것은 그가 참석했던 집단치료에서 6개월 동안 서서히 알아차리게 된 사실이었다.

훈련은 세 가지 부분으로 이루어져 있다.

- 준비하기
- CP 몰아내기
- 정리하기

준비하기

숀은 비판적 부모자아에서 나오는 가능한 한 많은 메시지들을 칠판에 적는다. 처음에 그는 단지 하나밖에 적을 수가 없었다. "너는 가짜 엉터리야. 사람들이 이제 그걸 알 거야." 우리가 더 캐묻자, 그는 긴 목록을 내어놓았다. "이 멍청아." "똑바로 생각할 줄도 몰라." "병신." "넌 절대 성공 못해. 네 형처럼 그렇게 잘하지 못할 거야. 절대." "너는 생각도 없고 머리도 나쁘고 절대 못해."

모든 말들은 칠판에 적었을 때 숀과 치료자는 집단원들의 제안들을 참고로 그런 말을 더욱 현실감 있게 만들었다. 중요하지 않은 메시지들은 지우고 여섯 가지 카테고리에 집중된 메시지들만 남겼다. "너는 멍청해." "너는 쓸모가 없어." 그리고 "너는 가짜 엉터리야."

그러고 나서 숀은 집단 속에서 박해하는 비판적 부모자아 역할을 맡을 사람을 뽑는데 만약 그 사람이 거절하면 다른 사람을 선택한다. 치료자는 어떤 상황에서도 역할을 맡을 것을 권유해서는 안 된다. 그것은 연습의 지도자로서 주된 어른자아 역할을 하는 그의 개입을 무력하게 만들고 숀의 인식을 잠재적으로 오염시킬 수 있기 때문이다. 다음에 숀은 돌봐 주는 부모의 역할을 맡아 줄 사람을 뽑는다. 비판적 부모자아 역의 사람은 숀과 공격적으로 느껴지는 적절한 거리에 마주 앉고 돌봐 주는 부모 역할의 사람은 숀의 어깨에 손을 얹고 숀의 옆에서 앉거나 서 있는다. 칠판은 숀의 뒤에 두어서 비판적 부모, 다른 집단원, 그리고 치료자가 잘 볼 수 있도록 한다. 그들은 숀이나 비판적 부모자아로부터 같은 거리를 유지해서 앉는다.

CP 몰아내기

치료자는 비판적 부모자아 역할의 집단원이 메시지를 읽은 후 눈을 감고 칠판에 쓰여 있는 메시지를 기본으로 한 언어적인 폭력을 미리 준비하도록 한다. 비판적 부모자아는 뒤로 물러나지 않도록 권고를 받는다. 왜냐하면 이 훈련은 치열하게 정면으로 맞서는 것이기 때문이다. 모두 준비되었으면 비판적 부모는 눈을 뜨고 가능한 만큼 공격적으로 공격을 한다. 비판적 부모는 소리를 지를 수도 있고 비아냥거릴 수도 있고 조용히 말할 수도 있다. 중요한 것은 뒤로 물러서지 않는 것이다.

숀은 처음에는 다른 집단원들처럼 할 말을 잃었다. 치료자가 필요하다고 생각될 때 반응을 하라고 격려를 했다. 숀은 싸우기 시작했다. 처음 숀의 반응은 약하고 조리가 맞지 않았다. 다른 사람들은 울거나 아니면 완전히 조용했다. 결국 치료자가 지원을 하고 집단원들이 조용히 지켜보는 가운데 숀은 그의 방어에 초점을 맞추었다. 비판적 부모가 "너는 멍청해. 똑바로 생각할 줄도 몰라."라고 하자 숀은 떨리는 목소리로 "아니야. 나는 멍청하지 않아."라고 말했다 치료자는 그 말을 좀 더 설득력 있게 말하도록 권고했다. 숀을 거기에 덧붙였다. "난 네가 멍청하다고 생각해. 입 닥치고 엿이나 먹어." 치료자가 용기를 주었다. "잘했어요." 비판적 부모가 소리를 쳤다 "넌 절대 성공 못해. 숀, 너는 엉터리야. 들려? 이 엉터리야?" 숀은 조용했다. 치료자가 속삭였다. "숀, 너는 가짜 엉터리야." 숀은 강해졌다. "그래, 네가 엉터리야. 너는 다 아는 것 같지만 사실 아는 게 없어."

비판적 부모가 다시 "너는 절대로 성공 못해. 너도 알잖아." 숀은 "나는 이미 성공했어! 학위도 있잖아. 그리고 애도 둘이나 키웠어. 내가 너를 없애 버릴 거야. 그게 나의 가장 큰 성공이야." 10분이나 15분 후 이 비판적 부모가 아이디어와 전략이 다 떨어지면 치료자는 칠판에 있는 것을 기본으로 새로운 모욕을 제안한다. 그것은 "너는 나를 없애 버릴 배짱도 없어. 너는 네 형만큼 잘하지도 못해." 등등이다.

대화는 계속된다. 마침내 비판적 부모가 기력이 다 빠지고 더 이상 할 말이 없게 된다. 이것은 행동으로 혹은 동정 어린 철회가 아니라 에너지가 고갈된 것이다. 이 훈련의 주된 개념은 내면의 적이란 것이 실제 사람이었다는 것이다. 그 사람이 가진 유일한 힘은 공격적이고 편견적이며 잘못된 것이었는데 숀은 어떻게 대항해야 할지 몰랐던 것이다. 치료자와 집단원들의 활발한 지원과 돌봐 주는 부모자아의 상당한 심리적 지지에서 숀은 그의 안에 있던 근육질의 비판적 부모자아를 되받아치는 싸움을 통해 설득력 있는 균형을 얻게 되었다. 숀이 비판적 부모와의 싸움에서 이긴 것 같을 때 치료자는 훈련의 종결을 선언한다.

정리하기

집단은 박수를 치고 숀의 성공을 축하한다. 그는 '잘난 척' 하도록 초대받고 도전을 받아들였다. 그는 집단의 가운데 앉아 강하고 확신 있는 말투로 "정말 좋았어요. 사실 나는 멍청하게도 당신들이 나의 대학 성적을 봐야 한다고 생각했을 때, 그때서야 내가 나의 전 인생 동안 스스로를 바보 같다고 느끼고 있었다는 것을 깨달았어요. 나는 많은 사람에게 중요하고 많은 사람들에게 사랑받고 있어요. 그리고 나는 사기꾼이 아니에요. 난 믿을 만한 좋은 사람으로 알려져 있고 정말 사기꾼은 비판적 부모예요 .이제부터 나는 그를 두드려 패려고요."

사람들은 더욱 환호했다. 사람들은 그 과정에 대해, 그리고 그들의 반응에 대해 말을 했다. 보통 어떤 사람은 울기도 하고 어떤 사람은 무서워하고 심지어 어떤 사람은 누가 봐도 인정사정없는 이 과정에 분개한다. 치료자는 비판적 부모자아 역할을 한 사람에게 고마움을 전하고 그녀가 괜찮은지 물어본다. 숀도 비판적 부모자아 역의 사람이 잘 해준 것에 대해 감사를 전하고 서로 안아 주도록 한다. 집단원들은 숀과 비판적 부모자아 역의 사람과 양육적 부모자아 역할의 사람, 그리고 치료자를 격려한다. 숀은 그가 이긴 주장을 종이에 쓰고 매일 면도하는 중이나 일하러 가기 전에 다시 해 보도록 격려받는다. 만약 집단원 중 누구라도 불편하거나 "적의 공격"을 받는 상황 아래에 놓여 있다면 그 사람의 정서적 반응에 대해 다루어질 시간을 정한다. 심한 경우에는—나의 경우는 없었지만—비판적 부모가 다시 통제권을 가지게 되어 치료자는 긍정성을 다시 수립해야 하고 치료과정에 대한 힘을 회복해야 하는데, 이는 특별한 비판적 부모의 힘을 지적하고 명확히 하고 훈련을 다시 한다는 계약을 맺어야 성공적 결과가 가능해진다.

비판적 부모자아 훈련은 사람들의 정서적 어려움에 접근하는 진보적 정신의학이 보여 주는 예다. 진보적 정신 의학이론은 세 가지 협력적인 과정을 통해 그들의 약해진 힘을 되찾는 것이다.

접촉, 지각, 그리고 행동이다.

재치 있게 말하면, 세상의 힘 = 접촉 + 지각 + 행동

숀의 힘과 유능함은 지속적인 비판적 부모의 괴롭힘에 의해 강하게 영향을 받았다. 비판적 부모자아는 끊임없이 간섭하고 판단하며 그와 타인의 관계를 무력화시켰다. 여기서 접촉은 집단원들의 지지다. 지각은 비판적 부모가 억압한 것을 세밀하게 기록한 것으로 영향을 미치고 마침내 활동은 비판적 부모의 공격을 막아 내는 긍정적 단계였다. 덧붙여 TA의 세 가지 P가 관여했다. 허가는 비판적 부모와 싸우도록 한 것, 보호는 치료자와 집단원들로부터 지원, 그리고 역량은 치료자의 후원과 개입이다(진보주의 정신의학의 더 많은 정보를 원하면 www.claudesteiner.com/rp.htm을 참고하라).

나는 이 훈련을 악령을 쫓는 엑소시즘에 비유했는데 사실 확실하게 비슷한 과정이다. 그러나 중요하게 다른 점이 있는데 악령을 쫓는 것은 수동적인 경험이라는 것이다. 이 훈련은 집단원들과 치료자에 의한 지지, 도구와 더불어 숀이 그의 힘을 회복해서 균형을 잡는 것에 달려 있다. 도움을 받아들이는 수동적인 것과 스스로 돕는 활동적인 참여 중 결정적으로 다른 점은 잘 알려진 격언으로 요약된다. "당신은 배고픈 사람에게 밥을 줄 수 있고 혹은 고기를 잡는 법을 가르칠 수도 있다."

제12장

정서활용훈련: TA를 정서에 적용하기

앞에서 언급했던 것처럼 심리치료 과정에서 정서 부분을 다루는 것은 TA를 발달시킨 에릭 번의 주요 강조점은 아니었다. 번이 비록 어린이자아는 즐기고 감탄하는 자아상태라고 가르쳤지만 그 역시 인간 정서에 대해서는 알 수 없는 경시를 하고 있었다. 그렇기는 해도 번은 스트로크의 개념과 스트로크를 교환하는 교류를 분석하는 기술을 만들고 인간의 상호교류 양상에서 정서연구의 실용적인 방법의 기초를 닦았다. 정서활용능력 훈련에서는 정서를 효과적으로 사용하고 연구하기 위해 TA를 적용하였다. 이 장에서는 정서활용능력 훈련이란 무엇인지 훈련방법의 개요를 설명하고 훈련의 다른 맥락을 탐구한다.

정서활용 이론

20세기 초 정신의학자들의 연구에서 소외된 결과로 정서는 심리적으로도 그렇지만 정신의학자들의 훈련에서도 눈 밖에 나게 되었다. 정서를 다루는 것은 원치 않는 손님이었고, 옥에 티였고 방에 있는 300파운드 고릴라였으며 문명의 방해자였고 과학과 기술의 적이고 합리성과 이성의 방해꾼, 여자들과 어린이 그리고 유색인종의 저주이고 엉망이고 불안감을 주며 통제가 안 되는 것이었다. 최근에 실험적인 심리학자들이 정교한 하이테크 기술의 도움으로 과학영역에 정서연구를 다시 불러들였다(국제 정신건강 자문위원회, 1995). 얼굴 근육 움직임의 관찰과 호흡, 땀, 심장박동, 뇌파활동, 그리고 그 외 정서와 상관이 있는 연구물들이 많이 보고되고 있다.

다니엘 골먼(Daniel Goleman)은 그의 획기적인 저서인『정서지능』(1995)을 통해 정서를 다시 관심의 초점으로 불러들였다. 전 세계적 베스트셀러가 된 그의 책에서 정서지능의 개척자인 메이어(Mayer)와 샐러비(Salovey, 2008), 그 외 사람들은 과학적 리서치를 이용해서 그리 체계적이지는 않지만 설득력 있는 토론거리를 제공했다. 그 책의 뛰어난 점은 우리의 삶에 정서지능이 어떻게 중요한가 하는 것이다. 하지만 골먼은 정서지능이 어떻게 발전하는지에 대한 정확한 기술을 제공하는 데는 실패했다.

골먼의 책이 출판되었을 때 나는 정서를 주제로 나만의 관점으로 발전을 시키고 있었다. 나의 관심의 중심은 정서적 자각이었는데 이것이 정서자각척도를 만들게 되었다.

정서자각척도

정서의 자각은 내가 정서활용이라고 부르는 커다란 능력의 기초적 기술이다. 정서자각척도는 정서자각의 0~100%까지의 가상의 연속체를 나타낸다.

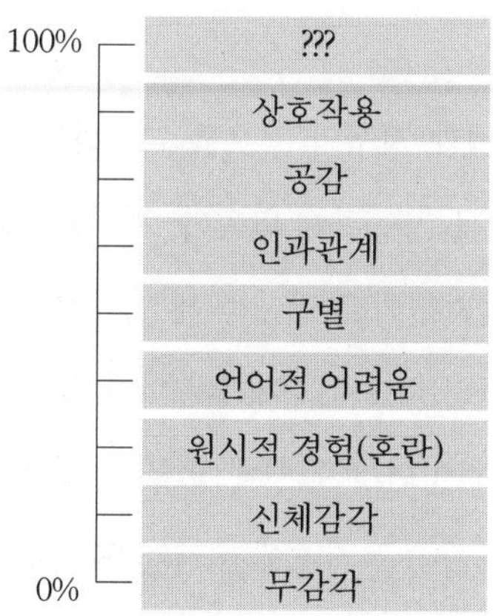

[그림12-1] 정서자각척도

원시적 경험

우리는 매우 정서적이고 잠재적으로 혼란스러운 상태로 태어난다. 이러한 원시적 수준의 정서자각에서 정서는 무의식적이고 언어로 표현하거나 제어되지 않는 고조된 내부 에너지로 경험이 된다. 이는 구별되지는 않지만 의심할 여지없이 사실적이다.

이러한 정서상태는 다른 동물들에게서도 볼 수 있는 것으로 논란의 여지가 있지만 개, 고양이, 말, 소 등에서도 쉽게 관찰할 수 있다.

이러한 혼란스럽고 구별되지 않은 상태에서 동물 중 유일하게 인간만이 언어와 추상적인 능력을 정서적 각성의 세련된 수준으로 높게 발달시킬 수 있었다. 또한 일반적으로 정서적 트라우마의 결과로 자각이 정서적 마비의 낮은 수준으로 내려갈 수도 있다. 이런 두 가지 상반된 자각의 발달은 [그림12-1]에 설명되어 있다.

언어적 어려움

인간이 의사소통능력과 정서의 정보를 교환하는 것은 정서적 자각의 정교한 수준의 발달을 가능하게 만든다. 논란의 여지없이 정서발달을 위해서는 사람들이 자신의 감정에 대해 이야기하고 그다음은 정서적 자각이 일어나야 한다(차별성). 여기에 의사교류가 들어가 그 역할을 한다. 우리의 구조적이면서 동시에 교류의 정교한 분석과 계약에 초점을 둔 의사교류의 기술을 사용해서 사람들은 정서의 다른 자각과 교양을 발달시켜 의사소통과정을 성공적으로 이끌게 된다.

언어를 효과적으로 사용하고 언어적 어려움을 극복하기 위해서 우리는 매우 특별한 사회적 상황이 필요하다. 우리는 신뢰를 갖고, 정서를 주고받는 것에 대해 어른자아로 교류하고 자신의 감정에 대해 정직하고 기꺼이 이야기하려는 사람들이 필요하다. 감지하기 힘든 우리들 감정을 이해하고 알아보려는 성숙한 열망을 위해 일반적인 정서적 위선이나 거짓말은 옆으로 치워 놓아야 한다. 오직 이것만이 차별화, 공감, 그리고 상호작용으로 나아갈 수 있는 길이다.

구 별

구별은 다른 정서와 그들의 강도를 지각하게 되는 과정이다. 태초부터 분노, 사랑, 두려움, 즐거움, 슬픔, 희망, 혹은 무망감 같은 정서들이 우리들의 경험을 꼬이도록 만들었다.

예를 들면, 어떤 때는 하나의 감정을 느끼지만 어떤 때는 사랑과 슬픔, 미움과 공포, 즐거움과 슬픔, 분노, 두려움, 그리고 희망이 복잡하게 복합적으로 느껴지는 것을 우리는 깨닫게 된다. 덧붙여 우리는 정서가 무엇인지 배우고 다른 강도, 즉 걱정부터 공포에 이르기까지, 슬픔에서 깊은 우울까지, 즐거움에서 강렬한 기쁨까지, 매력에서 열정적인 사랑까지 배운다. 우리들은 이러한 경험들을 말로 표현하는 것을 배우고 즉시 말을 할 수 있다. "나는 정말 슬프지만 희망도 느껴." 혹은 "나는 당신을 깊이 사랑하지만 두렵기도 해요." "나는 몹시 화가나." 등이 그것이다. 우리는 기껏해야 두 손에 쥐어질 만큼의 감정(슬픔, 행복, 분노, 사랑, 두려움, 죄책감, 부끄러움, 희망, 무망)들만 배우고 감정의 표제 아래의 것들은 배우지 못했다는 것을 깨닫게 된다(혼란, 수치감, 무시, 사랑하지 않은 그리고 다른 표현들은 정서로 명시되지 않는다).

인과관계

우리들 감정의 정확한 구성과 강도를 이해하는 것처럼, 우리는 왜 그러한 정서가 생기는지, 강한 미움이나 예민한 부끄러움, 강렬한 기쁨이 왜 일어나는지 이해하기 시작한다. 우리들의 감정이 언제나 다른 사람들의 행동에 의해 도발이 되고 사람들 사이의 정서적 상호연결을 피할 수 없음은 이해되어야만 한다. 우리는 다른 사람의 감정을 야기할 수 있고 다른 사람은 나의 감정을 야기시킬 수 있다. 어떻게 다른 사람들의 행동이 나를 정서적으로 반응하도록 하는지 우리는 그 경향을 발견한다. 결국 우리는 왜 느끼고 무엇을 느끼는지 이해하고 조사할 수 있게 된다. 이것을 이렇게 표현할 수 있는데 "당신이 나를 방해했기 때문에 나는 정말 화가 나." "난 잭과 헤어져서 슬프지만 다음번 관계에서는 좋을 것이라는 희망도 있어."

공 감

우리가 정서의 차별성과 강도와 이유를 배우듯 지각이 느껴지고 예민해지면 우리들 주변사람들의 정서 속에서 그것과 비슷한 정서를 느끼게 된다. 이 단계의 정서적인 활용에서는 다른 사람의 감정을 직관적으로 알게 된다. 우리의 감각기관이 100% 정확한 것은 아니지만 신뢰할 수 있지 않을까 하고 예상되는 상호협동적인 순간에, 우리의 기관은 그것을 체크함으로써 확인하게 된다.

예를 들면 다음과 같다.

존: "난 당신이 나를 더 이상 좋아하지 않는 것 같아."

조앤: "당신은 정말 충실한 친구라 나는 당신을 사랑하지만 당신이 반복적으로 거짓말을 하기 때문에 당신을 신뢰하는 것이 두려워."

존의 직관(조앤이 그를 좋아하지 않는다는)은 부분적으로 맞았다. 이렇게 체크를 하는 과정은 우리들의 공감기술을 발달시켜 준다. 조앤에게 그의 직관에 대해 이야기함으로써 존은 그의 본능적인 직관력을 더욱 세심하게 배워 나갈 수 있다. 이러한 태도에서 우리는 다른 사람의 감정, 그 감정의 강도, 그리고 왜 그러한 감정이 일어났는지 우리 자신의 자각만큼 분명하게 배워 나갈 수 있다.

우리는 다른 사람의 정서신호를 다음의 두 가지로 받아들인다. 하나는 얼굴의 근육과 목소리의 톤으로부터 정서적 신호를 읽는 것과 두 번째는 거울 뉴런시스템(Rizzolatti and Craighore, 2004)에 의해 정서채널 직관으로 자동적으로 정서적 정보를 받아들이는 것이다.

공감적이 될 때 다른 사람의 감정에 대해 생각하거나 알아내려고 하지 않는다. 대신에 우리가 느끼는 것처럼 그냥 느낀다. 상반된 하나의 결과에 의하면 우리는 중요한 사회적 도덕적 결과와 함께 타인의 고통을 무시하거나 학대하는 능력도 발달한다.

상호작용

정서는 고정된 것이 아니다. 정서는 흘러 다니고 화학반응적이며 원형질이며 생각과 아이디어와는 다르고 좀 더 묘사적이며 전기장 같고 내용물이 있는 것이다. 정서는 합쳐지고 사라지고 자라고 줄어들고 시간이 지남에 따라 다른 정서가 존재한다. 따라서 내면에 그리고 사람들 사이에 어떻게 정서가 상호작용하는지 자각하는 것은 정서적인 세련됨의 수준에 따라 제공된다. 나는 이것을 상호작용이라 부른다. 우리가 상호작용할 때 정서적 자각은 우리나 타인의 정서를 알아차리는 것뿐 아니라 집단의 정서적 기후와 집단 안에서 어떻게 정서가 개인에게 영향을 미치는지 알게 된다.

???

내가 정서적 자각에 이 카테고리를 포함한 이유는 일반적인 인식에서 그다지 멀지 않은 이런 수준의 자각을 발달시키는 것이 불가능하지 않기 때문이다. 어떤 사람들은 식물이나 숲, 혹은 지구 생태계의 고통에 대응해야 한다고 주장한다. 이 카테고리는 우리가 정서자각에서 기대하는 더욱 발달된 무엇인가가 가능할지도 모른다는 것을 포함하고 있다. 이러한 발달은 가능하며 무시되어서는 안 된다.

이제 혼란스러운 경험의 아래에 있던 자각의 아래로 다시 돌아가 보자.

신체감각

혼돈으로부터 내려가 우리가 발견한 태초경험은 신체감각이다. 정서자각의 이 수준에는 느낌은 씻겨 내려가 버리고 보통 정서와 함께 따라오는 신체감각의 경험만 존재한다. 심장의 박동이 빨라지는 것만 느낄 뿐 두려움은 알아차릴 수 없고 가슴의 압박감은 느끼지만 그것이 우울인줄 모르며 열감, 차가움, 배가 꼬인 느낌, 귀 울림, 따끔거림, 욱신대는 아픔 등 이러한 감각은 정서 그 자체로는 자각이 전혀 되지 않는다.

이러한 정서자각의 일반적인 수준에서 사람들은 약국에서 파는 약이나 처방된 약, 술, 마리화나, 커피, 에너지 음료수 등으로 잘 알지 못하는 정서상태에서 기인한 성가신 신체감각을 가라앉힌다. 이러한 화학약품은 아픔, 메스꺼움, 불안, 이완과 흥분을 가라앉히는 데 효과적으로 느껴진다. 그것들은 부작용도 있고 서로 위험하게 작용할 수도 있다. 그러나 대부분의 사람들은 통제할 수 없는 정서적 혼돈을 겪는 것보다 이렇게 정서적으로 잘 지각되지 않는 상태에 있는 것을 선호하고 약으로 증상을 경감시킨다. 한편 직장에서 고용주들은 고용인들이 통제할 수 없을 정도의 분노를 표현하거나 울음을 터뜨리는 것보다 어마어마한 양의 커피와 진통제를 삼키는 것을 더 선호한다.

무감각

이 정도 정서활용의 상태에 있는 사람에게 어떻게 느껴지냐고 물으면 당황하거나 단지 차가움이나 무감각함을 보고한다. 정서인식이 불가능한 것이다. 이러한 상태의 사람들은 그들이 느낌이라고 부르는 것을 잘 알아차리지 못한다. 비록 그들이 강한 정서상태 아래 놓여 있다 하더라도 인식하지 못한다. 사실 다른 사람이 그 사람이 느끼고 있는 무감각을 더 잘 알아차린다. 이 상태의 사람은 자신의 정서를 알아차리지 못하고 주변 사람의 정서 또한 아직 인식하지 못한다. 정서인식이 불가능한 것은 마치 치과치료의 고통을 덮기 위해 마취를 한 환자의 상태와 비슷하다고 볼 수 있다.

간헐적으로 알코올이나 약의 영향 아래에서 주요 감정이 억누를 수 없게 터져 나와 잠시 폭발하고 격렬하게 순환되고 또 다른 마취에 의해 대치될 뿐이다. 정신과적인 용어로 이러한 정서적 무감각의 상태를 감정상실이라 한다. 고통에 대한 비슷한 무감각은 극심한 신체적 트라우마를 경험한 사람과 같다. 트라우마에 뒤따르는 일시적인 정서적 무감각은 정서적 트라우마의 기간이 길어지면서 지속되면 영구적이 될 수 있다.

[그림 12-1]에서 보이는 정서자각의 연속성은 척도를 명확히 하려는 것보다는 정서자각의 개념을 명확히 하려는 것이다. 사람들은 언제든 척도의 어느 부분에서 자신의 상태를 찾을 수 있다. 그러나 사람들은 언어적인 장애의 수준 아래거나 혹 위의 자각상태에 머물려는 경향이 있다. 어떤 사람은 대부분은 혼돈의 상태, 어떤 사람은 무감각, 어떤 사람은 차별이나 공감 등이다.

정서활용은 두 가지 전혀 다른 정서를 드러내 보이는데, 이는 너무 많은 감정(통제가 안 되는)이나 충분치 않은 감정(전혀 느끼지 못하는)이다. 정서적 무감각과 혼돈된 정서를 통제하지 못하는 것은 그 사람의 가능성에 큰 장애가 된다. 정서적 무감각 상태일 때 사람들은 정서적 동기를 요구하는 결정을 내리지 못한다. 한편 정서적으로 혼돈된 상태의 사람은 분노, 슬픔, 무망감, 두려움이나 죄책감, 심지어 사랑, 즐거움, 희망 등의 통제되지 않는 정서의 폭발 때문에 지장을 받는다.

정서활용과 TA

정서자각이 정서활용은 아니지만 정서활용의 중요한 양상 중 하나다. 활용은 자각을 필요로 하지만 자각을 넘어서는 것이고 능숙한 정서 관리를 필요로 한다. 번에 의해 발달된 TA 도구들은 이러한 과정에 이상적으로 들어맞고 그것들 없이는 정서활용기술을 배우는 데 굉장한 어려움을 겪는다. 어떻게 정서활용을 가르치는 데 TA를 적용할 것인가? 이 과정의 세밀한 단계들은 다른 곳에서 상세하게 설명하고 있다(Steiner, 1997, 2003). 그러나 여기 기본적인 원리를 소개한다.

Ⅰ. 협력적인 관계를 정립한다: 감정에 대한 정직한 의사소통은 힘겨루기가 전혀 없는 신뢰와 수용의 분위기가 필요하다. 협력적인 환경이 없다면 정서활용을 배우거나 가르치는 것은 능률적이지 않다.

Ⅱ. 정서활용의 교류를 증가를 위해 네 가지 영역이 있다.

1. 허가(기본을 준비하기)
   a) 정서적 교류 속에서 참여하기 위해서 허가를 구한다.
   b) 정서적 교류를 할 것을 동의한다.
2. 스트로크(마음열기)
   a) 자신과 타인에게 긍정적 스트로크 주기
   b) 스트로크 요구하기
   c) 원하는 스트로크 받는 것을 받아들이거나 원하지 않는 스트로크 받는 것을 거절하기(원하는 것과 원치 않는 것 배우기)
3. 정보(행동, 감정, 동기)
   a) 행동/감정교류
      i) 판단하거나 비난하지 않고 그들의 행동이 우리에게 끼친 것을 사람들에게 말하기
      ii) 부끄러움, 죄책감, 분노를 옆에 치워 놓고 다른 사람의 감정의 원인이 된 나의 행동에 방어하지 않고 수용하기
   b) 두려움과 의심

i) 비난이나 판단 없이 그들의 행동으로 인해 우리들 속에 일어난 불안이나 의심(직관, 편집적 환상)을 말하기

ii) 방어 없이 이러한 두려움과 의심을 알아차리기, 그들의 합당한 근원일 수 있는 작은 진실이라도 찾기

4. 책임감(보상 만들기)

a) 사과하고 용서를 구하는 행동에 대해 알아차리기

b) 용서를 받아들이거나 거절하기, 용서 거절하기, 행동변화를 요구하기 혹은 사과를 받아들이지 않기

이러한 여러 가지 교류의 정서활용에 대한 순서는 단계의 수준을 높이는 것을 나타낸다. 단, 첫 번째 교류—정서적 교류를 위한 허가—는 필수적이다. 다른 것은 모두 상황에 맞추어서 한다. 여러 단계 중에 사과는 가장 어려운데 주어진 순서를 중요시하기보다 적절하게 사용해야 한다.

현실에서의 정서활용

정서활용을 추구하는 사람들에게 가장 큰 도전은 현실상황에서 그것을 소개하는 것이다. 그것은 독창적이고 융통성 있으며 창의적이고 용기 있고 진실로 헌신해야 하는 '정서적 전사'가 되기를 요구한다. 스트로크를 주고받고 사람들에게 감정에 대해서 두려움, 의심, 그리고 원인에 대해서 이야기해야 하고 확인과 사과를 구하고 우리들 실수를

인정하고 용서를 구하는 것은 현실세계에서 가능하긴 하지만 협력적 계약에 동의하는 것 없이 이러한 것을 추구하는 것은 어려운 일이다. 현실세계에서 정서활용의 모든 수준을 언제나 적용할 수는 없다. 그러나 어느 한 교류가 적절하고 유용할 수 있다. 우리가 원치 않을 때 그 스트로크를 거절할 수 있고 우리가 원할 때 요구할 수 있다. 사람들이 우리를 불편하게 만들 때 느낌이 어떤지 말을 할 수도 있으며 사과를 할 수도 있고 사과를 거절할 수도 있다. 비록 협력적인 계약이 없다 하더라도 우리는 이런 것들을 할 수 있고 어떤 상황에서 정서적 대화를 더 나아지게 할 수 있다.

현실세계에서 정서활용에 관한 책이 저술될 필요가 있으며 그것은 우리가 살고 있는 정서적으로 자유롭지 못한 이런 문화에서 매우 도전적인 일이 될 것이다. 하지만 대부분의 사람들은 마음으로부터 협력적이고 정직하고 자발적이며 친밀하며 자각적인 것에 관심을 가지고 있다. 이런 공통된 관심이 일상생활에서 정서활용을 적용하기가 생각보다는 쉽다. 사실 정서활용은 잔혹한 현실에서도 가능할 수 있고 가르칠 수 있다(비록 불완전하고 자꾸 멈추어 지더라도). 정서활용의 모든 사례들은 발전하고 참여자들은 유용하고 강력한 정보를 배우도록 격려받고 위로받고 심지어는 인간의 공통적인 흥분까지 우리들 삶 속에 숨어 있는 것을 보게 될 것이다.

제13장

정보화 시대의 TA*

에릭 번에 의해 창안되고 발전된 TA는 선견지명 있는 이론이었다. 심리치료에 매우 효과적인 방법을 제공한 것에서 나아가 이론적으로, 심리학적으로, 그리고 심리치료적 쟁점들이 정보화 시대의 핵심으로 자리 잡을 것임을 예견하였다. 교류분석가들은 사람들의 정보교환의 구성내용들을 연구해 왔다면, 미래 심리학에서는 개인적 신념 주도보다 오히려 정보 주도 지식이 중심이 될 것이다.

* 이 장은 1995년 샌프란시스코 여름 학회에서 발표한 것을 수정하였고 교류분석 학회지 27권 1호에 게재되었다.

뇌에 압력을 가하다

치료분야의 전문가들은 이제 심리적 변화가 예전에 우리가 믿었던 것처럼 '무의식적 동기가 드러났기 때문'이라기보다 '능률적으로 습득하고 타당한 정보를 적용하는 것'의 결과라는 것을 인정하기 시작했다. 심리치료는 정보와 의사소통이 중심으로 운영되는 것처럼 보인다. 지난 세기의 프로이트는 정신분석을 창시했고 결과로 그는 현실적으로 의학의 분야였던 특정한 문제가 '말하는 치료'로 대응이 된다고 주장했다. 공포증, 강박, 불안, 공감각[1)]과 마비 등은 뇌와 감각시스템의 이상으로 믿어졌고 단순하게 말을 하는 것이 치료적 효과라는 것은 그 당시에는 들어 본 적 없이 상당히 급진적인 이야기였다.

말로 하는 치료는 성공적이었던 '영웅적' 치료의 다음에 나타난 "도덕적" 치료의 후계자였다. '도덕적' '영웅적' 접근은 둘 다 정신장애가 뇌 압력의 변칙적 영향의 결과라는 개념을 따르는 경향이 있다. 정신치료에서 '영웅적' 치료는 환자의 고통, 쇼크, 통제, 뇌의 압력을 제거

1) 공감각(共感覺): 감관영역(感官領域)의 자극으로 하나의 감각이 다른 영역의 감각을 불러일으키는 현상이다. 본래 시각 · 청각 · 미각 · 후각 · 촉각 등 감각인상(感覺印象)의 종류(모달리티)와, 그 원인이 되는 물리적 자극(시각에서의 가시광선, 청각에서의 음파) 사이에는 일대일의 대응이 있는데, 때로는 이 원칙에 반하여 음파가 귀에 자극될 때 소리를 들을 뿐 아니라 색상을 느끼는 수가 있다. 이것을 색청(色聽)이라고 하는데, 이때 색상이 변하면 들리는 소리의 음정도 변한다. 그 밖에 후각과 함께 색상을 느끼거나, 글씨를 보고 냄새를 느낄 때도 있다. 이와 같은 감각의 모달리티의 경계를 넘어선 감각현상을 말한다.

하기 위해 두부 절개술(두개골에 드릴로 구멍을 내는 것), 피 뽑기 등의 방법이었다(Caplan, 1969).

'영웅적' 방법 다음으로 '도덕적' 치료가 뒤따랐지만 여전히 정신장애에 대한 신념은 치료를 위해서는 뇌의 압력을 낮춰야 한다는 것이었다. 지금은 그러한 압력이 육체에 원인이 있다기보다 사회적인 것으로 이해가 된다. 지금이야 환자를 도시의 시끌벅적함에서 멀리 떨어진 '요양원' 같은 환경으로 보내는 것이 최고라고 추천되고 음악이나 미술 같은 예술을 추구하고 가장 중요한 것은 병원의 관리자, 가족, 스태프 등과 식사 중의 즐거운 대화가 치료의 중요한 측면이라고 알려져 있다.

그러나 이러한 대화를 할 때 환자의 문제에 대해 언급하지 않아야 한다고 했고, 오히려 영국 풍습을 따라 거실에서 저녁 후의 대화나, 편지의 흥미로운 주제나 정치에 관한 것들을 교묘하게 이야기하는 것이 더 도움이 된다고 하였다. 사실, 자살, 중독, 정신적 질병 같은 환자의 문제를 의논하는 것은 피하라고 했는데 그런 것은 환자에게 불안을 야기하고 환자의 두뇌 속 압력을 높이는 결과가 되어 오히려 악화시키게 된다고 생각하였기 때문이다.

프로이트의 '말로 하는 치료'는 정신의학 현장에서 도덕적 치료방법들의 최고가 되었다. 역사적 선례로 남은 이 치료의 목적은 환자가 여전히 압력에서 벗어나는 것이고 그 시대에는 억압된 정신적 또는 정신-성적 에너지의 압력으로부터 벗어나는 것이다. 프로이트의 '말하기' 치료는 도덕적 치료에서 하는 것처럼 '불편한 주제를 피하면서 환자들과 말을 하는 것'을 따르지는 않았고 그들의 토론을 옹호하지도 않았다. 환자는 자유롭게 마음에 떠오르는 게 무엇이든 연상하도록 지지받았다.

여전히 정신분석과정에서 상호교환은 오늘날의 의사소통으로는 간주되지 않는다. 의사와 환자 사이에 정보를 주고받는 것이 아니라 사실 정신분석에서 이상적인 것은 정신분석가는 정보를 전혀 주지 않고 조용히 환자의 뒤에 앉아 듣는 것이다. 그의 역할은 내담자가 그에게 전이하고 있는 잘못된 인식을 분석하는 것이다. 그리고 내담자의 꿈이나 자유연상 속의 무의식적 의미를 분석하는 것이다. 이 분석은 어린 시절 충격적인 경험의 결과로 마음속에 갇혀 있는 에너지를 바꾸는 것을 목표로 한다. 그리하여 사람의 정신적 삶과 생각의 매우 좁은 부분과 심지어 그 사람의 현재 경험의 더욱 좁은 측면에 대해서 토의한다. 환자의 과제는 그의 마음속에서 나오는 자유연상을 하는 것이다. 정신분석가의 반응은 더 제약되어지는데 그것은 분석가의 어떤 광범위한 정보라도 해로운 것으로 간주되기 때문이다. 프로이트는 에너지의 발산, 즉 카타르시스을 통해 환자가 도움을 받는다고 믿었고 분석가의 해석에 의해 자각의 재배치가 촉진된다고 생각했다. 효과적 의사소통의 주요 양상인 정보와 행동을 수정하도록 정보를 이용하는 피드백은 과정의 일부가 아니라고 하였다.

의사소통의 시각에서 본 접근법은 여전히 제한적이나 이 방법은 정보공유의 시작이며, 약, 외과수술 혹은 플라시보, 엉터리 의사들에 반해서 잠재적으로 피드백을 기본으로 하는 치유과학이다. 인간의 고통에 대한 이러한 새로운 접근은 우연이 아니라 전자 의사소통에서 시작한 여타 정보중심의 발전과 같은 시기에 나왔다. 성직자나 의사에게 가족의 비밀을 고백하는 것이 아니라 낯선 의사에게 그 사람의 가장 친밀한 생각을 이야기하는 것은 참신하게 놀라운 일이다. 이렇게 이야기를 하는 것은 영화, 라디오, 전화, 신문 등에 의해 정보가 문화 안에서 순환되는 다른 모든 방식들과 함께 계속되었다. 정보화 시대가 가속도가 붙듯, 이 과정도 계속되고 가속화되어 오늘날 사람들은 기꺼이, 심지어 열심히, 그들의 내면 깊은 생각과 비밀들을 텔레비전 토크 쇼나 디지털 사회집단 안에서 이야기를 한다.

정보로 들어가다

프로이트식의 한 방향 이야기 치료가 시작되자 심리치료에서 이야기는 탄력이 붙었다. 결국, 정신분석의 족쇄를 깨고 점점 갈수록 평등, 양 방향 의사소통, 피드백을 증가시키는 것이 가장 중요하게 되었다. 칼 로저스(Carl Rogers)는 그의 비지시적 내담자 중심 방법에서(1951) 내담자가 말한 것을 추가하지 않고 단지 고통스런 부분을 반영만 함으로써 정신분석에서의 제한점과 맥을 같이했다. 그러나 로저스는 전체 치료과정을 통해 치료자에 의해 공감적 반응과 진실로 긍정적 영향을 미치는 표현을 유지하는 '무조건적 긍정적 존중'의 개념을 소개해서 의사소통의 고삐를 느슨하게 만들었다. 다른 곳에서 해리 스탁 설리번(Harry Stack Sullivan)이 정신과적 인터뷰(1954)에서 양방향 의사소통을 강조함과 더불어 정보는 자유로워야 한다며 앞서 나갔다. 하지만 여전히 이러한 진보적 발달에도 불구하고 치료장면 안에서 정보가 양방향으로 자유롭게 흐르는 데는 미치지 못하고 있다.

1962년 합리적 정서치료(RET)의 발달과 함께 알버트 엘리스(Albert Ellis)는 정보와 피드백의 교환과 연관된 의사소통의 과정을 통해 문제해결의 개념을 소개하였다.

동시에 정보-기반 문제해결은 인정된 치료적 모드로 성장하게 되었고 정서적 건강뿐 아니라 육체적인 것에 대해서도 유용한 정보는 더욱 상세해지고 활용 가능해졌고 믿을 만해졌다. 영양과 육체적 활동의 효과, 합법이든 불법이든 약의 효과와 부작용, 힘의 불평등과 힘의 남용의 결과, 정서적, 육체적, 성적, 노인, 어린이 학대, "안전기지" 에 대한 욕구, 역사적 · 사회적 · 문화적으로 구성된 젠더의 중요성, 성적 정체성과 선호, 문화와 연령, 죽음과 죽어 가는 것의 의미 등은 심리치료가 오늘날 매우 유능한 방법임을 알려 주는 지식 영역의 일부다. 그러나 아직도 많은 심리치료사들은 이런 종류의 정보사용을 무시하고 있고 지식과 사실의 적용에서 오는 것보다 성찰과 카타르시스로부터 더 많은 이득이 있다고 지속적으로 믿고 있다.

1960년대는 여성, 게이, 흑인, 정신질환자들, 장애자들 등을 위한 해방운동이 부화된 자유의 십 년이었다. 동시에 심리치료도 정신분석과 정신의학의 족쇄로부터 해방되어 가고 있었다. 합리적 치료 그리고 진보적 치료와 진보 정신의학 운동, 그리고 프리츠 펄스(Fritz Perls), 아브라함 매슬로(Abraham Maslow), 알버트 엘리스 그리고 에릭 번 같은 심리치료자들이 진보적으로 평등에 반하는 전문가주의적인 장벽을 부수고 심리치료사와 내담자 사이의 양방향 의사소통을 주장했다. 번은 TA이론에서 그리고 개업의로서, 병원에서의 치료자로서 활동한 현장에서 양방향 의사소통을 주장했다.

알코올중독자와 자살경험 내담자와 함께한 나는 번의 열린 의사소통을 따랐고, 당시 치료자들이 하기를 꺼리는 내담자에게 세세한 부분까지 묻기 시작했다. 예를 들면, 나는 그들이 술에 관한 정확한 부분(어떤 종류의 술인지, 매일 어느 정도 양인지, 일주일에 어느 정도인지, 등)이나 자살을 위한 정확한 계획(독약, 약을 먹는 것, 총, 익사, 차 사고로 위장 등)과 마침내 '금주' '자살 안함' 계약을 개발하고 적용하게 되었다. 이러한 토의가 치료에 도움이 되기보다는 자기파괴적 행동의 억압을 휘저어 놓는다고 믿었던 정신분석 관습에 뿌리를 둔 과묵한 사람에게는 도전이 되었다. 내담자의 약물남용이나 자살계획의 자세한 이야기에 따르는 정보의 교환을 두려워하는 대신 반대로 우리들 사이의 정확한 정보가 전달되는 것이 더욱 효과적이고 치료도 빠르다고 나는 믿었다. 내가 처음으로 했던 1967년에 시작한 '자살하지 않기'는 심리치료자로 전문적 계약이었고 내 임상경험 중 단 한 건의 자살시도자가 없었음을 자랑스럽게 이야기할 수 있다. 자살하지 않기 계약은 현대 임상에서는 기본적인 것이 되었다.

그 시대에는 솔직하고 열린 대화는 치료적인 부분에서는 신중하지 못한 행동으로 생각되었고 특히 나 같은 의료분야의 치료자가 아닌 경우에는 더욱 그러했다. 이유는 우리들의 내담자는 심리적 붕괴를 간신히 막아 내고 있고 힘들게 '균형을 잡는' 것으로 보이기 때문에 조심성 없는 토의는 자살이나 폭음으로 내담자를 좌절시킬 수 있다고 생각되었기 때문이다. 단지 많은 훈련을 받은 정신과 의사나 정신분석가만 그런 위험한 주제에 대해 꺼낼 수 있다고 했다. 나는 이런 치료에서 과묵함은 섹스(위치, 오르가슴, 구강성교, 항문성교, 선호하는 것들)에 관한 토론에서도 똑같이 적용됨을 알 수가 있었다. 사실 이러한 주제들은 심리적 붕괴를 초래하지 않고 토의되지만 요구되는 것은 수치감에 맞서는 자발성이다. 이것은 음주, 자살, 성교, 그리고 다른 고통스러운 일에 대한 정보교환의 망설임은 안전하고 적절한 관심보다 불완전한 훈련이 그 원인이라는 결론으로 나를 이끌었다. 나는 이러한 지향과 노력만이 긍정적 결과를 만든다는 확신을 가지고 중요한 정보를 따라가기로(함께 나누기로) 결심했다.

어떻게 사람이 변하는가

번은 의사소통 중심 이론을 지지하여 정신분석적 치료를 버렸고 나는 그의 가르침을 따랐다. 그는 교류라는 자극과 반응에서 고립됨으로써 사람들이 어떻게 서로에게 영향을 미치는지 공부하는 방법을 제공하였고 사람과 사람의 의사소통의 분석을 어떻게 세밀하게 하는지 가르쳤다. 덧붙여, 각본분석의 전제를 규정함으로써 정보의 검토가 부모에게서 자녀에게로 전해진다고 예상했고 교류분석에서 우리는 어린 시절의 결단에 대한 정보가 그 사람의 인생의 형태를 결정한다고 믿었다.

번은 TA가 모든 중요한 치료를 어떻게 촉진하는가 하는 것에 대한 가정은 자세하게 제공하지는 않았다. 분명하게 얘기한 것은 방법적인 부분이다. 그러나 어떤 종류의 대화인가? 그는 직접적인 대화를 좋아했다. 은밀한 부모자아에서 어린이자아로 전해지는 대화에서 벗어나 어른 대 어른자아(그는 화성인이라 불렀다. 왜냐하면 그것은 우리들의 일상적으로 기능하는 부분과는 달리 드물고 낯설기 때문이다)를 선호했다. 그는 칠판을 이용해서 그의 환자들에게 자아상태, 교류, 게임, 각본 등에 대해 설명했다. 치료회기에서 그때까지 어느 정신과 의사도 좋아하지 않았던 내담자들을 실제로 가르치는 것을 했던 것이다. 기존 정신분석가들이나 다른 치료자들의 혼란스럽고 난해했던 치료와 대조적으로 그는 이론은 정확하고 용어는 단순하게 해 나가도록 노력하였다. 그의 이론이 지나치게 단순하다고 비판할 때 그는 빈정거리며 "나는 지나치게 복잡한 것보다 지나치게 단순한 것을 선호한다!" 고 하였다. 그는 거만한 정신의학 용어를 말하는—그는 그것을 재즈라고 불렀다.—멋진 전문가들에게 "만약 당신들의 환자가 당신이 뭐라 하는지 이해하지 못한다면 말의 가치가 없는 것" 이라고 주장했다.(Personal Communication, ca. 1967, 샌프란시스코 세미나에서)

플라시보 효과

그러나 모든 변화가 정보가 증가한 결과는 아니다. 사람들이 곤경에 대처하는 새로운 노력으로 반응한다는 것은 잘 알려져 있고, 적용된 방법의 실질적인 효과는 개의치 않고 어떤 적절한 정보도 없이 일시적으로 나아짐으로써 경제적, 도덕적, 심리적 혹은 육체적으로 호전된다. 심각하게 아픈 사람들에게 능력 있는 치료자가 설탕으로 만든 약을 주면 증세가 호전된다. 비슷하게 치료자를 처음 방문할 때 심리적으로 호전되기도 하고 특별히 치료는 이론, 책, 특별한 접촉, 소모품, 혹은 다른 소도구 같이 요술쟁이들이 쓰는 주문과 함께하면 더욱 그러하다(Shapiro & Shapiro, 2000).

이것은 치료자와 환자에게 모두 많은 혼란을 야기한다. 첫 회기를 치료자와 마친 후 증상이 좋아진 환자는 비록 효과가 몇 주 후에 멈추었더라도 효과에 상관없이 그 방법의 사용에 강력하게 매력을 갖는다. 치료를 통해 초기에 호전되는 것을 본 치료자의 플라시보 효과는 욕심과 착각에 의해 부풀려진 잘못된 효능감을 만들어 치료자를 완전한 돌팔이로 만들어 간다. 다른 한편으로는 플라시보는 쉽게 사라지는 것이라는 것을 잘 아는 전문가는 좋은 방법으로 이것을 사용할 수 있다. 우리들의 항해에서 플라시보 바람과 함께 변화가 시작되기 위해 낙관적인 태도와 큰 기대는 시작의 긍정적 방법이고 전문가는 플라시보 효과가 끝나기 전에 효과적인 기술과 정보로 진짜 변화와 호전으로 빠르게 촉진한다.

번의 '말하는 치료' 버전의 효과는 독창적인 접근에 의해서 촉진되는데, 이것은 어떤 가능한 초기 플라시보 효과보다 더 강력하다고 나는 가정한다. 무엇이 번의 말하는 치료가 사람들의 변화를 가능하게 했을까? 번은 절대 축약된 메커니즘을 가정하지 않았지만 분명한 것은 그의 말과 글을 통해 어른자아의 힘과 탈오염은 확실하게 치료의 요인이라고 생각했다. 마치 신경망처럼 "데이터의 진행과 평가의 가능성에 집중하라."(Berne, 1972: 443) 그리고 현실의 시험, 어른자아가 에너지가 있다면 그 사람은 그의 게임과 불법적인 만족감을 주는 것을 이해하게 되고 그러므로 "그는 확신을 갖게 되었고 교류패턴이 나아지는 것이 가능해졌다."(Berne, 1972: 303)라고 할 때 게임을 그만두는 것을 도울 수 있다.

"그는 확신을 가지게 되었다."가 어떻게 분명해질까. 그것은 마음속의 생각들이 제자리를 잡으면서 통찰을 통해서일까? 혹은 피드백을 통해서, 행동에 영향을 미치는 정보를 완전히 이해하는 과정이 새로운 정보를 만들어 내고 결과적으로 새로운 변화를 만들어 냈을까?

번은 또한 어린이자아 해방의 중요성과 양육적 부모자아의 강화도 확립하였는데 그는 이것을 어른자아에서 어떻게 생각하는지 배우기 위한 부차적인 목표로 가지고 있었다. 어린이자아와 양육적 부모자아의 힘을 해방시키는 것은 "허가"(어린 시절의 억제로부터 벗어남) 혹은 "재양육"(치료자로부터의 양육으로 그 사람의 비판적 부모자아를 대치하는 것)의 경우와 같이 비판적 부모자아로부터 벗어나는 교류를 촉진하는 결과다.

상식적이면서 실용적인 번의 강조점은 그의 1970년 6월 20일 마지막 대중 강연에서 사용되었던 은유인 "발가락의 가시조각"이라고 전형적으로 설명되었다.

> 발가락에 가시가 박히면 이렇게 해야 한다. 만약 가시 때문에 감염이 된 남자가 있다면 처음에는 조금 절뚝거릴 것이다. 그리고 다리 근육이 조금 땅긴다. 그리고 다리 근육을 풀기 위해 계속 걸어 다니면 등의 근육도 땅긴다. 그러고 나서 그의 목 근육의 땅김을 풀려 하면 그의 머리의 근육도 경직되고 금방 두통이 생긴다. 감염 때문에 열도 나게 되고 맥박은 빠르게 뛰게 된다. 다른 말로 모든 것이 그의 모든

성격과 연관이 되는데 그는 머리가 아파오고 가시에 대해 화가 나고 혹은 누가 거기에 가시를 두었는지 많은 시간을 변호사와 보내게 될지도 모른다. 모든 것이 성격과 관련이 있는 것이다.

그래서 그는 외과의사를 불렀다. 의사는 들어와서 남자를 보고 말했다. "음, 이거 굉장히 심각하군요. 당신의 모든 몸과 관련이 되었어요. 열이 나고 숨도 가쁘고 맥박은 빠르고 모든 근육은 경직되었네요. 내 생각에 3~4년, 그러나 우리 같은 전문가도 무엇이 어떻게 된다고 보장을 할 수는 없어요. 한 3, 4년, 물론 많은 것들을 해야 되겠지만 이 상태가 나으려면 그 정도 보셔야 합니다." 환자는 "음, 어, 좋아요. 내일 알려드릴게요". 그리고 그는 다른 외과의사를 찾아갔다. 다른 의사는 "오, 당신은 발가락의 가시 때문에 감염이 되었네요." 그리고 그는 핀셋으로 가시를 뺐다. 열은 내리고 맥박도 안정되고 다리의 근육도 편안해졌다. 남자는 48시간 혹은 그보다 더 일찍 일상으로 돌아갔다. 이것이 심리치료를 연습하는 방법이다. 가시를 찾고 그것을 빼는 것이다(Berne, 1971, pp. 6-13).

그가 오늘날의 정신분석을 조롱한(전체 성격이 관련이 되어 있고 세월이 필요한) 이 접근은 지나치게 단순화한 것인지도 모른다. 사실, 근본적인 치료접근은 그가 교류분석을 만들 때 그의 마음속에 있었다.

한때 자동차 기술자로 일을 했던 나는 이 접근법을 주목하지 않을 수 없었다. 나는 효과적인 치료적 치유와 전문가의 도움, 자동차를 주인이 고치는 것(플라시보 효과의 도움 없이)들 사이에 비슷한 점이 있는 것을 보았다. 나는 이 과정을 세 가지 요소로 보았다.

- 내담자가 고치기를 원하는 것을 찾아라(정보 중심 접촉).
- 고치기 위해서는 무엇이 필요한지 알아내라(정보를 기반으로 한 진단).
- 고쳐지기를 원하는 것에 대해 필요한 것을 하도록 내담자를 도와라(정보를 기반으로 문제해결).

원동력으로의 정보

행동의 완벽한 이론은 동기의 설명과 움직이는 힘, 행동 원인의 에너지에 대한 설명을 필요로 한다. 왜 사람들이 교류하는지 설명할 때 번은 자극욕구라는 단어로 설명을 했다. 그가 예시한 문제인 '정보의 기아'는 20세기의 심리학과 정신의학의 주요한 주제가 될 것으로 생각된다.

번의 초창기 이론의 기본 교리는 "일관성 있는 자아상태를 유지하기 위한 인간 정신의 능력은 감각자극 흐름의 변화에 달려 있다."(Berne 1961: 83)이다. 단순히 자극이 발생하는 이유뿐 아니라 자극이 변화하는 이유는 자극이 변화하지 않는다면 인간의 세포는 적응되어 결국 위축되기 때문이다. 이런 관찰을 기본으로 그는 '자극기아'(p. 85)와 1차 승화인 '인정자극'(p. 84)을 만들었다. 자극기아는 더 정교하게 인정과 자극을 구하는 사회환경의 욕구인 '구조기아'(p. 85)로 나아갔다. 번은 또한 자극은 심리적 생활을 유지하기 위해서 변화가 필요하다고 지적하였는데 단순한 변화나 무작위 변화로는 충분치가 않다고 했다. 어떤 유기체가 의미가 가득 담긴 자극을 구하고 그것에 의해 동기가 부여된다면 그 자극은 무엇일까? 간단히 말하면 그것은 정보다.

이러한 진술은 연구에 의해 지지된다. 1950년 심리학자들은 쥐, 원숭이, 사람들이 간단한 자극과 보상을 구하는 것을 발견했다. 발견에 앞서, 동물 연구자들은 그들 실험에 오직 물과 음식만을 보상으로 제공했다. 배가 고픈 동물들은 물과 음식을 얻기 위해 복잡한 과제를 열심히 배웠다. 수천 개의 교육실험이 배고픈 쥐와 고양이, 원숭이들에게 실시되었고 음식과 물은 그들에게 동기의 보상이었다. 그러나 그 과정에서 심리학자들은 배가 고프거나 목이 마르지 않는 동물들도 매우 간단한 퍼즐을 풀려고 하는 동기를 보였고 겉보기에는 전구들을 깜빡이는 것 같은 간단하고 흥미로운 자극을 받아들이는 것에 동기를 보이는 것을 발견했다. 이 발견은 번이 잘 지각한 새로운 가설로 이끌었다. 동물들의 음식과 물에 대한 욕구에 더해서 자극과 탐색의 욕구 또한 있고 이것은 지루함이나 자극의 부족에 의해 발동되는 추동이라는 것이다.

분명히, 사람에게도 비슷한 욕구가 있다. 심리학의 연구자 벡스턴(Bexton) 등은 그들의 참여자에게 시간당 임금을 주고 먹여 주며 작은 방에서 아무것도 하지 않게 하였다. 보고 듣고 만지는 것이 없는 환경이었고 그들이 원하는 만큼 머물도록 하였다. 여덟 시간 안에 대부분의 참여자들은 불행감이 증가하였고 자극을 위해 강한 욕구를 드러냈다. 참여자 중, 대학생들은 반복해서 초등학생들을 위한 금주에 관한 이야기나 오래된 증권시장 보고서를 녹음한 것을 들었다. 그것이 그들이 지루한 시간을 버틸 수 있는 유일한 것이었다. 그들은 감각을 박탈한지 몇 시간이 지나자 일련의 생각을 따라갈 수가 없었고 실험이 끝나고 당시 공부에 대한 동기를 갖는 데 하루가 걸렸다고 보고했다.

입증되지 않은 자료에서는 사람들이 불모지 섬이나 아무도 없는 장소에 좌초되면 자극욕구는 엄청나게 강렬해진다는 사실을 증언하였다. 후에 연구자들은 더 나아가 격리된 방을 고안하여 사람들이 어둡고 소리가 차단되고 몸의 온도와 같은 물탱크 속에 떠 있게 하여 감각박탈을 급격하게 하였는데 그들은 이를 통해 마치 환각제를 복용한 후의 결과와 비슷하게 환각체험이나 악몽 같은 인간 정신에 불안감을 주는 효과를 발견하였다. 마음은 자극을 갈망하고 그것을 급격하게 빼앗기면 스스로 만들어 내고 그렇게 하기 위해 마음의 어두운 구석을 훑는다. 오늘날 고문은 인간을 와해시키기 위해 효과적으로 자극을 박탈하는 방법으로 발달되었다—그것을 하얀 고문이라 부른다—(Cesereanu, 2006). 하얀 고문은 조지 부시 정부 때 관타나모 감옥에서 심하게 행해졌다.

결론적으로, 정보에 대한 자극의 관계연구에서 심리학자인 버린과 존스(Berlyne & Jones, 1957)는 그들의 시리즈 실험을 다시 한 번 대학생을 대상으로 하였다. 참여자들이 원했던 것은 단순히 자극이 아니라 의미가 들어 있는 자극인 정보였다. 우리는 자극을 구하지만 만약 자극이 정보의 내용을 담지 못하면 자극을 위한 욕구의 만족도는 급격하게 잃게 되고 궁핍을 남긴다. 그러므로 사람들이 자극을 끊임없이 찾는 것을 표현하는 단어로 '정보기아'라고 말을 하는 것이 적절해 보인다.

정보기아

십 년 전 힘겨루기의 이해를 연구하다가 나는 허위 혹은 과장된 선전에 대해 흥미를 가졌다. 처음에는 그것이 단순히 죄 없는 대중을 세뇌하려는 음모라고 보았다. 그러나 곧 사람들이 그런 흑색선전의 단순한 수동적 희생자가 아니라 만약 그들을 위해 그것을 만들어 내는 것이 불가능하면 그것들을 찾고 반긴다는 것이 명확해졌다. 그것은 마치 영양의 선택에서 불량식품을 선택하듯 스트로크에서는 긍정적인 스트로크를 얻는 대신 해로운 게임을 하는 것이다. 정보에 굶주린 사람은 쓰레기 같은 정보인 허위정보, 잘못된 정보를 구하고 받아들이며 심지어 진실하고 타당한 대안이 있어도 삐뚤어진 것을 선호한다. 이러한 경우들을 보면 사람들은 선동자, 스트로크 독점자, 음식 회사 등에 의해 대체물로 생산되는 독이 있는 정보들을 구하고 받아들이면서 그들의 변치 않는 정보에 대한 기아를 만족시킨다.

나는 번의 자극기아에 정보의 기아를 더하여 그의 개념의 폭을 넓히고자 한다. 많은 사람들이 정보는 114 전화번호나 혹은 최근에는 구글에서 얻는다고 생각한다. 그러나 명확하게 정보가 무엇인지 이해하자면, 정보가 수학자들에 의해 정의가 되는(Shannon & Weaver 1963: 12-13) 인공두뇌의 영역에서는 불확실함의 감소 혹은 좀 더 전문용어로 말하면 엔트로피의 감소라고 정의된다. 우주의 어느 부분의 불확실함의 정도를 나타내는 것이 엔트로피다. 열역학의 두 번째 법칙은 우주의 모든 규칙은 감소된다는 것이다. 이 확고한 법칙을 뒤집어서 적용해 보면 그것은 자연치료의 손이며 자연치유력인 생명력이다. 이 생명력은 우리들 세포 안에 태양으로부터 축적된 에너지로 채워져 있으며 임무는 부패와 엔트로피에 저항해서 끊임없이 재생하기 위한 전쟁을 하는 것이다.

예를 들어, 부엌에서 손을 베었다고 가정해 보자. 깊이 베어 피가 흘러나와 싱크대를 적신다. 당신은 아픈 것을 느끼기 전에 놀라고 당황한다. 손을 베자마자 스스로 치료가 시작된다. 당신이 비상사태에 어떻게 대처할지 생각할 동안 상처는 감각이 없어 아픈 것을 느끼지 못한다. 당신은 손으로 상처를 누르고 밴드를 붙이거나 몇 바늘 꿰매는 과정이 필요하고, 피가 흐르는 것이 멈추고 피가 응고되고 딱지가 생길 것이고 피부는 다시 돋아날 것이며 고통은 당신이 상처 부분을 움직이는 것을 막아 주고, 깨끗하게 두면 상처는 봉합되고 조그만 상처는 남지만 깨끗하게 나을 것이다. 이것이 인생의 힘든 시기에 상처를 치료할 수 있는 결정적 대응인 생명력의 예가 된다.

대부분의 기본 수준에서 생명력은 정보와 대등하다. 생명의 모든 정보활동은 국가 조직, 직장, 가족과 친척들 사이에서 발생하는 부패에 대응하는 것이다. 사람들의 대화수준에서 정보는 그것의 부재에서 발생하는 정신적 능력의 해소에 대해 작용한다. 산소가 식물기능의 기본적인 기능인 것과 같이 정보는 정신생활의 연료다. 그것 없이는 죽을 수밖에 없다. 쓰레기 같은 정보(허위정보, 거짓정보)는 정보의 독극물이지만 정보에 대한 굶주림을 가라앉히고 정보부족으로 죽어 가는 뇌의 사망을 막는다. 하지만 정신과 정서적 생활을 혼란스럽게 하고 방해하기도 한다.

정보와 TA: 스트로크 기아

번에 의해면 자극기아는 음식, 갈증, 산소의 필요(산소기아라는 말은 아직 없지만)에 대한 기아와 마찬가지로 인간 행동의 동기이며 연출자라 했다. 그것은 자극에 대한 욕구이고 이면교류, 게임, 각본 등의 "사회적 병리"를 만들고 친밀감처럼 유익한 형태로 쉽게 얻지 못하는 자극을 얻기 위해 노력하는 모든 것이다. 이런 생각들로부터(1964, p. 14) 인정의 교환, 교환의 구성단위, 스트로크의 개념이 나왔다. 하나의 간단하고 훌륭한 개념인 스트로크와 스트로크를 한다는 것의 정의는 사랑과 미움의 형태로 자극에 대한 인간의 가장 기초적 욕구다.

스트로크는 특별히 강력하고 풍부한 자극의 정보이며 인간들 사이의 자극이다. 스트로크는 인간들, 그리고 고감도의 동물인 고양이, 개, 말 등과 교환된다. 아마 온혈자극이 더욱 나은 자극일 수 있다.

스트로크는 사랑의 단순히 생물학적 필요를 충족시킬 뿐만 아니라 정보의 필요성도 만족시킨다. 그것들은 우리에 대한 강력한 정보의 묶음으로 단단히 포장되어 있다.

흥미롭게도 스트로크에 대해 이야기하는 것은 정보에 대해 이야기하는 것과 유사하다. 즉, 정보에 굶주리고 건설적이고 유용한 정보가 없을 때는 해로운 정보라도 받아들이거나 구한다는 것이다. 스트로크 경제에 의하면 스트로크는 사고, 팔고, 교환되고, 축적되고, 독점될 수 있다. 결과로는 어떤 사람은 정보가 넘치고 어떤 사람은 정보가 부족하지만 대부분은 쓰레기 같은 정보가 넘치는 가운데 만성적인 정보의 기아가 된다. 다행히도 쓰레기 같은 정보와 가치 있는 정보를 나누어 주는 페이스북이나 트위터 같은 다양한 소셜 네트워크와 검색 엔진들이 정보의 궁핍을 방지하여 준다. 사람들은 어디서나 쉽게 이런 기관들에 컴퓨터나 핸드폰으로 접속할 수 있다. 문제는 정보가 지나치게 올라와서 어떻게 쓰레기 같은 정보와 구별해야 하는가 하는 것이다. 주제와 관련된 중요한 점은 소셜 네트워크에 의해 제공되는 디지털 인식이라 해도 스트로크를 위한 생물학적 필요의 충분한 대체물이라는 것이다. 이것이 사이버심리학의 초기 과학의 주요한 질문이다.

정보로서의 각본 메시지

정보는 여러 가지 통로로 전해진다. 정보는 끊임없이 흐르고 우리는 들어온 정보를 선택하고 피드백으로 사용할 정보를 우선 순으로 정하고 무시할 정보를 간추린다. 여러 가지 사실을 고려하여 어떤 메시지를 선택하고 어떤 메세지를 무시할 것인가.

어린 시절 어린이들은 간혹 궁지에 몰려 향후 인생을 좌우할 중요한 결정을 한다. 힘의 관계 변화와 어린 시절 내린 결정을 더 이상 지속할 수 없을 만큼 교착상태가 되면 무력감 속에서 만들어진 정보를 기반으로 한 이러한 결정은 훗날 인생에서 문제의 원인이 된다. 이것이 각본분석의 필수적인 부분이다. 우리는 우리 인생의 길을 수정할 수 있기 때문이다.

각본 매트릭스에서(Steiner, 1966) 나는 어린 시절 우리가 선택했던 메시지들을 설명하려고 시도했다. 번의 자아상태가 몇 가지 생각해 볼 정보를 주었다. 각본의 주제는 다른 사람의 자아상태로부터 온 메시지를 기본으로 한다. 금지령과 여러 가지 요인에 의해 중요하게 여겨지는 속성은 근원의 중요함(아버지, 어머니, 중요한 타인들), 메시지에 더해지는 강조(벌, 상, 반복), 주제의 무력감과 감수성(각인을 위한 숙성, 겁먹은, 피곤한, 화남, 약의 복용이나 최면상태) 등인데, 이와 같은 근원, 강조, 감수성은 어린이가 메시지를 받아들이게 하는 데 영향을 끼치는 것들이다.

각본 메시지는 본질적으로 거짓이다. 어린이의 자율성과 힘을 약화시키기 위해 만들어진 허위 정보이거나 그릇된 정보다. 어린이들에게 전달되는 메시지는 모든 세 가지 자아상태에서 받아들이게 된다. 부모, 어린이, 어른자아 중 가장 취약한 자아상태는 어린이자아상태다. 어린이자아상태는 배우고 그들의 행동을 수정한다. 변화는 간혹 점진적으로 일어나거나 때로는 멈추어 버리거나 행동수정의 도약이 일어나기도 한다. 우리가 각본 '결정'이라고 부르는 대단한 도약이 있다. 그러나 많은 각본 중 특히 '진부한' 각본은 드라마틱한 변화 없이 점진적으로 일어난다. 각본 결정의 변화는 드라마틱하든 점진적이든 정확한 정보, 변화를 위한 허가, 변화하는 기간 동안 보호(제11장을 보라)가 필요하다. 또한 각본의 재결정이나 변화는 각본이 결정적으로 만들어졌던 것과 같은 방식으로, 비교적 믿음에 대한 작은 도약[2] 안에서 드물

2) 믿음에 대한 도약: 키르케고르가 한 말로 하나님의 계시, 즉 하나님의 은총인 예수 그리스도를 받아 믿음으로 이루어지게 되는 것을 믿음의 도약(a leap of faith)이라 하였다.

게 일어난다고 메리와 로버트 굴딩의 책 『인생의 변화를 위한 재결단 치료』(1997)에서 설명하고 있다. 그러나 모든 각본 변화는 점진적인 진화, 인지행동의 변화를 통해 일어난다.

거짓말과 정보

우리가 사실이 아닌 것을 말할 때 혹은 진실이라 믿는 것을 다 알고도 숨길 때 거짓말을 하는 것이다.

거짓들은 늘 힘으로 가는 길로 사용되어 왔다. 정보의 부인이나 기만은 힘의 남용의 오래된 형태다. 거짓말은 의식적인 힘겨루기다. 정보화 시대에 가장 파괴적인 정치적 행동이 거짓말이다.

거짓말은 통제를 하려는 수단이고—정치적 행동—끊임없는 힘의 행동이며 우리가 노출되어 있는 남용의 한 부분이나 꾸러미다.

대부분의 종교에서 거짓을 금지하는 사실에도 불구하고 거짓말은 우리 일상의 한 양상이고 심지어 가장 독실하고 종교적인 곳에서도 행해진다. 분명한 것은 아이들이 말을 할 즈음 부모들은 일상적으로 거짓말을 하고 결국 아이는 적절한 사회화의 한 측면으로 거짓말을 생각하게 되고 거짓말을 배운다. 우리는 아이들에게 거짓말을 하지 말라고 말하면서 끊임없이 우리가 거짓말을 한다. 그들에게 우리가 다른 사람에게 그러한 것처럼 진실하라고 말을 하면서 무엇이 거짓인지, 진실과는 어떻게 다른지, 거짓이 틀린 것이라고 말을 할 때 그것이 무슨 뜻인지 가르치지 않는다. 분명히 하자면 우리는 아이들과 서로에게 거짓말을 하기 위해 합리화하는 모든 태도를 가지고 있는 것이다. 우리는 아이들은 진실을 알 수 없다고 추측하고 혹은 아이들은 알려고 하지 않는다거나 혹은 그것이 해를 끼칠 수 있다거나 우리가 하는 작은 하얀 거짓말은 해롭지 않다고 하며 사실 진실로부터 아이들을 보호하는 것이 의무라고 추정한다. 하지만 거짓말을 하는 진짜 이유는 실제적인 것과는 거리가 있다. 실은 우리가 거짓말을 하는 것은 통제를 하기 위해서다. 진실하다는 것은 우리가 힘을 남용한다는 현실과 마주하는 것처럼 힘과 편안함을 포기할 것을 요구할지도 모른다.

지각하는 능력, 즉 세상에 능률적으로 대처하고 이해하는 능력은 우리 삶의 끊임없는 거짓말에 의해 상당히 축소된다. 언제 거짓을 말하고 언제 진실을 말하는지 추려 내는 과정은 우리 정신에너지를 지속적으로 사용해 버리는 것이다. 우리가 거짓을 말하고 있을 때 진실은 그만큼 기가 죽고 우리의 직감을 무시하는 것이며 거짓을 믿고 우리를 약점으로 밀어 넣는 것이다. 혹은 거짓말을 믿고 광기의 위험에 우리를 몰아넣는 편집증적인 시나리오를 만드는 것을 거부할 수도 있다. 이러한 과정 중에 사랑과 신뢰는 계속해서 약화된다. 이런 모든 불확실함들이 주어지면 마음은 최적의 수준에서 작동하는 것이 막혀 버린다.

정보화 시대의 거짓말

우리는 지금 역사의 마법적 순간에 서 있다. 이는 우리가 정신적 능력을 가지고 있고 가장 기초적인 인간의 기아인 정보의 기아를 능률적이고 강하게 만족시키는 기술적 지식을 가지고 있기 때문이다. 우리들은 정보의 종점들과 기구들, 네트워크와 정보경제를 가지고 있다. 불행하게도 우리는 미디어 정보의 큰 문제를 가지고 있고 그것은 여러 가지 거짓들에 의해 심각하게 오염되어 있다는 것이다. 테크놀로지에 의해 증폭된 힘이 없는 거짓은 해롭지만 견딜 만하다. 그러나 오늘날의 최첨단 미디어 거짓은 압도될 수 있다.

미국의 43대 대통령인 조지 워크 부시의 선거와 재선을 보면 부시는 다음의 일들로 잘 알려져 있었다. 그의 불충분한 교육, 그의 반과학적 시각, 그의 알코올문제, 그의 부정직한 군 복무, 지나치게 종교적인 주장, 사실과 더 많은 것들에 대한 반감이 그것들이다. 뛰어나고 기술적인 홍보참모인 칼 로브(Karl Rove)는 대중과 관련된 활동을 일으키고 그것은 매우 효과적이어서 이런 모든 사실은 무시되고 조지 부시는 대통령이 되기에 충분한 표를 얻었다. 비극적이고 불필요한 전쟁의 시작과 4년 동안 전적으로 잘못 통치한 후 그는 더 많은 거짓의 도움으로 재선되었는데 이번에는 그의 경쟁자 존 커(John Kerr)의 군복무에 관한 허위정보과 거짓말로 그를 공격하였다. 그들이 믿었던 거짓말의 강도와 그들이 저지른 실수를 깨닫고 부시가 불명예로 자리를 떠날 때까지 잘못된 정보와 허위정보의 효력은 8년이나 지속되었다.

사람들의 정보기아를 감안할 때, 정보는 엄청나게 수익성 있는 상품이 되어 가고 그 상품으로부터 수익을 갖는 사람은 더욱더 매력적인 형태로 끊임없이 상품을 제조한다. 마약의 힘이 증가하는 경우—와인에서 코냑으로, 코카에서 크랙으로 아편에서 헤로인으로 대마초에서 마리화나나 헤시시로—와 마찬가지로 사실상 저항할 수 없고 똑같이 중독적이고 강력한 정보는 광고들, 영화, TV, 간판으로 고안되었고 만들어졌으며 전파되어 이런 모든 것은 인터넷으로 퍼져 나간다. 우리는 이러한 정보의 해로운 측면으로부터 방어하고 감지하는 수단을 발달시켜야 한다. 우리는 그것에 대한 타고난 보호물이 없다.

다행히도 대양은 변화한다. 정확한 정보에만 전념하는 기관들처럼 잘못된 것을 수정하는 방안을 갖는 장소도 있다. 예를 들면, 구글, 위키피디아, 무수한 블로그들은 타당한 정보를 퍼트리는 데 전념한다. 물론 이러한 기관들 자체가 쓸모없는 정보의 방송이라는 논쟁의 여지도 있지만 중요한 사실은 사람은 자유로운 정보의 광범위한 선택으로부터 자유로운 선택이 증가하고 있다는 것이다. 그리고 프리커, 유튜브, 심지어 유폰 같은 곳은 모든 사람에게 제공되는 쓸모없는 정보 중에 타당하고 진짜 정보를 알려 주는 강력한 수단이다. 우리의 과업은 정보의 확산을 위해 이러한 멋진 도구들을 어떻게 다룰지 배우는 것이다.

사람들이 개인적인 수준에서 정보를 깨끗이 하는 기준은 '절대적인 진실 말하기'다. 철저하게 진실만을 말한다는 것은 그 사람이 원하고 느끼고 믿는 의미 있는 모든 것을 말하는 것은 물론이고 절대로 무엇에 대해 거짓말을 하지 않는 것이다. 우리를 둘러싸고 있는 기만의 수준으로 볼 때 이 프로젝트는 가장 친밀하고 가까운 관계에서 그리고 오직 상호 동의에 의해서만 말이 되는 것으로 보인다.

만약 정보화 시대를 심각하게 생각한다면 우리는 거짓과 진실도 심각하게 여겨야 한다. 정보에 관한 모든 것을 배워야만 한다. 우리는 정보를 활용할 줄 알아야 하고 무엇이 정보이고 무엇이 소음인지 무엇이 거짓이고 무엇이 진실인지, 그리고 그 둘 사이의 사실과 중요함은 무엇인지 배워야 한다(Steiner, 2003: 226-227). 이런 과정은 광고주, 교사, 정치가에게 기대하기 전에 개인적인 영역, 가정과 가까운 곳에서 시작되어야 한다. 특히, 정보화 시대에는 우리가 언제 거짓말을 하고 왜 하는지 언제 거짓말을 듣고 왜 듣는지 반드시 알아야 한다.

우리가 언제 거짓말을 하는지 아는 것은 쉽다. 우리가 진실이 아닌 것을 말할 때 혹은 밝혀져야 할 사실을 말하지 않을 때다. 정직함은 마치 법정에서 증언하기 전의 선서처럼 단지 진실만을 요구한다. 다른 사람이 거짓을 말하는지 아는 것은 그렇게 간단하지 않다. 사실, 거짓을 말하는 사람이 인정하거나 혹은 다시 한 번 법정에서처럼 반박의 여지가 없는 증거를 손에 쥐고 있지 않다면 거짓말을 알아채는 것은 불가능하다(Steiner, 1981, pp. 133-144).

정보심리학과 정신의학으로 TA

출처가 불분명한 이야기지만 간략하게 소개하겠다.

> 한 의사가 전염병인 이질로 인해 10명 중 8명이 감염된 정글 속 외딴 마을로 방문해 달라는 요청을 받았다. 마을을 둘러본 후 그는 마을의 원로를 불러 만나자고 하였다. "당신들의 화장실은 강가에 있군요. 그러니 이렇게 해야 합니다. 반드시 마시는 물은 화장실의 상류에서 떠와야 합니다. 그렇게 되면 문제가 해결됩니다."
>
> 마을에서는 기본을 따랐고 공중 위생원칙과 전염병은 줄어들었지만

아직도 15%의 마을 사람들이 아팠다. 나중에 물을 끓여 마시고 화장실을 강에서 멀리 옮기고, 약을 복용하고 나니 10%가 더 감소되었다.

어떻게 이것을 교류분석의 실행에 적용할 수 있을까? 수년에 걸친 정교한 학문적 연구에서 심리치료의 결과는 일반적으로 약과 같이 이롭지만 어떤 방법도 다른 방법에 비해 낫지 않은 것 같았다. 종합적으로 모든 심리치료 작업들, 심리치료들의 사용자들은 공평하게 만족하였다. 내 요점은 대부분의 심리치료들은 포괄적이고 유익하며 정신건강의 원리를 공유했다. 치료자들은 양육적이고 적절히 대응하려고 애쓰고, 사려 깊고 내담자가 자신의 문제에 대해서 이야기하고 감정을 환기할 때 위로하는 경향이 있다. 문제에 개의치 않고 이런 포괄적인 접근을 적용하는 것으로 어려움의 80%를 해결한다.

하지만 이런 포괄적 기술의 몇 회기 후에는 결과들이 점점 줄어들게 된다. 각 내담자의 고유한 상황은 특정한 기술을 요구하고 전문지식의 더 높은 수준이 필요하다. 기본 땜질로는 안 된다.

덧붙여, 모든 치료자에게는 그들의 전문성이 닿을 수 없는 천장이 있다. 최신식 정보와 기술을 갖추고 대부분의 상황을 치료할 수 있는 아주 드문 치료자도 있다. 문제가 해결되지 않을 때 그들은 곧 그들의 전문성을 발휘하고 내담자의 환경을 깨닫는다. 이러한 전문가들은 달성되기 어려운 계약을 체결하는 것을 거부할 것이다.

나는 훈련이 매우 잘 된 교류분석가는 오늘날 가능한 한 가장 높은 수준의 정보와 전문성을 가질 가능성이 있다고 믿는다. 이는 테드 노베이(Ted Novey, 2006)에 의해 진행되었던 두 연구에 의해 강하게 지지되는 믿음이다. 교류분석치료의 사용자에게 질문을 하였고 결과는 소비자보고서의 방법과 광대한 데이터베이스의 분석결과를 사용하여 분석되었는데 교류분석 사용자들은 정신과 의사, 심리학자, 결혼 상담사, 의사, 정신분석치료자들보다 유의미하게 만족스럽다고 보고되었다. 노베이는 그의 두 번째 연구의 더 많은 국제적인 사례에서 더욱 좋은 결과를 발견하였다.

왜 모든 치료들은 대충 비슷하게 만족스러운데 교류분석만 더욱 만족스러울까? 노베이의 가설은(개인적인 의사소통, 2005) 교류분석 집단 훈련의 질과 슈퍼비전 방법과 관련이 있다고 했다. 거기에 나는 교류분석은 튼튼한 이론과 방법론을 가지고 있다고 더하고 싶다. 교류분석은 행동-인지, 교류의 분석을 사용하는 정보를 기본으로 하는 심리치료, 계약, OK-ness를 기본으로 하는 이론, 스트로크, 자아상태, 드라마삼각형, 게임, 그리고 각본을 결합한 것이다. 이러한 개념과 기술들, 우리의 교육방법의 통합이 노베이의 발견의 원인이라고 생각한다. 우리는 정보를 기본으로 하는 이론과 방법으로 21세기의 도전을 마주할 태세를 갖추고 있다.

제3부

결 론

교류분석이 역동적이면서 여전히 발달하고 있는 이론임에도 불구하고 TA와 관련된 많은 사람들은 조바심을 내는 것처럼 보인다. 나는 가끔 TA가 전성기가 지난 것이 아닌가 생각이 들었다. 교류분석의 많은 아이디어들이 전문가와 대중적 문화에 소리 없이 흡수되었지만 전반적으로 주요 포인트들은 간과되었으며 세기의 대단한 심리치료 이론들 사이에 자리가 주어지지를 않은 것 같다. 나는 쉴 준비가 되어 있었다. 따라서 나는 교류분석을 떠나서 나의 관심사인 권력투쟁, 중앙아메리카의 정치, 저널리즘, 선전 등에 관심을 가졌다. 연구자의 객관적 시각은 물론 방송과 정보에 이르기까지 정보화 시대의 동이 틀 무렵 나는 정보화 시대의 심리학과 정신의학에서 전망 있는 이론으로서 교류분석에 대한 새로운 빛을 보았다.

다가오는 천 년의 변화에 어떤 영향을 미치게 될지 기대가 되는 21세기를 살아가는 동지이자, TA에 몸담고 있는 우리는 분명한 유산을 가지고 있다.

정보화 시대의 심리학과 정신의학 분야에 민주적이고 평등한 힘을 부여할 수 있는 도구와 통찰력이 바로 그것이다.

부록

심리치료자들을 위한 노트

이 장은 1995년에 쓴 "1500단어 미만으로 적은 30년간의 심리치료와 교류분석" 이라는 글을 업데이트한 것이다. 그때는 자극적인 목소리로 썼는데, 그것은 타당한 시각이었다. 내 태도가 성숙한 것이었기를 희망한다. 독자들의 생각을 위해서 상당 부분 편집해서 실었다.

교류분석이 상담가, 교육자, 컨설턴트, 코치들에 의해 적용되고 있지만 교류분석은 원래 심리치료를 위해 개발된 것이다. 나는 이 마지막 장을 특별히 심리학자들을 염두에 두면서 글을 썼다. 만약 당신이 한 번 더 되풀이해서 계약, 자아상태, 게임, 각본, 비판적 부모자아, 스트로크에 대해 기꺼이 읽기를 원하면 여기 또 다른 하나, 내 관점의 마지막 버전이 있다.

젊은 시절 자동차 기술자로 일할 때부터 심리치료의 연습은 꽤 자연스럽게 흘러왔다. 사실, 자동차는 플라시보 효과의 대상이나 차를 고치는 것이 자연치유의 방법은 아니었어도 차를 고치는 것이나 사람을 고치는 것은 비슷한 활동이다. 번의 기본 지침인 "환자를 치료하라."는 나에겐 완벽하게 와 닿았다. 손님은 차를 가져오고 기술자는 후드 아래를 살펴서 무엇이 문제인지 알아내서 고치고 돈을 청구한다. 그것이 1970년 그의 마지막 강의에 의해 증명된 에릭 번의 마지막 전제다(제13장 "어떻게 사람은 변하는가?", Berne, 1971).

나는 좋은 태도로 40년 넘도록 일을 해 오고 있으며, 최고의 이론—교류분석—과 마침내 효과적인 기술과 지혜를 측정할 도구를 배운 대단한 심리치료자로 스스로를 생각하고 싶다. 나는 자동차 기술자로 일을 하였는데 그 세계에서는 흔한 정직하지 못한 일들, 즉 형편없는 작업에 보수 청구하기, 문제의 심한 정도를 과장하고 마술 같은 기술처럼 보이게 하기, 의존하도록 손님을 낚기, 성적으로 가능한 관계 암시하기, 문제를 모르면서도 아는 척하기, 작업시간에 잠자기, 이해하고자 하는 손님 명예훼손하기, 그리고 헷갈리는 용어를 사용하기, 남보다 잘난 것처럼 하거나 무시와 실수로 가장하기, 거짓말의 여러 형태, 힘겨루기, 그리고 게으름 등을 경험하였고 이후에 나는 심리치료자로 일을 하게 되었다. 운이 좋게도, 자동차 기술자로서 이런 일들을 목격하고 나는 그 일들을 심리치료자로서 생각하게 되었고 나의 치료에서는 그런 정직하지 못한 일들을 제외하는 데 성공했다.

"환자를 치료하라." 번이 말한 이것을 기본 지침으로 우리는 첫 번째 회기에서 시도하라는 에릭의 이야기를 따른다. 만약 성공하지 못했다면 집에 가서 그것에 대해 생각해 보고 두 번째 회기에서 시도하고 치료가 될 때까지 노력하며 보통은 1년이나 2년이 채 걸리지 않는다. 나는 이것이 계약을 완성시키기 위한 교류분석작업의 유일한 목표라고 역설하고 싶고, 능력 있는 교류분석가라면 다른 전문가들이 성숙한 규율을 지키는 것과 마찬가지로 이 목표에 집중해야 한다고 말하고 싶다.

나는 심리치료자의 일을 수행하는 데 세 가지 중요한 사실이 있다고 생각한다. 그것은 태도, 기술, 그리고 정보다. 올바른 태도, 가장 효과적인 기술, 그리고 적절한 정보를 갖는다면 계약을 맺은 치료의 성공적인 목표에 최대한 도달할 수 있다. 이러한 것들이 빠진다면 우리가 바랄 수 있는 최고의 것은 "선함의 힘"이라고 우리가 이름 붙인 좋은 의도, 해를 끼치지 않는 것(내담자의 은행 잔고를 제외한), 그리고 자연치료의 힘만으로 우리 내담자의 삼분의 일은 우리가 뭘 하든 좋아질 것이다. 선함의 힘에 유능함의 힘을 더하라(Ⅲ. 정보, 아래). 이 두 힘이 더해지면 교류분석의 힘은 가장 효과적인 심리치료가 될 것이다.

Ⅰ. 태 도

세 가지 사실 중에 치료자의 태도는 의심할 바 없이 우리들의 내담자에 의해 가장 즉각적으로 감지되므로 첫 번째로 중요하다.

비판적 부모자아에서 자유로운 태도

해가 되는 환경에서는 아무것도 자랄 수가 없다. 그러므로 비판하는 부모자아의 교류가 전혀 없는 태도를 보이는 것과 내담자가 안전하고 신뢰할 수 있는 환경과 철저하게 비판하는 부모자아에서 벗어난 장소를 만들어 내는 것이 매우 중요하다. 대부분 치료적 훈련에서 친밀하고 즐거우며 아량 있는 태도를 가르치지만 이러한 태도는 진실로 가능성 있는 심리치료를 위해서 요구되는 대뇌변연계의 공명을 보장하기에는 정확하지 않다.

비판적 부모자아로부터 벗어난 곳은 힘겨루기가 없고 특별히 거짓이 없다. 절대 예외는 없다. 남을 위한 거짓말도 없고, 보호하기 위한 거짓말도 없고 치료적인 거짓말도 없다. 내담자가 중요한 사실을 숨기기 위해 뭔가를 누락하거나 신비화에 기댄 역설적인 기술도 없다. 우리가 원하는 것이나 느끼는 것에 대한 거짓도 없고 얼마나 좋은 뜻인지 어떻게 치료를 간주하는지 상관없다.

나는 용어를 트집 잡는 것(비판적 부모자아, 적, 탄압자, 내면의 비판가 등)은 받아들이겠지만 원칙—비판적 부모자아는 안된다—은 논쟁의 여지가 없다. 원래 비판적 부모자아로부터 벗어난 환경은 어린이자아의 치유에너지의 해방을 위한 필수적 상태로, 긍정적 대뇌변연계의 과정의 연료가 되고 각본결정의 전환을 가능하게 해 주는 것이다. 비판적 부모자아로부터 벗어났다는 것은 편견으로 가지게 된 부정적인 판단으로부터 벗어났다는 뜻이다. 가장 중요한 것은 교류분석에서 우리가 구원자라고 부르는—치료자에게 전적으로 책임이 있다—것의 피할 수 없는 결과인 억울함이나 분노로부터 자유로워야 한다. 다른 사람이 원하는 것보다 더 많이 해 주거나 나눠 주려고 하는 사람이라고 정의 내려진 구원자는 박해자로 필수적으로 옮겨 가게 되는 심각한 치료적인 실수가 된다. 비판적 부모자아로부터의 자유롭다는 것은 치료자가 더하거나 빼는 거짓말, 만성적인 억울, 분노의 감정, 혹 같이하기를 원하지 않는 내담자와 작업하는 것을 알아차리고 슈퍼바이저를 찾아 상황을 바로잡는 것이다.

양육적인 태도

올바른 태도는 활동적이고 사랑으로 돌봐 주는 부모자아를 가지고 따뜻하며 내담자의 신호에 보호적인 관심을 보이는 전형적인 태도다. "내가 당신이 나을 때까지 늘 지켜보고 있으며 당신을 뒤에서 지지해 줄 것입니다."라고 말하는 무조건적인 어머니, 아버지, 오빠, 언니 같은 사랑의 조합은 무망감, 슬픔, 실망감 두려워하는 어린이자아를 채울 수 있는 유일한 인간의 힘이다. 돌봐 주는 태도는 타인을 사랑하는 만큼 자신을 사랑하는 것을 기본으로 하는 강력한 치료의 기술로 내담자만큼 자신을 목표로 해야 한다.

어른자아의 태도

타인과 자신을 사랑하는 것은 좋은 치료작업에 중요하다. 동등하게 중요한 것은 효과적인 태도의 세 번째 필수 구성요소인 진실의 사랑이다. 효과적인 교류분석은 어른자아-중심의 능력과 실용적인 열린 마음, 확고하게 대처할 준비, 아직은 새로우면서 모순되는 정보를 받아들이는 능력에 있다. 이러한 태도는 본인의 믿음과 필요시 다른 이의 지각과 의견에 즉각적이고 기꺼이 변화하려는 열린 마음을 기본으로 하는 현실적인 의지가 강한 것과 연관이 있다. 현실과 비판적 부모자아로부터 자유로움, 돌봐 주는 부모자아의 건강한 관여, 오염되지 않는 어른자아의 지도와 함께하는 사랑의 직면을 위한 압력은 내 의견에는 옳은 태도라고 생각한다.

Ⅱ. 기 술

물론 질문에서 기술은 교류분석에서 교류를 분석하는 것이다(끝없이 반복되는 이런 기본 지침을 용서해 주기 바란다). 이 뜻은 우리가 먼저 자아상태분석이나 실용적이고 적절하지만 중심이 아닌 개인력을 먼저 분석한다는 뜻이 아니다. 또한 이것은 이론과 기술의 효과적인 주요한 노선으로써 번에 의해 특별하게 시도되었다가 버려진 정신(정신분석)을 먼저 분석하라는 뜻도 아니다(우리가 스스로를 교류분석가라고 부르려면 우리는 정신분석적인 생각과 언어로 퇴화하지 않아야 한다). 세 가지 교류분석의 치료적 기술은 계약, 질문, 그리고 치료적인 교류다.

계 약

계약은 이 정신치료 접근에서 기본적 피드백 메커니즘이다. 그것은 치료의 목적이 무엇인지 그들의 종결이 어떤 범위인지 설립하게 된다. 그것은 간단하고 이해하기 쉬운 언어로 치료자와 내담자 사이의 작업을 동등하게 하고 치료자의 길을 타당하고 수정 가능하게 한다. 치료적 계약의 명확하고 수혜적 효과는 제쳐 놓더라도 이 극적이고 근본적인 계약은 이 치료를 비계약치료와 분리하게 하고 정보화 시대 치료에 최첨단 포스트 모던 심리치료로 몰고 가는 것과 구별된다. 사실 현대의 소비자들은 진짜 같은 가짜 치료시스템에 회의적이 되어 가고 있다. 그들은 결과를 기대한다. 요즘에는 치료를 구하는 내담자보다 포부를 가진 치료자가 더 많은데 그것은 오래되고 비효과적인 방법과 기술은 결국 사라지게 되리라는 것이다.

질 문

좋은 치료자는 "진단을 하는 것" 대신에 계속 질문을 한다. 효과적인 치료는 "정신분열" "경계성 장애" "수동적" "오염된" "패자 각본" "라켓들" 그리고 다른 정신의학 용어 같은 의미 없는 용어들을 쉽게 사용하지 않는다. 정신의학적인 진단을 찾는 대신 신뢰의 분위기를 형성하여 완전히 정직하게 대답하는 것이 내담자가 안전하게 느끼는 것이라고 말하고 싶다. 치료자는 깊고 용감하며 꿰뚫어 보는 질문으로 현재 내담자에게 무슨 일이 일어나고 있는지 알아내고 기꺼이 열린 마음으로 감추는 것 없이 주어지는 의미 있는 정보를 모아야 한다. 편리하고 간단한 DSM-V의 분류보다는 이런 정보를 모아서 내담자에 대해 명쾌하고 삼차원 이미지로 이해할 수 있게 되는 것이다. 내담자에 대한 이 삼차원적 정보들은 진단매뉴얼의 제공으로 존재하는 것이 아니라 정보의 여러 조각이 홀로그램처럼 전체 그림의 한 부분이 되며 내담자에게 맞는, 창의적이며 열린 피드백과 더불어 자기수정이 가능한 효과적인 치료계획으로 제공된다.

치료적 교류

질문은 이렇게 시작된다. "치료가 되려면 무엇을 해야 될까요?" 세 가지 요소가 이 책에서는 과정을 만들어 내는 것으로 상세하게 설명된다. 허가, 보호, 그리고 역량이다. 만약 반복되는 것이 귀찮다면 다음의 부분은 건너뛰어도 된다.

- 허가: "사람들은 왕자와 공주로 태어났는데 그들의 부모가 개구리로 바꾸어 버렸다."라고 번이 요약한 보편적인 원칙이 뜻하는 것은 교류분석가의 키스로 인해서 그들을 되돌릴 수 있다는 것이며, 그렇기 때문에 치료의 과정은 어린 시절 사건의 깊은 영향의 전환으로 이루어진다. 외상적 스트레스 아래 놓여 있던 어린아이에게서 가능했던 정보를 토대로 예민했던 시기에 만들어진 결단은 그 사건에 대한 질문들이 촉발이 되어 알 수 있게 된다.

  허가는 치료자가 현재 업그레이드된 정보와 예전의 결정들을 폐기하도록 제안을 하여서 적절하고 새로운 결정을 만들도록 한다. 사람을 믿도록, 사람들과 접촉을 구하도록, 자기보호적이 되도록, 교육받도록, 깊이 있는 감정과 갈망 등을 표현하고 자신을 공격하거나 독이 되는 것을 하지 않도록 한다. 이러한 지속적인 허가 교류를 따르면 치료는 수행됨에 따라 자연치유과정인 보호와 가장 큰 연관이 있게 된다.
- 보호: 건강하고자 하는 드라이버는 폭력과 지배적 CP 문화로부터 강력한 저항을 가지고 있다. 해로운 문화는 CP 교류를 통하여 전파되고 강요된다. 허가를 주는 것은 치료자의 일이고 CP의 내면,

외면에 반대되는 허가를 제공하는 것은 변화과정의 실행이다.

- **역량**: 허가의 기능과 보호를 합친 것이 자연스러운 치료과정을 촉진하는 치료자의 힘이라고 정의된다. 사실, 자연의 놀라운 자기치유가 오히려 궤도에서 벗어나기도 한다는 것이다. 치료과정은 작은 무능을 다루는 방법들을 포함하고 그러한 작은 무능이 내담자를 압도할 수 있다(사람들은 작은 손 베임을 소홀히 하는 것을 시작으로 패혈증으로도 사망할 수 있다는 것을 알고 있다). 사람들에게 영향을 끼치는 정서적 상처에서도 같다. 자연은 능력 있는 치료자의 도움으로 건강을 회복하도록 준비되어 있지만 지속적인 트라우마와 무능력한 돌보기는 자연치유의 힘만으로는 역부족이다. 오늘날의 심리치료의 경우 치료자의 수동성과 심지어 소홀함 혹은 전적으로 잘못 인도된 약의 투여, 특히 "이 약 저 약을 함께 처방하는 것"에 의해 효과가 없는 치료가 초래된다. 이러한 영향의 약화를 피하고 자연의 치료가 그 힘을 다하도록 하는 것이 힘 있는 치료자의 일이다.

겸손한 촉진자이기보다는 스스로 치료과정의 최고의 선구자로 상상하는 자만하고 오만한 치료자는 역량을 갖는 데 주요한 장애를 가진다. 더욱이 지나치게 수동적이거나 치료에 압도되거나 공감적 경청의 힘에 지나치게 기대는 치료자도 마찬가지다. 한편으로 사랑—내담자의 사랑, 자신에 대한 사랑, 진실에 대한 사랑—은 힘의 가장 큰 개선제다.

Ⅲ. 정 보

심리치료의 세 번째로 기본적인 재료는 좋고 타당한 정보다. (단지 이야기하면서 압박에서 벗어나듯 마음이 뚫리는 것 같은)치료는 많은 사실들에 의해 이루어진다. 현대의 심리치료 서비스의 계약을 잘 아는 소비자들은 유용하고 건설적이고 타당하며 업그레이드된 서비스를 우리에게서 기대한다.

임상 심리치료 자격을 받은 지 45년 동안 중요했던 것은 전문적인 부분에 무엇이 도움이 되고 무엇이 안되는 것인지 배운 것이었다. 여기에 효과적인 치료를 위해 중요한 네 가지 영역을 제시한다(연구와 경험을 바탕으로).

몸-마음

- **스트로크**: 풍부한 긍정적 스트로크는 정신적 육체적 건강을 위해서 중요하다. 놀라운 것은 우울증은 스트로크 부재, 부족한 육체 활동, 좋지 않은 가정환경, 형편없는 직업 또는 무직에서 온다. 스트로크, 운동, 안락한 집, 좋은 직업은 프로작[1]보다 더 효과적이다. 계약적인 교류분석 치료집단은 치료과정을 촉진하는 데 필요한 스트로크와 지지의 가장 효과적인 자원이다.
- **정서활용**: 정서는 인간의 정신적 생활 속에서 몸을 대변한다. 자신

1) 프로작(Prozac): 우울증 치료제의 상품명

과 타인의 정서를 아는 것은 효과적이고 만족스러운 생활에서 아주 중요한 일이다. 또 하나 놀랄 일은 나는 당신의 기분을 좋게도 나쁘게도 할 수 있고 반대로 당신도 그렇게 할 수 있다는 것이다.

- **우리는 동물이다**: 침팬지의 후예로 우리가 하고자 하는 것의 뿌리는 우리의 동물 본성과 추동에 있다. 우리는 현대의 민주적인 사회에서 그들의 안녕을 위한 서비스로 그들을 길들이기 전에 이러한 추동에 대해 알아야만 한다.
- **우리가 섭취하는 것이 바로 우리다**: 건강은 우리가 무엇을 소비하느냐와 연관이 있다. 패스트푸드는 정신건강에 해롭다. 쓸모없는 정보도 마찬가지다. 그러므로 니코틴, 카페인, 손쉽게 구할 수 있는 의약품, 처방받은 약, 그리고 치명적으로 술의 부적절함 등도 해롭기는 마찬가지다. 중독, 화학용품의 의존(중독과는 다른 문제), 마약 사용(합법적이든 불법적이든), 금주도 유능한 치료자에 의해 철저하게 이해되어야 한다.
- **외상**: 인생은 스트레스, 불안, 그리고 고통과 함께다. 부상, 질병, 학대, 두려움, 불운은 보통 인생의 한 부분이다. 이러한 스트레스 요인이 쌓이거나 커지거나 지나치게 지속되면 그것을 통제할 능력을 넘어서게 된다. 일반적인 스트레스가 감당할 수 있는 한계점을 넘으면 여러 증세를 만들어 내거나 영원히 심리적 육체적 변화를 겪게 된다. 공황장애, 공포증, 분노, 만성통증, 악몽, 우울증, 약 의존, 중독, 그리고 질병에 취약한 면역체계는 모든 트라우마의 결과로 볼 수 있다. 자연적 치유로 균형을 다시 세우는 것은 불가능할지도 모르고 이러한 경우 많은 지식과 인내하는 지지가 필

요할 것이다.

힘의 남용

힘과 관련된—학대적 혹은 협력적—것은 인생의 중요한 측면이고 정서적 건강에 큰 영향을 미친다.

- **힘겨루기가 없는 것**: 우리는 위에 있음, 아래에 있음, 동등함 사이의 다름을 이해할 필요가 있다. 치료에서 힘의 남용은 특히 성적 학대, 또한 미묘한 분노, 정서적 폭력, 그리고 추행은 치료적인 과정에서 이해되어야 하고 철저하게 피해야 한다.
- **화성과 금성**: 성이 다른 관계는 모든 커플의 어려움의 주요문제다. 성차별, 여성주의, 남성의 해방운동, 그리고 타고난 성의 정도와 다름, 중요함은 좋은 치료자에 의해 반드시 면밀하게 이해되어야 한다. 우리는 유산에 따른 시각도 반드시 현명하고 사려 깊게 가지고 있어야 한다.
- **억압**: 억압당하는 소수자로 사는 것은 한 인간의 삶에서 결정적인 역할을 한다. 우리는 어린 사람이나 나이 든 사람에 대한 압력이나 가난, 게이, 레즈비언, 비만, 장애자, 제3세계, 그리고 다른 연약한 사람들에 대한 해로운 것들을 이해할 필요가 있다.
- **섹스와 어린이**: 어린이 성적 학대는 프로이트의 치명적인 이론의 실수—여성의 어른 성적 학대의 기억은 단순한 소원을 성취하는 판타지라고 상정해 버리는 것—로 20세기 초에 심리치료사들을 위한 주제로 묻혀 버렸다. 사실, 여성이든 남성이든 많은 내담자

는 어린아이처럼 성적으로 정서적으로 학대를 받았다. 이런 것들은 반드시 다루어져야 한다. 동시에 우리는 권리장전도 기억하고 있어야 한다. 죄가 증명되기 전까지 떠올려진 기억은 증거가 아니고 피고는 무죄다.

초월성

인생을 통해 사람들이 걸어가는 과정—출생에서 죽음까지—을 이해하는 것은 새롭고 중요한 정보의 장이다. 걸어온 길, 인생의 위기, 출생, 나이 듦, 그리고 죽음, 애도와 애통은 반드시 이해되어야 한다. 자살 또한 다루어져야 하는 주제다. 영적인 가치, 종교적 체험과 초월의 힘은 효과적인 치료에서 중요한 주제다.

왜 교류분석인가

특별하게 원하는 결과를 가져오는 새로우며 급증하고 있는 기술들의 이름을 이야기해 보겠다. 인지적 그리고 행동적 접근, 과제, 역할극, 사이코드라마, 자기주장 훈련, 바이오-피드백, 이완요법, 이미지 가이드, 생물에너지, 명상, 치료적 분리, 그리고 가족과 관계치료에서 예방적 방법, 그리고 마지막이지만 중요한 비판적 부모자아를 몰아내는 기술이 있다. 이것들 각각은 치료과정을 촉진하는 데 유용할 수 있다.

교류분석은 어떤 기여를 할 수 있을까? 사실 훈련된 교류분석가는 다음과 같은 것으로 최적으로 준비를 갖춰야 한다.

• 우리는 정보교환의 중개자로 교류의 과정을 관찰하고 분석하도록

훈련되었다.

- 우리는 세 가지 다른 자아상태에서 발생한 교류적 뉘앙스를 구별하고 그들 사이에 교류된 의미의 세 가지 수준을 구별하도록 훈련되었다. 정서적, 논리적, 그리고 지시적인 우리는 부모자아에서 어린이자아로 교류되는 특별한 특징을 알아차리고 A(어른자아) 대 A(어른자아) 그리고 교류 속의 자아상태의 다른 병합들과 비교할 수 있다.
- 우리는 교류의 병리적인 부분을 이해한다. 우리는 어떻게 대화를 시도하면 게임으로 들어가고 어떻게 이런 패턴의 해로움을 멈출지, 스트로크를 어떻게 교환하는지 사람들을 돕는다. 우리는 사람들이 사랑하고 사랑받는 것을 도울 수 있는 기술을 가지고 있다.
- 우리는 건강한 교류의 특징을 안다(긍정적인 스트로크의 풍부함과 적절한 정직함). 그리고 어떻게 사람들에게 허가를 주는지, 그들이 참여하도록 보호하는지 안다. 우리는 어떻게 거짓에 대답하는지 알고 사람들이 거짓말을 멈추게 하는 법과 타인의 거짓을 수용하는 법을 안다.
- 우리는 치료적 계약의 중요함을 알고 계약을 만드는 기술이 있다. 우리는 계약의 종결을 성취하기 위해 의견, 추측, 편견 혹은 잘못된 정보들이 아닌 정당한 정보를 사용하여 압력을 가하거나 어떻게 격려하는지 이해한다.

정직한 치료자는 자신의 직업을 염두에 둔다. 그런 치료자는 무엇인가에 겸손하고 결국 내담자를 돕는다. 자연의 치유능력과 내담자의 변화를 가져오기 위한 책임과 수고, 그리고 치료자의 지도와 기술의 결합이다. 매 회기마다 어떤 진전이 있었는지 되돌아보고 진전과 작업에서 알아낸 가장 진보된 지식을 사용하여 용의주도한 분석을 하면서 내담자의 긍정적 변화에 표가 나게 기뻐한다. 각 내담자의 독특한 개인성을 알아차리고 내담자의 특별한 어려움에 치료자의 창의성을 적용한다. 변화를 위한 허가를 제공하고 내담자를 괴롭히는 악령에 대항하는 보호를 제공한다. 그리고 지속적이고 강한 관심으로 전체 과정에 참여한다. 진실에 대한 치료자의 사랑은 긍정적, 부정적, 혹은 중립적인 치료의 결과에 대해서 정직하게 해 준다.

이러한 것들이 우리가 건설적이고 효과적인 21세기의 영혼의 치료자로서 반드시 공부하고 자격을 가져야 하는 부분이다. 그것은 사랑, 효과적 기술, 타당한 정보다. 간단하다. 질문 있는가?

마지막으로

지난 반세기 동안 나는 끊임없이 교류분석에 관한 글을 써 왔다. 지치지 않고 15년간의 편집을 해 준 나의 아내 쥬드 스타이너-홀은 같은 아이디어를 계속해서 읽어 나갔다. 그녀는 오랫동안 나를 격려해 주었고 내 이론을 학문적으로 존중받을 만한 부분으로 정리해 주었다. 그녀의 그러한 노고가 새로운 통찰로 나아가기 위한 준비로 이 책을 쓰도록 이끌었다.

가치 있는 시간이 내 인생에서 다가오고 있고 나는 그 시간을 새로운 정보화 시대를 탐색하고 인간이 직면하고 있는 급박하고 형편없는 상황을 보완하는 데 도움이 되도록 사용되기를 원한다. 이것은 사실 최근의 관심사다.

언제나 인간 만사의 강력함, 사랑 하나만으로는 구원할 수 없다. 정보와 사랑이 팀을 이루어야 한다는 것이 나의 믿음이다.

사랑이 정답인 것이다.

클라우드 스타이너

버클리에서 2009년 6월

참고문헌

Ackerman, D. (1994). *A Natural History of Love*. New York: Vintage. University Press.

Adler, A. (1999). *Understanding Human Nature*. New York: Oneworld Publications.

APA (2000). Special Issue on Happiness, Excellence and Optimal Functioning, *American Psychologist, V:55* #1, January.

Baumeister, R., & Leary, M. (1995). The Need to Belong: Desire for Interpersonal Attachments as a Fundamental Human Motivation. *Psychology Bulletin*, May 1995 *Vol. 117*, #3.

Berlyne, D. E. (1957). Conflict and information theory variables as determinants of human perceptual curiosity. *Journal of Exp. Psychology, 53*, 399-404.

Berne, E. (1961). *Transactional Analysis in Psychotherapy*. New York: Grove Press.

Berne, E. (1964). *Games People Play*. New York: Grove Press.

Berne, E. (1972). *What do you say after you say hello*. New York: Grove Press.

Berne, E. (1966). *Principles of Group Treatment*. New York: Oxford University Press.

Berne, E. (1969). Editorial Comment, *Transactional Analysis Bulletin, Vol. 8,* #29, 7.

Berne, Eric. (1971). Away from the Impact of Interpersonal Interaction on Non-Verbal Participation. *Transactional Analysis Journal, I,* 1.

Berne, T. (2004). Remembering Eric Berne: A conversation with Terry Berne. *The Script, Vol. 34,* #8, 1.

Bexton, W., Herson, W., & Scott, T. (1954). Effects of decreased variation in the sensory environment. *Canadian J. of Psychology, Vol. II,* 70-76.

Bloom, H. (1998). *The Invention of the Human*. New York: Putnam.

Caplan, R. (1969). *Psychiatry and the community in nineteenth century America*. New York: Basic Books.

Cesereanu, R. (2006). An Overview of Political Torture in the Twentieth Century. *Journal for the Study of Religions and Ideologies, Vol. 8,* p. 45-70.

Chomsky, N., & Ronat, M. (1998). *On language*. New York: New Press.

Damasio, A. (1999). *The feeling of what happens*. London: Vintage.

Dawkins, Richard. (1998). *The Selfish Gene*. New York: Oxford.

Dusay, J. (1972). Egograms and the constancy Hypothesis. *Transactional Analysis Journal, Vol. II,* #3.

Ellis, A. (1962). *Reason and Emotion in Psychotherapy*. New York: Lyle Stuart.

Freud, S. (1969). *Civilization and its Discontents*. Translated by James Strachey (first edition 1922). New York: W. W. Norton.

Fowler, H. (1965). *Curiosity and Exploratory Behavior*. New York: MacMillan.

Gide, A. (1935). *If It Die: Autobiographical Memoir* translated by Dorothy

Bussy, (first edition 1920). New York: Vintage Books.

Goleman, D. (1996). *Emotional Intelligence*. New York: Bantam Books.

Goulding, M., & Goulding, R. (1997). *Changing Lives Through Redecision Therapy*. New York: Grove Press.

Harris, T. (1969). *I'm OK, You're OK*. New York: Harper and Row.

Heron, W. (1957, January). The pathology of boredom. *Scientific American*.

Karpman, S. (1973). Script Drama Analysis. *Transactional Analysis Journal, Vol. 3, #4*.

Kipland, K. (1999). Downloaded from www.pbs.org/wgbh/pages/frontline/shows Frontline: "The Killer at Thurston High."

Laing, R. (1971). *The politics of the family*. New York: Pantheon.

Le Doux, J. (1996). *The Emotional Brain; The Mysterious Underpinnings of Emotional Life*. New York: Touchstone.

Lerner, M. (1997). *The Politics of Meaning*. New York: Perseus Books.

Lewis, TAmini, F., & Lannon, R. (2001). *A General Theory of Love*. New York: Oxford University Press.

Lynch, J. (1988). *The broken heart; the medical consequences of loneliness*. New York: Basic Books.

MacLean, P. (1970). The triune brain. Emotion and scientific bias. *The neurosciences. The second study program*. F. O. Shmitt, editor. New York: Rockefeller University Press.

Matlin, M., & Stang, D. (1978). *The Pollyanna Principle*. Shenkman. Cambridge MA.

Mayer, D., Salovey, P., & Caruso, D. (2008). Emotional intelligence: New ability or eclectic traits? *American Psychologist, Vol. 63,* #6, 503-517.

Menninger, K. (1958). *Theory of Psychoanalytic Technique*. New York: Basic Books.

Novey, T. (2002). Measuring the Effectiveness of Transactional Analysis; An

International Study. *Transactional Analysis Journal. Volume 32,* #1.

Ornish, D. (1998). *Love and Survival.* New York: Harper Collins.

Pinker, S. (2002). *The Blank Slate: the modern denial of human nature.* New York: Viking.

Putnam, R. (2001). *Bowling Alone: The collapse and Revival of American Community.* New York: Simon and Schuster.

Ramachandran, V. (2006). *"Mirror Neurons and imitation learning as the driving force behind "the great leap forward" in human evolution."* New York: Edge Foundation.

Reich, W. (1936). *The Sexual Revolution* (translation of *Die Sexualität im Kulturkampf*) translated by Theodore P. Wolfe. New York: Farrar, Straus and Giroux.

Rizzolatti, G., & Craighero, L. (2004). The mirror-neuron system. *Annual Review in Neuroscience, Vol. 27,* #2.

Rogers, C. (1951). *Client Centered Therapy.* Boston: Houghton Mifflin.

Schlegel, L. (1998). "What is Transactional Analysis?" *Transactional Analysis Journal; Vol. 28,* #4.

Shannon, E., & Weaver, W. (1963). *The mathematical theory of communication.* Urbana: University of Illinois Press.

Shapiro, A., & Shapiro, E. (2000). *The Powerful Placebo: From Ancient Priest to Modern Physician.* Baltimore: The Johns Hopkins University Press.

Shirky, C. (2008). *Here comes everyday.* New York: Penguin.

Spitz, Renee. (1954). "Hospitalism," *The Psychoanalytic Study of the Child I,* International Universities Press, New York, 1954

Steiner, C. (1966). *Script and Counterscript. Transactional Analysis Bulletin. Vol. 5* #18.

Steiner, C. (1968). *Games Alcoholics Play.* New York: Grove Press.

Steiner, C. (1971). The Stroke Economy. *Transactional Analysis Journal,*

Vol. 1 #3.

Steiner, C. (1974). *Scripts People Live*. Grove Press, Neuro.

Steiner, C. (1977). *The Original Warm Fuzzy Tale*. Torrance CA: Jalmar Press. Available for downloading on www.claudesteiner.com

Steiner, C. (1981). *The Other Side of Power*. New York: Grove Press. Available for downloading on www.claudesteiner.com

Steiner, C. (1986). *When a Man Loves a Woman*. New York: Grove Press. Available for downloading on www.claudesteiner.com

Steiner, C. (1995). Thirty Years of Transactional Analysis in 1500 word or less Transactional Analysis Journal. Vol. 25, #1.

Steiner, C. (1997). *Achieving Emotional Literacy*. New York: Avon Books.

Steiner, C. (2003). *Emotional literacy: Intelligence with a Heart*. Fawnskin CA: Personhood Press. Available for downloading on www.claudesteiner.com

Steiner, C. (2005). Transactional Analysis; An Elegant Theory and Practice. *The Script Vol. 35* #2. Available for downloading on www.claudesteiner.com

Sullivan, H. (1954). *The Psychiatric Interview*. New York: Norton.

찾아보기

〈인명〉

〈내용〉

저자 소개

클라우드 스타이너(Claude Steiner)

1935년 프랑스 파리에서 오스트리아 출신 부모들 사이의 맏이로 태어났다. 히틀러의 프랑스 침략의 기운이 임박한 가운데 그의 유대인 어머니와 크리스천 아버지는 1939년 스페인으로 탈출하였고 1947년 멕시코로 갔다. 클라우드는 어린 시절과 청소년 시절을 가톨릭 학교에 다니며 지냈다.

1952년 엔지니어링을 공부하기 위하여 미국으로 왔고 캘리포니아 주 산타 모니카 대학에서 물리학를 공부하였으며 생계를 위하여 자동차 정비공으로 일하였다. 후에 버클리 대학에서 물리학을 공부하였고 마침내 심리학과 어린이 발달로 전공을 바꾸었다. 1957년 『인생 게임』의 저자인 에릭 번을 만났다. 1965년 번의 권유로 미시간 대학의 앤아버에서 박사 학위를 받았다. 그는 에릭 번의 동료였고 협력자였으며 친구, 그리고 ITAA의 창립 멤버였고 마침내 ITAA의 연구혁신팀의 부회장 및 인터넷 회장을 역임했다. 그는 각본 매트릭스(1971)와 스트로크 경제(1980)로 두 번의 에릭 번 기념상을 수상했다.

1971년 번의 사망 이후 스타이너는 베트남 전쟁에 반대하는 활동가로 더욱 깊이 참여하였고 책과 논문으로 진보적 정신의학의 임상과 이론을 널리 알리고 발달시켰다. 또한 버클리에서 집단치료와 개인치료를 하였다. 그는 열한 권의 책을 저술하였고 그중 둘은 베스트셀러였다. 또한 널리 알려진 어린이 동화, 「사랑주머니 이야기(The Warm Fuzzy Tale)」를 썼다.

1975년 그는 정서활용개념을 발달시키고 가르치기 시작했으며 그의 책 『정서활용: 마음과 지능』에 소개한 정서활용 프로그램을 일 년간 정교하게 다듬었다. 그는 '따뜻하고 까칠한'이라는 말과 '정서활용'이라는 어구를 만들었으며 스트로크 경제의 이론을 발달시켰다. 그의 책은 아홉 개국의 언어로 번역되었으며 그는 전 세계를 다니며 강의하고 청중들을 가르치고 있다. 그의 관심 중 힘겨루기, 특히 미묘한 심리적인 힘겨루기—선전활동—는 그를 임상적 활동을 포기하게 하였고 저널리스트로 멕시코, 중앙아메리카 지역 등을 다니며 미국 선전의 영향을 공부하며 여행하게 하였다. 후에 그는 심리 임상가로 다시 돌아왔고 선전 리뷰 학회지의 설립회원으로 삼 년간 계간지 편집자로 일했다. 현재 그는 부인인 쥬드 스타이너-홀과 버클리에서 살고 있다.

역자 소개

이영호(Lee, Young Ho)

대구대학교 대학원 사회복지학과를 졸업(Ph.D)하였고 한국교류분석상담학회 초대 회장을 역임하였다. 현재 인제대학교 사회복지학과 교수로 재직 중이다.

TA상담자들의 권익과 경제적, 사회적 활동을 통한 복지에 초점을 맞춘 사회적 협동조합인 '경남상담복지협동조합' 이사장으로서 기여하고자 하는 선의지를 갖고 있다.

한국통합TA연구소(www.gota.kr) 운영위원장으로 TA상담과 부모교육, ELT(정서활용능력 훈련) 워크숍, TA상담사, 상담전문가, 슈퍼바이저 과정 교육 등 왕성한 활동을 하고 있는 이론가이자 실천가다. 저서로는 『정신건강론』 『사회복지실천기술론』 『정신보건사회복지론』 『관계의 미학 TA』 『교류분석부모훈련(TAPT)』이 있으며, 역서로는 『교육현장에서 교류분석의 적용』 『교류분석적 접근을 통한 자살상담과 치료』 『사랑의 환상』이 있다.

박미현(Park, Mi Hyun)

캐나다 트리니티 웨스턴 대학(Trinity Western University)에서 심리상담을 공부하였고 경성대학교 교육학과 심리상담 전공 박사과정을 수료하였다. 한국교류분석상담학회 상담, 교육영역의 수련감독이며 한국통합TA연구소(www.gota.kr) 대표로 재직 중이다.

교류분석부모훈련(TAPT) 교수로 활동하고 있고, ELT(정서활용능력 훈련) 워크숍, TA상담사, 상담전문가, 슈퍼바이저 과정을 지도하고 있는 이론가이자 실천가다.

저서로는 『관계의 미학 TA』 『교류분석부모훈련(TAPT)』이 있으며, 역서로는 『교육현장에서 교류분석의 적용』 『교류분석적 접근을 통한 자살상담과 치료』가 있다.

마음을 여는 열쇠

-교류분석을 통한 정서활용-

The Heart of the Matter

2015년 5월 15일 1판 1쇄 인쇄
2015년 5월 20일 1판 1쇄 발행

지은이 • Claude Steiner
옮긴이 • 이영호 · 박미현
펴낸이 • 김진환
펴낸곳 • (주) 학지사
121-838 서울특별시 마포구 양화로 15길 20 마인드월드빌딩
대표전화 • 02)330-5114 팩스 • 02)324-2345
등록번호 • 제313-2006-000265호

홈페이지 • http://www.hakjisa.co.kr
커뮤니티 • http://cafe.naver.com/hakjisa

ISBN 978-89-997-0683-7 93180

정가 14,000원

이 도서의 국립중앙도서관 출판시도서목록(CIP)은 서지정보유통지원시스템 홈페이지(http://seoji.nl.go.kr)와 국가자료공동목록시스템(http://www.nl.go.kr/kolisnet)에서 이용하실 수 있습니다.
(CIP제어번호: CIP2015011828)